나만 따라와! 같이 음악 만들자 feat. 로직 프로 10.6

책 한 권으로 만드는 나의 첫 번째 음악

책 한 권으로 만드는 나의 첫 번째 음악

나만 따라와! 같이 음악 만들자

feat. 로직 프로 10.6

김대운 지음

저자 소개

다양한 분야에서 프로듀서, 뮤지션, 작곡가, 편곡가, 사운드 디자이너로 활동 중이며, 믹싱 & 마스터링 엔지니어로도 활동하고 있습니다. 현재 Redtrk Studio와 Redtrk Class를 운영 중이며, 유튜브에서 REDTRK 채널을 운영하고 있습니다.

작업 활동

- 신스팝 듀오 'Lydian' 프로듀서 겸 멤버
- 일렉트로닉 뮤지션 Redtrk(전 9Hz)으로 활동 중이며 전 곡의 작곡, 편곡, 믹싱, 마스터링, 프로듀싱 담당
- 김보경 '기억을 걷다', 김규종 '무지개' 등 한국과 일본에서 다양한 노래 작곡, 편곡
- 다수의 게임 음악 및 사운드 디자인 작업과 광고 및 영화 OST 참여
- kptal의 EP 'The City Part. 1'의 전 곡 믹싱 및 싱글 'Deadend', 'Hikari' 믹싱 & 마스터링 등 다양한 아티스트들의 앨범과 싱글의 믹싱과 마스터링 참여

유튜브 REDTRK
https://www.youtube.com/redtrk

인스타그램 @redtrk_studio
https://www.instagram.com/redtrk_studio/

페이스북 Rdtrk Studio
https://www.facebook.com/redtrk

페이스북 Rdtrk Class
https://www.facebook.com/redtrkclass

로직에 관련된 수많은 책들이 출간되었지만 대부분의 책들이 실제 사용과는 동떨어진 기능 중심으로 설명되어 있어 실제 작업과 연결되지 않는 경우가 많습니다. 또한 로직 프로 10.5 버전이 출시되면서(집필 당시 가장 최근 버전은 로직 프로 10.6.3) 새로운 DAW라고 해도 과언이 아닐 정도로 크게 바뀌었는데, 현재까지 출간된 서적이나 자료가 여전히 부족한 편입니다.

이 책에서는 음악 작업 시에 사용되지 않는 불필요한 내용들은 과감하게 생략하고 실제 작업 시 꼭 필요한 기능들과 새롭게 추가된 다양한 기능을 중점적으로 다루었습니다.

또한 이 책은 단순히 로직 프로라는 DAW의 설명에서 벗어나 실제 워크 플로우에 맞춰서 진행되기 때문에 로직 프로를 처음 쓰는 사람도 하나씩 따라 해보면 기본적인 사용법부터 레코딩과 믹싱까지 충분히 다룰 수 있습니다. 특히 독학하는 분이나 싱어송라이터에게 더욱 유용한 책이 될 것이라 생각됩니다.

마지막으로 한결같이 많은 격려와 도움을 주는 사랑하는 아내에게 이 책을 바칩니다.

책 소개

이 책은 기존의 DAW 서적들과는 다르게 로직을 처음 쓰는 사람도 천천히 따라 해보면 노래를 만들 수 있는 입문자용 가이드북입니다. 기본적인 시퀀싱과 다양한 실전 테크닉 및 레코딩 방법, 기본적인 믹싱까지, 이 책 한 권으로 끝낼 수 있도록 구성되어 있습니다. 따라서 이 책을 한 번 정독한 다음, 작업을 하시면서 참고서처럼 사용하는 것을 추천합니다.

또한 이 책은 QR 코드를 통한 영상 자료와 예제 파일을 제공하여 독자들이 더욱 쉽게 이해할 수 있도록 돕습니다. 이 책이 여러분들의 음악 활동에 많은 도움이 되길 바랍니다.

이 책은 로직 전반에 대한 방대한 지식을 꼼꼼하면서도 깔끔하게 잘 정리했습니다. 다른 로직 교재들이 '독자들이 이 정도는 알겠지' 하면서 지나칠 만한 세밀한 단축키나 독자에게 도움이 될 만한 정보를 최대한 담은 책입니다. 설명도 매우 구체적으로 기술되어 있어, 읽기만 해도 해당 기능의 흐름을 이해할 수 있습니다. 또한 설명이 필요한 부분은 저자의 내공과 경험에서 우러나오는 팁이 달려있습니다. 기능 하나하나를 이해시키고자 최대한 친절하고 자세하게 풀어 쓴 저자의 노고에 박수를 보냅니다.

로직의 최신 정보와 업데이트 사항에 따른 정보들이 다 담겨있는 점도 좋았습니다. 내가 보는 로직 입문서를 지금 내가 쓰고 있는 로직의 최신 업데이트 사항에 적용이 가능한지에 대한 고민을 하지 않아도 됩니다. 이 책은 작업을 할 때 마치 요술램프를 꺼내듯 옆에 두고 보기 좋으며, 작업 중 부족한 점을 이 책을 읽으면서 보완한다면 어느새 좋은 퀄리티의 곡을 완성할 수 있을 것입니다.

김형선 / 학원 강사(싱어송라이터 준비 중)

1983년 미디(MIDI)의 규격이 처음 발표된 후로 30여 년이 지난 지금까지 컴퓨터 음악은 엄청난 발전을 거듭하고 있습니다. 피아노나 화성을 몰라서 음악을 만들 수 없다는 것은 까마득히 먼 이야기가 되었고, 이제는 음악적인 기초지식없이 마우스 클릭 만으로도 유명 작곡가가 될 수 있는 시대가 되었습니다. 음악 작업용 프로그램은 여러 가지가 있지만, 그중에서도 맥(Mac) OS를 기반으로 한 로직은 프로그램의 안정성과 넓은 범위의 활용성을 제공해 오랫동안 사랑받았습니다. 특히 미디 기반의 작업에 있어서 압도적인 성능과 편의를 누릴 수 있어 현대 음악 트렌드에 가장 적합하며, 맥 프로그램 특유의 직관적인 인터페이스 덕분에 복잡한 프로그램임에도 쉽게 접근할 수 있습니다.

이 책은 첫 세팅부터 루프 제작, 작곡, 오토메이션, 믹싱까지 로직의 모든 음악 제작 과정을 총망라한 책으로 '로직의 정석'이라 불리기에 손색이 없습니다. 저자의 오랜 경험을 바탕으로 쓰인 책답게 로직의 사용에 있어 중요한 부분들을 강조하면서도 꼭 필요한 이론들 또한 놓치지 않았습니다. 무엇보다도 이 책은 전적으로 실전에 입각하여 집필되었으니, 여러분들도 꼭 로직 프로로 저자와 함께 새로운 프로젝트를 만들고, 라이브러리와 각종 플러그인들을 불러와 여러분들만의 음악을 만들어 보시기 바랍니다. 혹시 이미 로직을 가지고 이것저것 시도해 보았지만 제대로 공부해 본 적이 없었다면 이번 기회에 이 책을 통해 기본기를 확실하게 정립해 보시기 바랍니다.

송진환 / 드러머

로직 프로는 음악을 만드는 데 꼭 필요한 음악 도구이지만 어떻게 배우고 활용할지에 대한 궁금증과 고민이 늘 있었습니다. 이 책은 그런 점에서 좋은 음악 선생님이자 동료가 될 수 있다고 생각합니다. PART 1~PART 9까지 녹음, 활용, 믹싱, 플러그인에 대한 내용뿐만 아니라 10.6에 새로 추가된 기능까지 알차게 구성되었습니다. 처음 로직 프로를 접하는 경우라면 이 책을 차근차근 따라 하면서 기능을 익히고, 하나의 완성도 있는 음악을 구성할 수 있습니다.

저는 책의 구성대로 따라 하면서 유튜브 제작에 사용하는 간단한 음악과 챈트를 만들 수 있었습니다. 완벽하진 않지만 책을 통해 음악을 만들 수 있다는 것이 정말 기뻤고, 이 책과 함께 앞으로도 꾸준히 좋은 음악을 만들 생각입니다. 로직 프로와 음악에 관심이 있는 분이라면 이 책을 꼭 추천하고 싶습니다.

박수환 / 책 내용을 수업에 활용하고 싶은 초등 교사

이 책은 로직을 처음 다루시거나 이제 막 공부하려는 분들께 정말 많은 도움이 될 것이라 생각합니다. 저도 처음 공부할 때 이 책을 보고 공부했더라면 여러 가지 시행착오를 줄일 수 있었겠다는 아쉬움이 들 정도로 초보자의 시선에서 이해하기 쉽게 잘 설명하고 있습니다. 기본적이지만 막상 검색해보면 잘 나오지 않는 여러 가지 문제점에 대한 해결책을 제시해주신 것에도 감사하다는 생각이 들었습니다.

또한 로직은 숨겨진 기능보다 자주 쓰는 기능들만 아는 경우가 대부분인데, 이 책을 통해 몰랐던 기능도 알게 되고 로직과 더 친해지는 계기가 되었습니다. 새롭게 추가된 로직 프로 10.6 버전의 기능도 많이 다루고 있어서 주변에 로직을 처음 다루려는 학생들에게 이 책을 많이 추천할 것 같습니다.

오시은 / 프로듀서

학원과 학교에서 비싼 수업료를 내고 수업을 들어야지만 음악을 만들 수 있다는 말은 어느덧 옛말이 되었습니다. 아무것도 모르던 제가 어느새 작사와 작곡, 그리고 믹싱 마스터링까지 여러 시도를 하면서 조금씩 성장할 수 있게끔 도와주신 분이 책을 출간하셨다고 해서 너무 기쁩니다. 저는 멋지고 화려한 스킬도 좋지만 '정확히 제대로 잘 알고 하는 것' 또한 매우 중요하다는 것을 이 분의 책과 유튜브의 강좌를 통해서 배웠습니다. 아직 저는 많이 부족하기 때문에 이 책이 앞으로 저에게 로직 프로의 길라잡이의 역할을 해줄 것이라 믿습니다.

여러분도 로직과 음악을 사랑하고 연구한 흔적이 가득한 이 책을 꼭 경험해 보시고 Redtrk 님의 유튜브도 방문해 보시기를 추천합니다. 이 책을 마스터하는 것이 저의 올해의 목표 중에 하나가 될 것 같습니다!

엄진권 / 뮤지컬과에 재학 중인 미래의 아티스트

베타 리더 추천사

우선 이 책을 통해 엄청난 지식과 새로운 기술들을 미리 접하고 알 수 있어서 정말 감사하다는 말씀을 전하고 싶습니다. 로직을 생판 처음 쓰는 완전한 입문자의 관점으로 보았을 때 너무나도 마음에 들었습니다. 작업 세팅, 로직에 대한 소개와 설치법, 미디 시퀀싱, 오디오, 믹싱까지 책의 파트마다 로직의 모든 것이 담겨있는 것 같아 초심자인 저로선 충분하다 못해 엄청나게 많은 지식들을 쌓는 느낌이었습니다. 또한 책의 주제는 로직이지만 프로듀싱에 대한 지식들도 상당히 많아서 로직이 아닌 다른 DAW를 사용할 때에도 좋은 참고서가 될 것 같습니다.

저는 항상 로직의 내장 플러그인과 가상 악기들에 대해 엄청난 호기심과 매력을 느꼈지만 제대로 활용하지 못해 애가 타고 있었습니다. 하지만 책을 읽어본 지금은 속상했던 마음이 설레는 마음으로 바뀌고 로직과 조금 친해진 제 모습이 보여 정말 기뻤습니다! 또한 책을 읽으면서 어려운 부분은 복습을 통해 보완할 수도 있어서 이 책을 정독하면 로직의 모든 여러 가지 개념을 충분히 이해할 수 있을 것 같다는 생각도 듭니다. 그 정도로 이 책은 초심자의 눈높이에 맞춰 정말 친절히 설명하고 있습니다. 특히 곡 작업에 유용한 이펙트와 가상악기를 소개해주는 챕터는 저에게 너무나도 필요했던 정보였는데 타격감, 서스테인, 이펙터 다루기, 밋밋한 소리를 자신의 기호에 맞게 효과 표현하기 등을 알려주는 부분이 너무나도 만족스러웠습니다. 얼른 이 책을 종이책으로 만나고 싶습니다.

장영주 / 음악, 음향 쪽으로 진로를 희망하는 학생

PART 3 애플 루프스와 오디오 시퀀싱

Chapter 1 | 오디오 1 / 애플 루프스 소개 및 활용법

🎵 PART 8 곡 작업에 유용한 기본 이펙트와 가상 악기 소개

Chapter 1 ▌ 필수 이펙트 소개

♫ PART 9 부록

PART

01

로직 프로 준비하기

Chapter 1
작업을 위한 기본적인 필수 세팅

로직 프로 프로그램을 사용하기 위한 기본적인 장비들을 살펴보겠습니다.

1.1.1 Apple Mac

Logic Pro 10.6.X(해당 버전부터 프로그램명이 'Logic Pro X'에서 'Logic Pro'로 변경되었습니다)를 사용하려면 애플사의 맥이 필요합니다. 이동이 필요한 상황이라면 노트북(맥북 에어, 맥북 프로)을, 그게 아니라면 데스크톱(맥 프로, 아이맥, 아이맥 프로, 맥 미니)을 구매하면 됩니다. 노트북을 구매하는 경우 로직 프로(이하 로직)가 가장 원활하게 작동되는 맥북 프로 구입을 권장합니다.

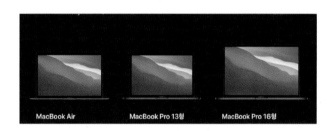

〈그림 1-1-1 Apple MacBook〉

〈그림 1-1-2 Apple iMac〉

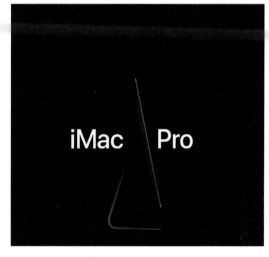

〈그림 1-1-3 Apple iMac Pro〉

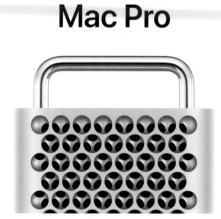

〈그림 1-1-4 Apple Mac Pro〉

〈그림 1-1-5 Apple Mac mini〉

1.1.2 마스터 키보드

로직에서 제공하는 수많은 가상 악기들과 컴퓨터에 연결한 외장 악기들을 연주할 수 있게 해주는 미디 정보를 입력하는 장치입니다. 로직 안에 가상 키보드가 있지만 건반 개수가 부족하고 정밀한 연주가 불가능하기 때문에 제대로 된 작업을 하려면 마스터 키보드가 필요합니다. 노트 입력을 위한 건반만 있는 경우도 있고 여러 가지 페이더나 노브가 달려 있는 타입도 있습니다. 사용 목적에 맞는 것으로 구입하면 됩니다.

〈그림 1-1-6 Native Instruments – KOMPLETE S 시리즈〉

1.1.3 외장 악기

최근 가상 악기들의 퀄리티가 좋아져서 외장 악기를 사용하는 사람들이 전보다 많이 줄었지만 가상 악기로 대체할 수 없는 몇몇 악기들은 여전히 많은 사람들이 사용하고 있습니다. 외장 악기는 악기들의 소리만 담은 모듈 타입과 건반이 포함된 타입 두 가지가 있습니다.

〈그림 1-1-7 필자가 사용하는 Moog Sirin〉　　　　　〈그림 1-1-8 필자가 사용하는 Moog Little Phatty〉

1.1.4 미디 인터페이스와 케이블

과거에는 컴퓨터와 악기를 연결할 때 반드시 미디 인터페이스와 케이블을 사용해야 했지만, USB로 연결되는 장치들이 나온 현재는 거의 사용되지 않습니다.

1.1.5 오디오 인터페이스

처음 공부하는 경우에는 별도의 오디오 인터페이스 없이 맥에 내장된 오디오 인터페이스만으로도 충분히 작업이 가능하지만, 녹음을 하거나 조금 더 좋은 퀄리티로 작업하고자 할 경우에는 별도의 오디오 인터페이스가 있는 것이 좋습니다. 참고로 오디오 인터페이스 스펙에서 '8IN, 8OUT'은 동시에 입력 가능한 수가 8개, 출력 가능한 수가 8개라는 의미입니다. 오디오 인터페이스에 따라 사운드가 다르기 때문에 취향에 맞는 소리를 내주는 제품으로 구입하면 됩니다.

〈그림 1-1-9 필자가 사용하는 오디오 인터페이스 중 하나인 Apollo Twin X〉

1.1.6 마이크

귀에 들리는 소리를 녹음하는 장치로, 여러 종류가 있지만 그중에서 컨덴서 마이크와 다이내믹 마이크를 많이 사용합니다. 많은 초보자들이 컨덴서 마이크는 스튜디오용 마이크고 다이내믹 마이크는 아마추어용이라고 생각하는데, 그렇지 않습니다. 사용 목적과 용도에 맞는 것으로 선택하면 됩니다.

예를 들어, 녹음하는 공간이 노이즈가 많은 곳이라면 작은 소리도 디테일하게 녹음되는 컨덴서 마이크보다는 다이내믹 마이크를 선택하는 것이 좋습니다. 또한 부드러운 톤이 필요한 경우에도 고음이 부드럽게 깎여 있는 다이내믹 마이크를 선택하는 것이 좋습니다.

1.1.7 마이크 프리앰프

마이크에 들어온 작은 음량의 소리를 크게 증폭시켜주는 장치입니다. 외장 마이크 프리앰프는 가격이 비싼 편으로, 입문자들은 대부분 오디오 인터페이스에 내장된 프리앰프를 사용하는 편입니다.

흔히 다이내믹 마이크가 컨덴서 마이크보다 성능이 떨어진다고 생각하는 경향이 있습니다. 이는 입문자들이 상대적으로 가격이 저렴한 다이내믹 마이크를 구입해 녹음할 때 별도의 마이크 프리앰프를 사용하는 대신 오디오 인터페이스에 있는 프리앰프를 사용해 녹음하는 경우가 많아 다이내믹 마이크의 음질이 떨어진다는 편견을 갖게 되기 때문입니다. 더 좋은 음질로 녹음하고자 한다면 마이크뿐만 아니라 프리앰프 또한 성능을 고려해 사용하는 것을 권장합니다.

〈그림 1-1-10 필자가 사용하고 있는 마이크 프리앰프〉

1.1.8 모니터 스피커

오디오 인터페이스를 거쳐서 컴퓨터에서 나오는 소리를 듣게 해주는 장치입니다. 일반적인 PC 스피커와 다르게 감상보다는 정확한 모니터링을 위해 사용하는 장치로, 과장된 소리가 아니라 최대한 있는 그대로의 소리를 들려주는 역할을 합니다. 제조 회사나 모델명, 가격대에 따라 다양한 종류가 있으므로 취향에 맞는 제품으로 구매하면 됩니다.

〈그림 1-1-11 필자가 사용하는 모니터링 시스템(스피커, 서브 우퍼)〉

1.1.9 모니터링 헤드폰

모니터링 스피커와 마찬가지로 소리를 듣게 해주는 장치로, 스피커를 사용할 수 없는 상황이거나 녹음할 때 모니터링용으로 사용합니다. 모니터링 헤드폰도 스피커와 마찬가지로 음악 감상용보다는 모니터링용 제품의 사용을 권장합니다.

〈그림 1-1-12 필자가 사용하는 모니터링 헤드폰〉

1.1.10 등급별 세팅 장비

앞에서 로직으로 음악 작업 시 필요한 장비들을 소개했습니다. 최소한의 장비만으로도 작업이 가능한 초급과 그 이상의 장비들이 필요한 중급, 고급으로 구분하여 다시 한번 정리하겠습니다.

❶ **맥** : 로직을 구동하려면 반드시 필요합니다.

❷ **헤드폰** : 스피커가 있으면 좋지만 가격이 부담되거나 둘 공간이 마땅치 않다면 헤드폰부터 시작하는 것도 좋습니다.

❸ **마스터 키보드** : 마우스로도 미디 입력을 할 수 있지만, 가능하다면 마스터 키보드를 구입하는 것을 권장합니다.

입문자라면 위의 3가지의 장비로도 충분히 음악을 만들 수 있습니다.

❶ **맥**

❷ **스피커** : 정확한 소리를 듣기 위해서는 스피커로 작업하는 게 가장 좋습니다. 예산과 취향에 따라 원하는 제품을 구입합니다. 청취가 가능한 곳이라면 청취 후 구입하는 걸 추천합니다.

❸ **헤드폰** : 늦은 시간에 작업을 하거나 같은 공간에서 녹음을 해야 하는 경우 노래 헤드폰이 꼭 필요합니다.

❹ **마스터 키보드**

❺ **오디오 인터페이스** : 가격과 성향에 따라 다양한 종류의 오디오 인터페이스가 있으므로 각각에 맞는 오디오 인터페이스를 구입합니다. 처음에는 별도의 마이크 프리앰프 대신 오디오 인터페이스에 내장된 프리앰프로 작업해보는 것도 좋습니다.

❻ **마이크**

❶ **맥**

❷ **스피커**

❸ **헤드폰**

❹ **마스터 키보드**

❺ **오디오 인터페이스**

❻ **마이크 프리앰프** : 오디오 인터페이스에 내장된 마이크 프리앰프보다 더 좋은 퀄리티로 녹음하려면 별도로 판매되는 외장 마이크 프리앰프가 필요합니다. 마이크 프리앰프도 가격선과 성향에 맞는 제품을 구입합니다.

❼ **외장 악기** : 로직 안에 있는 가상 악기나 서드 파티 플러그인도 충분히 사용 가능하지만 아날로그 신디사이저의 경우엔 가상 악기만으로는 조금 아쉬운 경우가 있습니다. 그럴 때는 외장 악기를 구입해보는 것도 좋습니다.

Chapter 2

로직 프로 소개

〈그림 1-2-1 Logic Pro 10.6.3 〉

로직은 하나의 툴로 작곡, 편곡, 믹싱, 마스터링이 가능한 프로그램으로, 현재 애플에서 개발 및 판매하고 있는 DAW 소프트웨어입니다. 맥에서만 구동되기 때문에 예전에는 한국에서 비교적 인지도가 떨어졌지만 맥 사용자가 늘어남에 따라 자연스럽게 로직 사용자 또한 늘어나게 되었습니다(한때 Windows용으로 잠깐 나온 적도 있었습니다). 특히, 맥과 로직만 구입해도 바로 음악 작업을 할 수 있을 정도로 내장된 가상 악기, 이펙트, 샘플(Apple Loops)들의 퀄리티가 좋은 편으로, 로직만 사용해 음원을 내는 경우도 종종 있다고 합니다.

한동안 타 시퀀서들에 비해 뒤처지는 듯했지만, Logic Pro X 10.5 버전이 출시되면서 다양한 기능들이 더욱 업그레이드되어 많은 유저들에게 다시 한번 사랑받고 있습니다. 그리고 오랜 기간동안 Logic Pro X 10.X 네이밍을 유지하다가 최근 10.6을 발표하면서 상징적인 X가 빠지고 Logic Pro 10.6 버전이 되었습니다.

---

* 시퀀서란 음악 작업을 하는 툴을 말합니다. 예를 들면 사진 편집 할 때 많이 쓰이는 포토샵과 같은 작업 툴과 같습니다.

Chapter 3

로직 프로 설치하기

로직은 앱스토어에서 구매 후 다운로드하여 설치합니다.

〈그림 1-3-1 앱스토어〉

〈그림 1-3-2 필수 사운드 다운로드〉

앱스토어에서 구매가 완료되면 자동으로 맥에 다운로드 후 설치됩니다. 처음 설치 후 로직을 실행하면 [그림 1-3-2]와 같은 창이 뜹니다.

로직에서 필요한 기본적인 사운드를 다운로드하는 과정으로, 완료가 되면 [그림 1-3-3]과 같은 창이 뜨는데 사용자의 암호를 입력하면 설치가 완료됩니다.

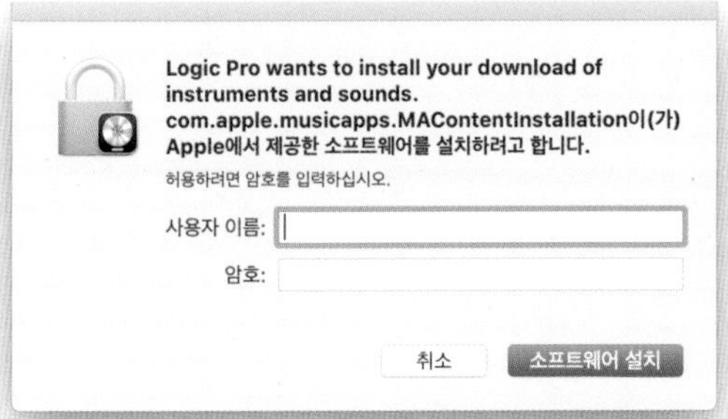

〈그림 1-3-3 필수 사운드 다운로드 완료 후 설치〉

Part 1. 로직 프로 준비하기

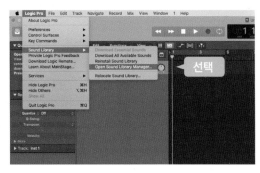

기본적인 설치가 끝난 뒤 화면 왼쪽 상단의 Logic Pro → Sound Library → Open Sound Library Manager... 항목을 클릭합니다.

〈그림 1-3-4 추가 사운드 라이브러리 다운로드하러가기〉

메뉴에 들어가면 [그림 1-3-5]와 같은 창이 뜹니다. 여기 서 필요한 라이브러리들을 선택해서 설치합니다.

〈그림 1-3-5 추가 사운드 라이브러리 다운로드 항목〉

PART

02

미디 작업하기

Chapter 1

미디 시퀀싱 1 / 기본적인 사용법

2.1.1 미디와 오디오의 차이

미디(MIDI)란 'Musical Instrument Digital Interface'의 약자로, 간단하게 설명하면 전자 악기나 컴퓨터 간에 연주 정보나 음색 정보를 주고받기 위해 디지털 신호의 포맷이나 입출력 단자의 사양에 대해서 어떤 플랫폼에서도 문제없이 돌아갈 수 있도록 정한 규격을 의미합니다. 그렇다면 미디와 오디오(AUDIO)의 차이는 무엇일까요? 미디는 컴퓨터가 알아볼 수 있는 '디지털 스코어'라고 할 수 있고, 오디오는 연주 그 자체가 녹음되어서 우리가 들을 수 있는 '오디오 데이터'라고 할 수 있습니다.

2.1.2 로직 프로 실행하기 1

로직을 처음 실행하면 다음과 같은 화면이 뜨거나, 아무것도 보이지 않거나 바로 이전에 작업하던 프로젝트가 열립니다.

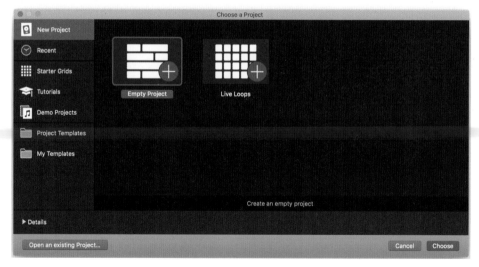

〈그림 2-1-1 처음 실행 화면〉

로직을 실행했는데 화면에 아무것도 보이지 않는 경우에는 단축키 'Command + N'을 누르면 [그림 2-1-1]과 같은 창이 뜹니다. 로직을 실행했을 때 자동으로 이전에 실행한 프로젝트가 열리는 경우에는 왼쪽 상단에 있는 'Logic Pro → Preferences → General...' 항목을 클릭하고 Startup Action 항목에서 'Select a Template'을 선택하면 로직을 열 때마다 Choose a Project 항목이 보이는 창이 뜨게 됩니다.

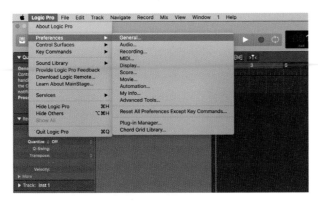

〈그림 2-1-2 메뉴 위치〉

〈그림 2-1-3 Select a Template 위치〉

새로운 곡을 작업할 때는 왼쪽 탭 상단에 있는 'New Project' 항목을 선택하고(디폴트로 선택되어 있는 상태입니다) 왼쪽 하단에 있는 Details를 누르면 세부적인 설정들이 나옵니다.

〈그림 2-1-4 Details 메뉴〉

여기서 Input Device와 Output Device는 여러분이 사용하는 오디오 인터페이스를 선택하면 됩니다. 오디오 인터페이스가 없는 경우, 맥북 프로는 MacBook Pro 마이크, MacBook Pro 스피커와 같은 장치를 선택하면 됩니다. 그리고 하단에 있는 Sample Rate는 44.1kHz로 기본 설정되어 있는데, 48kHz로 변경하고 나머지는 그대로 두면 됩니다.

경우에 따라 더 높은 Sample Rate를 사용하기도 하는데, 48kHz가 용량 대비 가장 좋은 음질을 내주기 때문에 아직까지 국제 표준처럼 사용되고 있습니다.

2.1.3 로직 프로 실행하기 2

로직을 처음 시작하면 다음과 같은 창이 열립니다.

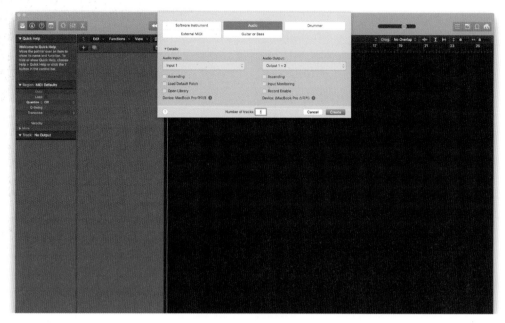

〈그림 2-1-5 첫 메뉴〉

왼쪽 상단부터 하나씩 살펴보겠습니다. 'Software Instrument'를 선택하면 가상 악기를 불러오거나 가상 악기를 부를 수 있는 트랙을 만들 수 있고, 'Audio'는 새로운 녹음을 하거나 녹음되어 있는 오디오 데이터를 가지고 올 수 있는 트랙을 만들며, 'Drummer'는 로직에서 제공되는 Drummer 트랙을 만들 수 있습니다. 'External MIDI'는 외장 미디 악기를 사용할 수 있는 트랙을 만들 수 있고 'Guitar or Bass'는 기본적으로 오디오 트랙과 동일하지만, 말 그대로 기타나 베이스를 녹음하기 좋은 플러그인들을 자동으로 적용해주는 트랙입니다.

보통 미디 작업을 시작할 때는 'Software Instrument'를 선택해서 시작합니다.

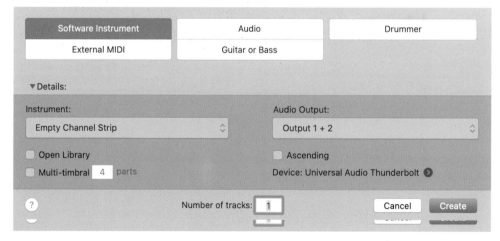

〈그림 2-1-6 Software Instrument 메뉴 1〉

External MIDI 왼쪽 하단에 있는 Details 항목을 보면 Instrument에서 가상 악기 트랙을 만들 때 어떤 악기를 불러올지 선택할 수 있습니다. 디폴트로 'Default Patch'가 설정되어 있는데, 디폴트 상태에서 트랙을 만들게 되면 자동으로 'Classic Electric Piano' 악기를 불러오게 됩니다. 가상 악기 트랙을 만들 때 어떠한 악기도 가지고 오지 않으려면 'Empty Channel Strip'을 선택하면 되고 다른 악기를 선택하고 싶으면 메뉴에서 원하는 악기를 고르면 됩니다.

〈그림 2-1-7 Software Instrument 메뉴 2〉

선택이 끝나면 다음과 같은 창이 뜹니다.

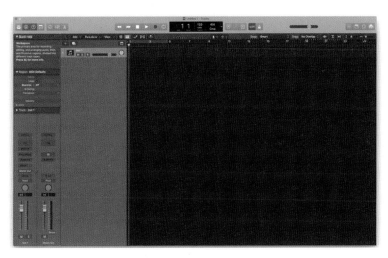

〈그림 2-1-8 Logic Pro 첫 실행 화면〉

이제부터 본격적으로 로직 프로에 대해서 하나씩 알아보겠습니다.

2.1.4 로직 프로의 기본적인 인터페이스

❶ Transport Buttons

〈그림 2-1-9 Transport Buttons〉

기본적으로 마디 이동과 재생, 녹음과 관련된 기능들을 하는 버튼입니다. 가장 왼쪽부터 한 마디 뒤로 가는 버튼, 한 마디 앞으로 가는 버튼, 정지 버튼, 재생 버튼, 녹음 버튼, 반복 재생 버튼입니다.

마디 이동 기능은 해당 버튼을 눌러도 되지만 단축키로 ,(쉼표)와 .(마침표)를 입력하면 한 마디씩 이동합니다. 참고로 Shift 키를 누르고 쉼표와 마침표를 입력하면 여덟 마디씩 이동합니다. 또한 화면 상단에 마디가 적혀 있는 룰러를 클릭하면 지정한 마디로 이동하며, 단축키로 /(슬래시)를 누르면 마디 이동하는 창이 뜨는데, 창에 원하는 마디를 입력하면 한 번에 이동합니다. 주로 녹음할 때 유용한 기능입니다.

〈그림 2-1-10 Go To Position 메뉴〉

재생과 정지는 해당 버튼을 눌러도 되지만, 스페이스 바를 누르면 재생이 되고 다시 한번 더 누르면 정지합니다. 이때 다시 재생 버튼을 누르면 멈춘 지점에서 다시 재생이 됩니다. 그런데 실제로 작업을 할 때는 이렇게 쓰는 것보다는 처음 재생을 시작한 곳으로 돌아가게 하면 더 편리하기 때문에 Play 버튼을 클릭하고 있거나 우클릭 후 [그림 2-1-11]과 같은 창이 떴을 때 'Play From Last Locate Position'을 선택합니다.

〈그림 2-1-11 Play From Last Locate Position 메뉴〉

이 기능을 선택한 후 재생을 하고 멈추면 처음 재생 시작 지점으로 자동으로 이동하여 사운드 메이킹 할 때 유용합니다.

정지 버튼의 경우 플레이 헤드가 곡 처음 시작점에 있을 때는 네모 모양의 정지 모양으로 되어 있지만 플레이 헤드가 이동하게 되면 [그림 2-1-12]와 같은 모양으로 바뀌게 됩니다. 이 버튼을 누르게 되면 작업하는 곡의 시작점으로 가게 됩니다. 단축키는 'Enter' 키입니다.

〈그림 2-1-12 Transfort Buttons〉

빨간색 버튼은 녹음 버튼으로 미디나 오디오를 녹음할 때 사용하는 버튼입니다. 단축키는 'R' 키입니다. 키보드에서 R을 누르면 한 마디 앞에서부터 재생이 되면서 지정된 마디에서 녹음이 시작되는데, 이것을 '프리 카운트'라고 합니다. 시작되는 마디를 바꾸려면 상단 메뉴에서 'Record → Count-in' 항목에 들어가서 원하는 값을 고르면 됩니다. 기본설정은 1 Bar로 되어 있습니다.

〈그림 2-1-13 Count-in 메뉴〉

가끔 프리 카운트에서는 클릭 소리가 나오는데 실제로 녹음되는 마디에서는 클릭 소리가 나오지 않는 경우가 있습니다. 그럴 때는 상단 메뉴의 'Record → Metronome Settings...' 항목에 들어가서 'Simple Mode'를 체크 해제하면 하단에 있는 'Click while recording' 항목이 체크되면서 녹음되는 곳에서도 클릭 소리가 나오게 됩니다.

〈그림 2-1-14 Metronome Settings... 메뉴〉

* 카운트 인(Count-in)은 프리 카운트를 설정하는 곳으로, 예비 박을 의미합니다.

〈그림 2-1-15 Simple Mode 체크 해제하기〉

〈그림 2-1-16 Simple Mode 체크 해제된 상태〉

Cycle 기능은 지정 구간을 반복해서 들을 수 있는 기능으로, 상단에 있는 마디를 드래그해서 원하는 구간을 지정하거나 단축키 'C'를 눌러 지정된 곳에서 원하는 곳으로 이동하거나 길이를 늘려서 사용하면 됩니다. 길이를 늘리려면 마우스 커서를 마디 양쪽 끝에 가져가 마우스 커서 모양이 바뀔 때 원하는 만큼 늘리면 됩니다.

〈그림 2-1-17 Cycle Mode〉

특정 리전만 반복해서 들으려면 리전 선택 후 단축키로 'Command + U'를 누르면 선택한 리전을 자동으로 구간 선택하고 반복 기능을 활성화 해줍니다. 반복 기능을 끄려면 아이콘을 누르거나 단축키로 'C'를 누르면 됩니다.

❷ LCD Display

〈그림 2-1-18 LCD Display 1〉

'Transport Buttons' 오른쪽에 있는 LCD Display는 'Beats & Project'로 기본 설정되어 있습니다. 화면을 작게 보고 싶은 경우엔 좋지만 정확한 템포 설정 및 그리드 설정값 등 필요한 정보들을 볼 수 없기 때문에 좀 더 디테일하게 보여주는 화면으로 바꿔서 사용하는 것이 좋습니다. LCD Display 맨 오른쪽에 'ᐯ' 버튼을 클릭하면 여러 설정값들이 나오는데 그 중에서 모든 정보를 볼 수 있는 'Custom'으로 설정해서 사용하는 것을 권장합니다.

---

* 리전이란 미디 또는 오디오 데이터가 포함된 영역으로, 해당하는 데이터가 어디서부터 어디까지 포함되어 있는지 대략적으로 파악할 수 있는 가상의 막대입니다.

〈그림 2-1-19 LCD Display 2〉

Custom으로 설정하면 좀 더 많은 정보를 볼 수 있는 화면으로 바뀌게 됩니다.

〈그림 2-1-20 LCD Display 3〉

프로젝트를 시작할 때마다 세팅을 변경하는 게 번거로울 때는 다시 오른쪽 끝에 있는 'ㄷ' 버튼을 눌러서 가장 하단에 있는 'Save As Defaults'를 체크하면 새로운 프로젝트를 시작하더라도 현재 지정한 창으로 열리게 됩니다. 세팅해두면 편한 기능이 한 가지 더 있습니다. 작업 중 현재 작업하고 있는 프로젝트의 샘플 레이트가 몇인지 헷갈릴 때를 대비해 계속 확인하고 싶을 때 화면 상단의 'View → Customize Control Bar and Display...' 항목을 선택하면 하단과 같은 창이 뜨는데, 거기서 'Sample Rate or Punch Locators' 항목을 체크하면 LCD Display에서 현재 작업 중인 곡의 샘플 레이트도 확인 가능하게 바뀝니다.

〈그림 2-1-21 Customize Control Bar and Display... 1〉

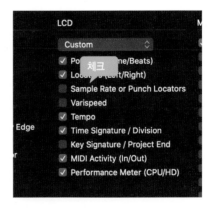

〈그림 2-1-22 Customize Control Bar and Display... 2〉

〈그림 2-1-23 Customize Control Bar and Display... 3〉

* 샘플레이트란 간단하게 사진에서 사용되는 '화소 수'라고 볼 수 있습니다. 그리고 비트 뎁스(Bit Depth)는 '컬러 수'라고 비유할 수 있습니다.

❸ Inspect

왼쪽 상단에서 두 번째 아이콘을 누르거나 단축키 'I'를 누르면 활성화되는 항목으로, 해당 트랙의 다양한 정보들을 보여주는 곳입니다.

〈그림 2-1-24 Inspect 1〉

〈그림 2-1-25 Inspect 2〉

❹ Library

왼쪽 상단에서 첫 번째 아이콘을 누르거나 단축키 'Y'를 누르면 활성화되는 항목으로, 로직 안에 내장된 여러 가상 악기나 믹싱 때 도움이 되는 다양한 이펙터 세팅을 불러오는 항목입니다.

〈그림 2-1-26 Library 1〉

〈그림 2-1-27 Library 2 / 가상 악기 트랙〉

〈그림 2-1-28 Library 3 / 오디오 트랙〉

---

* 가상 악기란 컴퓨터 안에서 일종의 플러그인(Plug-In) 형태로 작동되는 'Virtual Instrument'를 의미합니다.
   (예: 로직에 내장된 여러 가지 피아노, Drum Synth, ES2 등)

** 이펙트(로직에서는 Audio FX 항목에서 적용 가능)란 컴퓨터 안에서 일종의 플러그인 형태로 작동되는 다양한 효과를 의미합니다.
   (예: 이큐, 컴프레서, 리버브 등)

Library와 인스펙터(Inspector) 사이에 있는 구분선을 드래그하면 더 넓게 볼 수 있습니다.

〈그림 2-1-29 Library 4 / Library 윈도우 확장〉

여기서 원하는 악기를 고르면 자동으로 여러 이펙터를 적용해 새로운 악기를 불러옵니다.

〈그림 2-1-30 Library 5 / 악기 선택〉

Library에서 악기를 고르면 해당 악기에 어울리는 여러 이펙트를 자동으로 걸어주는데, 이 이펙트가 필요 없는 경우에는 악기 상단을 클릭해 필요 없는 항목을 'Remove' 해주면 됩니다. 예를 들어, Audio FX 항목에 걸린 이펙트가 필요 없다면 'Remove All Effect Plug-ins' 항목을 선택하면 되며, 선택했던 악기를 해제하고 싶을 때는 'Reset Channel Strip'을 선택하면 선택된 악기들이 초기화 됩니다.

---

* 인스펙터란 각 트랙에 대한 자세한 정보를 볼 수 있는 항목입니다.

〈그림 2-1-31 Library 6 / 상단부의 악기명 클릭〉

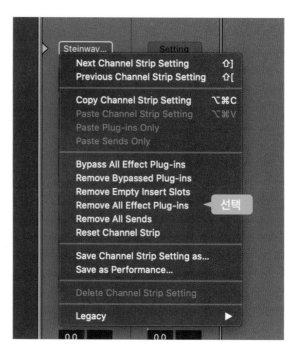

〈그림 2-1-32 Library 7 / 필요 없는 항목 선택〉

이런 식으로 하나씩 Remove하는 것이 번거롭다면 Library 항목 왼쪽 하단의 톱니 모양 아이콘을 클릭합니다.

〈그림 2-1-33 Library 8 / 톱니 아이콘 클릭 1〉

톱니 모양 아이콘을 클릭하면 다음과 같은 창이 나옵니다.

〈그림 2-1-34 Library 9 / 톱니 모양 아이콘 클릭 2〉

여기서 'Enable Patch Merging'을 선택하면 다음과 같은 항목이 나옵니다.

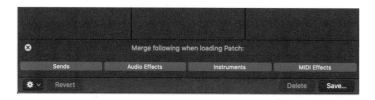

〈그림 2-1-35 Library 10 / Enable Patch Merging 1〉

여기서 가상 악기를 불러올 때 자동으로 불러오고 싶지 않은 항목을 체크 해제하면 해당 항목은 제외하고 악기를 불러옵니다. 예를 들어 'Sends'와 'Audio Effects' 항목을 끄고 악기를 부르면 해당 이펙터들을 제외한 악기를 불러옵니다.

〈그림 2-1-36 Library 11 / Enable Patch Merging 2〉

〈그림 2-1-37 Library 12 / Enable Patch Merging 3〉

❺ Solo Mode

로직은 다른 시퀀서들과 달리 두 가지 솔로 모드를 가지고 있습니다. 첫 번째로 소개할 솔로 모드는 '리콜 솔로(Recall Solo)'로, 화면 왼쪽 상단에 있는 'S'를 활성화했을 때 작동되는 솔로 모드입니다.

〈그림 2-1-38 Recall Solo 1〉

솔로(Solo)는 특정 트랙만 듣고 싶을 때 사용하는 기능으로 해당 트랙에서 단축키 'S'를 누르거나 M 버튼 옆에 있는 S 버튼을 누르면 활성화됩니다. 로직의 경우 다른 시퀀서들과 달리 독특한 기능이 있습니다. 작업을 할 때 몇 가지 트랙들을 단독으로 들어야 하는 상황에서 해당하는 트랙을 솔로로 듣다가 다시 솔로를 끄고 작업을 하다가 또다시 이전에 솔로로 했던 트랙들을 켜려면 또다시 해당하는 트랙에 가서 S 버튼을 눌러서 활성화해야 하는 번거로움이 생깁니다. 그럴 때 '리콜 솔로' 기능을 이용하면 그런 번거로움이 많이 줄어듭니다.

먼저 기본적으로 해당하는 트랙들에 가서 단축키 'S'를 누르거나 M 버튼 오른쪽에 있는 S 버튼을 누릅니다.

〈그림 2-1-39 Recall Solo 2〉

그런 다음 선택된 솔로들을 끄고 싶으면 화면 트랙 상단에 있는 S 버튼을 누르거나 단축키로 'Control + Option + Command + S'를 누르면 상단의 S 버튼이 체크 해제됩니다.

〈그림 2-1-40 Recall Solo 3〉

이 상태에서 작업하다가 이전에 지정했던 솔로 트랙들을 불러올 때 다시 'Control + Option + Command + S'를 누르면 됩니다. 지정해둔 솔로 트랙에서 더 추가하려면 해당하는 트랙에 S 를 누르고, 삭제하려면 S를 한 번 더 누릅니다.

두 번째 솔로 모드는 오른쪽 상단에 있는 Solo 기능입니다. 단축키 'Control + S'를 누르면 활성화되는 기능인데, 이 기능이 활성화되면 갑자기 모든 리전들이 비활성화됩니다.

〈그림 2-1-41 Solo 1〉

이때 듣고 싶은 리전을 클릭하면 해당하는 리전만 들을 수 있게 활성화됩니다.

〈그림 2-1-42 Solo 2〉

참고로 'External MIDI' 트랙들은 단축키 'S'를 눌러도 솔로 버튼 기능이 작동되지 않고 특정 트랙에 있는 S 버튼을 직접 누르거나 솔로 기능을 이용해서 트랙이나 리전을 선택해야 합니다.

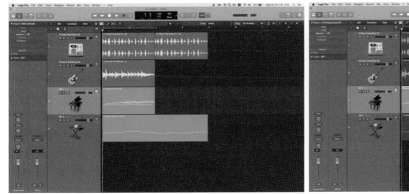

〈그림 2-1-43 Solo 3〉

〈그림 2-1-44 Solo 4〉

2.1.5 로직 프로 편집 도구

단축키 'T'를 누르면 여러 편집을 편리하게 도와주는 메뉴창이 뜹니다. 참고로 Arrange Window의 메뉴와 Piano Roll
의 메뉴 구성이 조금 다릅니다.

〈그림 2-1-45 Arrange Window〉

〈그림 2-1-46 Piano Roll〉

메뉴	기능
Pointer Tool	기본적으로 가장 많이 사용되는 툴로, 트랙에 삽입된 리전이나 노트 등을 선택하거나 이동할 때 사용
Pencil Tool	빈 리전을 만들거나 노트를 입력할 때 사용(피아노 롤)
Eraser Tool	리전을 지우거나 피아노 롤에서 노트를 지울 때 사용
Text Tool	리전 이름을 변경(바꾸고자 하는 리전을 클릭)할 때 사용
Scissors Tool	리전과 미디 노트를 나눌 때 사용
Glue Tool	나누어진 리전과 미디 노트를 하나로 연결할 때 사용
Solo Tool	선택한 리전만 들어볼 때 사용되는 툴. 해당하는 리전을 클릭하면 나머지 리전들은 비활성화되면서 선택한 리전만 들을 수 있게 해준다(오디오 리전은 작동되지 않음).
Mute Tool	선택된 리전을 음소거 해주는 툴(음소거를 해제하려면 다시 클릭)
Zoom Tool	확대, 축소할 때 사용되는 툴. 확대하고자 하는 구간을 드래그하면 선택한 구간을 중심으로 확대된다. 이전 단계로 돌아가려면 다시 클릭하면 된다.
Fade Tool	오디오 리전의 경우 앞이나 뒷부분을 페이드 인, 페이드 아웃 할 때 사용(미디 리전은 적용되지 않음)
Automation Select Tool	오토메이션 브레이크 포인트를 선택할 때 사용
Marquee Tool	원하는 부분만 선택할 때 사용하는 툴. 특정 부분 선택, 삭제, 분할 등 오디오 에디팅을 편리하게 도와준다.
Flex Tool	선택한 리전을 플렉스 모드로 바꿔준다.
Brush Tool	Pencil Tool과 기본적으로 비슷하게 작동되는 툴. 반복적인 입력 시 편리하다.

* 어레인지 윈도우(Arrange Window)는 메인 작업 화면을 의미합니다.

** 피아노 롤(Piano Roll)은 미디 에디팅 때 사용되는 건반 모양의 윈도우를 의미합니다.

2.1.6 미디 입력 및 수정 방법 1 / 리얼 타임 레코딩

미디를 입력하는 방법에는 크게 두 가지가 있는데, 첫 번째는 건반을 직접 연주해서 입력하는 리얼타임 레코딩, 두 번째는 마우스를 이용해 입력하는 방법입니다. 먼저 리얼타임으로 입력하는 방법에 대해 알아보겠습니다.

미디를 입력하기 전에 먼저 원하는 악기를 하나 불러오겠습니다. 로직에서 가상 악기를 불러오는 방법은 두 가지입니다.

❶ 가상 악기 부르기 1

첫 번째 방법입니다. 먼저 가상 악기 트랙을 하나 불러온 다음(단축키 Option + Command + S), 'MIDI FX'라고 써 있는 하단에 보면 'Instrument' 항목이 있습니다. 그 항목을 클릭하면 로직 기본 악기와 설치되어 있는 여러 악기들이 뜨는데, 그중 원하는 악기를 선택합니다.

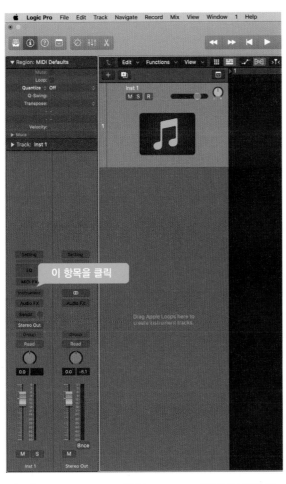

〈그림 2-1-47 Inspector 창의 Instrument 항목에서 불러오기〉

〈그림 2-1-48 마우스로 클릭하면 나오는 메뉴〉

❷ 가상 악기 부르기 2

두 번째 방법은 단축키 'Y'를 눌러 로직 내장 악기들이 들어있는 Library 항목이 나오면 거기서 원하는 악기를 선택하는 방법입니다.

〈그림 2-1-49 Library 항목〉

❸ 메트로놈

단축키 'R'을 누르면 플레이 헤드를 기준으로 메트로놈 소리가 들리면서 한 마디 전부터 녹음이 시작되는데, 너무 급한 느낌이 있다면 'Record → Count-in' 항목에 들어가서 원하는 값으로 바꿔주면 됩니다(예를 들어 2 Bars를 선택하면 두 마디 전부터 녹음됩니다).

〈그림 2-1-50 Count-in 설정〉

가끔 Count-in은 들리는데 실제로 녹음되는 곳에서는 메트로놈 소리가 나지 않는 경우가 있는데, 이 경우에는 'Record → Metronome Settings...' 항목에 들어가서,

〈그림 2-1-51 메트로놈 설정 1〉

하단 그림처럼 'Options' 항목에 있는 'Simple Mode'를 체크 해제하면 됩니다.

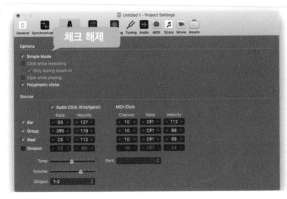
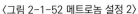

〈그림 2-1-52 메트로놈 설정 2〉

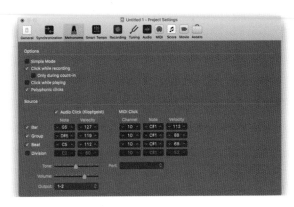

〈그림 2-1-53 메트로놈 설정 3〉

체크를 해제하면 'Click While recording' 항목만 체크됩니다. 이렇게 설정하면 레코딩하는 동안 계속 메트로놈 소리를 들을 수 있습니다.

만약 연주할 때 메트로놈이 방해가 될 때는 'Simple Mode'로 설정해두거나 현재 상태에서 하단에 있는 'Only during count-in' 항목을 체크하면 됩니다. 그리고 박튠(박자를 맞추는 작업)을 할 때는 재생 시 메트로놈이 들리면 도움이 되는데 그럴 때는 하단에 있는 'Click While playing' 항목을 체크하면 됩니다.

자, 이제 준비가 끝났으면 단축키 'R'을 눌러 녹음을 해보세요.

Tip. 미디 키보드가 없거나 외부에서 작업해야 한다면?

단축키 'Command + K'를 누르면 가상 키보드가 나와서 편하게 작업이 가능합니다.

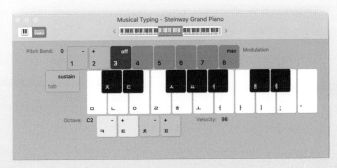

〈 그림 2-1-54 로직 프로 내장 가상 키보드 〉

❹ 퀀타이즈

퀀타이즈

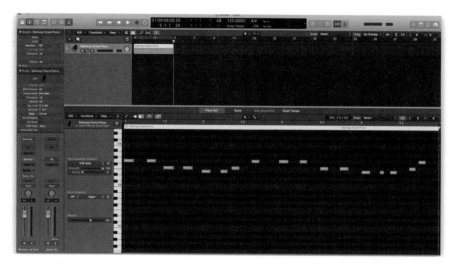

〈그림 2-1-55 입력된 노트들〉

리얼 타임 녹음이 끝난 다음 피아노 리전을 더블클릭해서 보면 위와 같이 노트들이 입력되어 있습니다. 리얼 타임으로 입력하면 아무리 박자를 잘 맞춰서 입력한다 해도 타이밍이 조금씩 어긋나기 때문에 전체 선택(단축키 Command + A)을 하고 단축키 'Q'를 눌러서 퀀타이즈를 하면 어긋나 있던 타이밍들이 정확하게 맞게 됩니다.

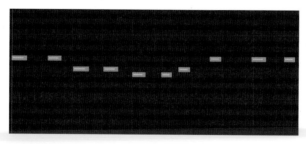

〈그림 2-1-56 리얼 타임 입력 후 타이밍이 맞지 않는 노트들〉

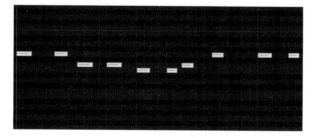

〈그림 2-1-57 퀀타이즈 후 타이밍이 맞게 된 노트들〉

---

* 리얼타임 녹음이란 노래를 재생 시켜놓고 동시에 녹음하는 방식입니다.

흔히 퀀타이즈를 '박자를 맞추는 작업'이라 알고 있는데, 박자를 맞추는 작업이라기보다는 지정된 퀀타이즈 값을 기준으로 가장 가까운 그리드에 맞춰주는 작업입니다.

예를 들어, [그림 2-1-58, 59]처럼 어떤 노트는 그리드보다 조금 앞에 있고 어떤 노트는 뒤에 있는데 이때 퀀타이즈를 누르면 왼쪽에 지정된 퀀타이즈 값을 기준으로 타이밍이 맞춰지기 때문에 두 번째 노트는 뒷쪽 그리드와 가장 가까워 뒤로 이동하고, 세 번째와 네 번째 노트는 앞쪽 그리드와 가장 가까워 앞쪽으로 이동합니다.

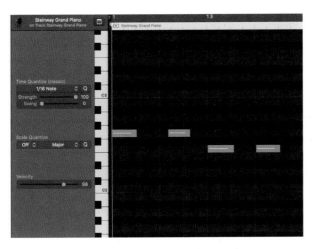

〈그림 2-1-58 퀀타이즈 적용 전 노트〉

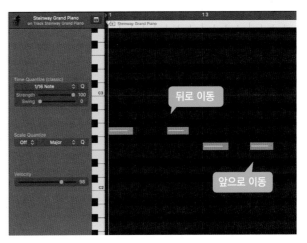

〈그림 2-1-59 퀀타이즈 적용 후 노트〉

8분음표를 기준으로 하는 경우에는 어떻게 될까요? [그림 2-1-60, 61]은 8분음표 그리드로 되어 있는 상황인데 여기에 8분음표를 기준으로 퀀타이즈를 적용시키면 첫 번째 노트는 가장 가까운 그리드가 뒷쪽이기 때문에 뒷쪽으로 이동하고 두 번째 노트는 앞쪽으로 이동합니다.

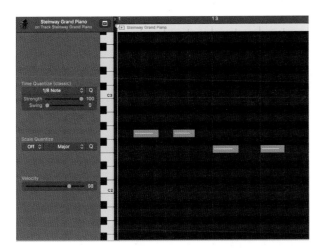

〈그림 2-1-60 퀀타이즈 적용 전 노트〉

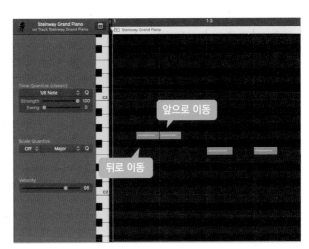

〈그림 2-1-61 퀀타이즈 적용 후 노트〉

⑤ 노트 길이 변경

커서 툴 상태에서 노트의 앞쪽이나 뒤쪽으로 이동하면 커서 모양이 바뀌는데 그때 마우스를 드래그해서 노트의 길이를 변경합니다.

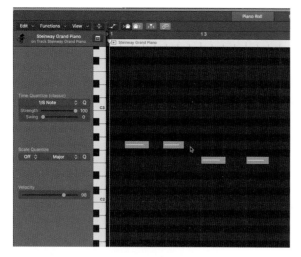
〈그림 2-1-62 노트 길이 변경 1〉

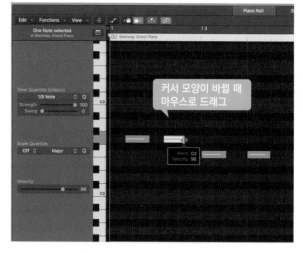
〈그림 2-1-63 노트 길이 변경 2〉

단축키 'Shift + Option + 방향키 좌/우'를 입력하면 노트 길이가 그리드 값 기준으로 변경됩니다.

⑥ 노트 벨로시티(Velocity)변경

● 노트를 선택해 왼쪽 하단에 있는 'Velocity' 항목에서 조절하는 방법

〈그림 2-1-64 노트 Velocity 변경 1〉

---

* 노트 길이를 듀레이션(Duration)이라고 부르기도 합니다.

** 벨로시티란 음의 세기를 표시해주는 값으로, 0부터 127까지 총 128단계로 구분되어 있습니다. 참고로 0은 무음이기 때문에 시퀀서에 따라 최소값을 1로 두는 경우도 있습니다.

● 편집 도구를 이용해 조절하는 방법

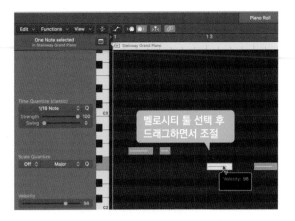

〈그림 2-1-65 노트 Velocity 변경 2〉

● 오토메이션 뷰에서 조절하는 방법

피아노 롤에서 단축키 'A'를 누르면 활성화되는데, 여기서
화면 하단에 있는 선을 움직이면서 변경합니다.

〈그림 2-1-66 노트 Velocity 변경 3〉

● 이벤트 리스트에서 조절하는 방법

단축키 'D'를 누르고 왼쪽 첫 번째 'EVENT' 탭의 'Val'
항목에서 조절합니다.

〈그림 2-1-67 노트 Velocity 변경 4〉

❼ 노트 이동

● 마우스로 이동하는 방법

노트를 선택하고 마우스로 드래그해서 노트를 이동합니다.

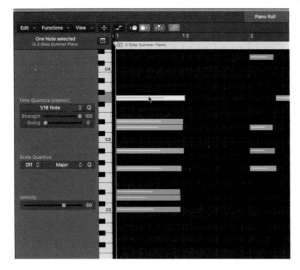

〈그림 2-1-68 노트 이동 1〉

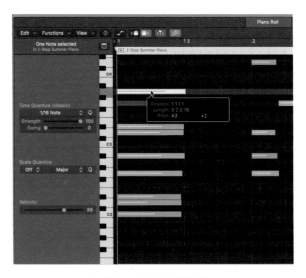

〈그림 2-1-69 노트 이동 2〉

● 단축키로 이동하는 방법

원하는 노트를 선택하고 'Option + 방향키 상/하/좌/우'를 누르면 이동이 됩니다. 위아래로 이동은 되는데 옆으로 이동이 안 되는 경우에는 'Piano Roll' 창에서 'Edit → Move → Set Nudge Value to → Division'을 선택하면 됩니다.

〈그림 2-1-70 노트 이동 3〉

노트를 위아래로 옮길 때 옥타브로 이동하고 싶을 때는 'Shift + Option + 방향키 상/하'를 누르면 됩니다.

2.1.7 미디 입력 및 수정 방법 2 / 마우스로 입력

이번에는 마우스로 노트를 입력하는 방법을 알아보겠습니다.

리얼 타임으로 입력할 때와 마찬가지로 악기를 하나 부른 다음 마우스 우클릭을 하면 다음과 같은 메뉴가 뜨는데 거기서 'Create MIDI Region'을 선택합니다.

〈그림 2-1-71 MIDI Region 만들기〉

그러면 비어있는 미디 리전이 하나 만들어지는데, 미디 리전을 더블클릭하면 하단에 'Piano Roll' 창이 뜨게 됩니다. 노트를 입력하려면 단축키 'T'를 눌러서 'Pencil Tool'로 바꾼 후 입력하면 됩니다.

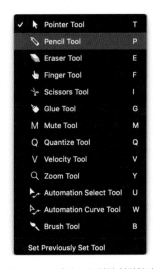

〈그림 2-1-72 미디 노트 직접 입력하기 1〉

매번 입력할 때마다 툴을 변경할 필요 없이 'Command' 키를 누르면 자동으로 'Pencil Tool'로 변경됩니다. 참고로 이때 자동으로 변경되는 툴은 두 번째 툴에 지정된 툴이며, 필요하다면 다른 툴로 변경하는 것도 가능합니다.

〈그림 2-1-73 미디 노트 직접 입력하기 2〉

〈그림 2-1-74 미디 노트 직접 입력하기 3〉

Pencil Tool로 노트를 입력하면 노트의 길이는 직접 입력된 길이로 자동 입력이 되는데 이때 마우스를 떼지 않고 계속 클릭한 상태에서 왼쪽이나 오른쪽으로 드래그하면 노트의 길이가 조절됩니다.

반복적인 노트를 입력할 때는 'Brush Tool'을 이용하면 더 편리하게 입력이 가능합니다. 한 번 클릭하면 노트가 입력되고 클릭한 상태에서 드래그하면 노트가 연속적으로 입력됩니다. 노트를 한 번 더 클릭하면 삭제되고, 노트의 끝부분에 마우스 커서를 대서 모양이 바뀔 때 노트의 길이를 변경할 수 있습니다. Brush Tool에서 입력되는 노트의 길이는 Piano Roll 왼쪽에 있는 'Time Quantize'에 설정된 값을 따라갑니다. [그림 2-1-76]에서는 1/8 Note로 되어 있기 때문에 노트 입력은 8분음표로 입력됩니다.

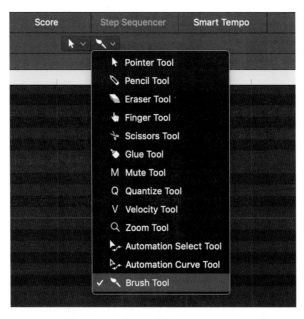

〈그림 2-1-75 미디 노트 직접 입력하기 4〉

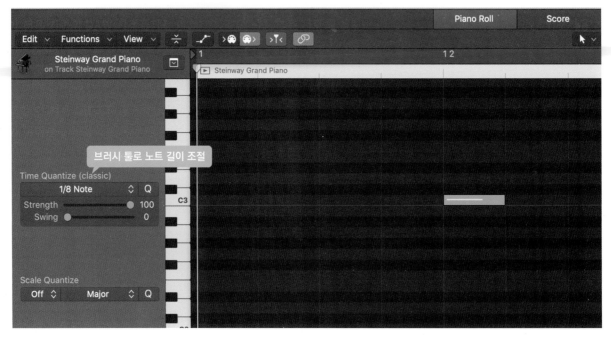

〈그림 2-1-76 미디 노트 직접 입력하기 5〉

Chapter 2
미디 시퀀싱 2 / 로직 10.5에서 추가된 기능

2.2 스텝 시퀀서 사용법 ☆ 로직 10.5 새로운 기능

로직 10.5 버전에서 새롭게 추가된 스텝 시퀀서를 이용하면 다양하고 창의적인 시퀀싱이 가능합니다. 그럼 어떻게 스텝 시퀀서를 사용하는지 알아보겠습니다.

2.2.1 스텝 시퀀서 패턴 만들기

악기 트랙을 하나 만들고 마우스 우클릭 후 'Create Pattern Region'을 선택하면 패턴 리전이 만들어집니다. 본 책에서는 드럼 악기를 이용해보겠습니다.

〈그림 2-2-1 스텝 시퀀서 만들기 1〉

스텝 시퀀서는 특정 악기에만 적용되는 게 아니라 미디 리전처럼 악기 트랙이라면 전부 사용 가능합니다. 이렇게 만들고 나면 기본값으로 4마디 패턴 리전이 생성됩니다.

〈그림 2-2-2 스텝 시퀀서 만들기 2〉

---

* 스텝 시퀀서란 국어 사전 정의에 따르면 '소리를 일렬로 배열하여 연속된 같은 리듬으로 연주하는 전자 악기입니다. 보통 음악 작업을 할 때 리얼 타임으로 (직접) 연주하거나 피아노 롤에서 노트를 입력하면서 작업을 하는데, 스텝 시퀀서를 사용하면 기존 작업 방식과 다르게 접근하기 때문에 좀 더 다양하고 창의적인 아이디어가 나오는 경우가 많습니다(최근 들어 다양한 회사에서 하드웨어로 만들어진 스텝 시퀀서 제품들이 출시되었습니다).

패턴 리전을 생성하면 자동으로 하단에 스텝 시퀀서 창이 열리는데, 보이지 않는 경우에는 패턴 리전을 더블클릭하면 하단에 스텝 시퀀서 창이 열립니다. 패턴 리전은 한 마디를 기준으로 만들어집니다. 따라서 4마디가 만들어져 있더라도 첫 박에 킥을 하나 입력하고 리전 뷰를 보면 한 마디씩 입력된 걸 볼 수 있습니다.

〈그림 2-2-3 스텝 시퀀서 만들기 3〉

여기서 한 마디만 보이는 스텝 시퀀서 윈도우를 두 마디로 보고 싶을 때 오른쪽 상단의 16 Steps를 32 Steps로 바꾸면 보고 있는 창이 두 마디를 기준으로 작동됩니다.

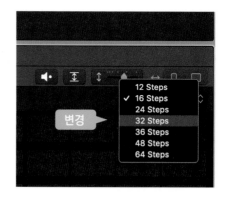

〈그림 2-2-4 스텝 시퀀서 만들기 4〉

현재 창의 간격이 너무 좁아 보인다면 오른쪽 상단 32 Steps 항목 위에 창 모양 아이콘을 클릭하면 16 Steps를 볼 때처럼 넓게 볼 수 있습니다.

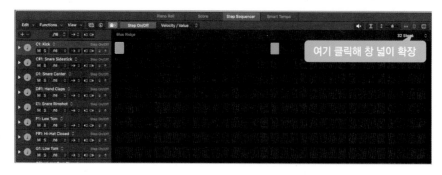

〈그림 2-2-5 스텝 시퀀서 만들기 5〉

마디 전환은 'Step Sequencer' 탭 하단을 보면 창이 분할되어 있는 항목이 있는데, 분할된 곳을 선택하면 에디팅 위치를 선택할 수 있습니다.

〈그림 2-2-6 스텝 시퀀서 만들기 6〉

2.2.2 스텝 시퀀서의 기본적인 사용 방법

노트를 입력하기 전에 해당 악기의 소리를 들으려면 방향키를 위아래로 움직여 순차적으로 들어볼 수 있고, 음표 모양의 아이콘을 클릭하면 소리를 들어볼 수 있습니다.

〈그림 2-2-7 스텝 시퀀서 만들기 1〉

- Row Mute & Solo: 음표 아이콘 오른쪽에 뮤트, 솔로(M, S 버튼)가 있는데 해당하는 줄(Row)을 뮤트하거나 솔로로 들을 수 있게 해줍니다.
- Row Step Rate: M, S 버튼 오른쪽에 보면 '/16'이라고 되어 있는데, 해당하는 악기들의 그리드를 몇 분음표 기준으로 작동할 지 결정합니다.

〈그림 2-2-8 스텝 시퀀서 사용하기 2〉

'/16' 항목을 클릭하고 있으면 [그림 2-2-8]과 같이 다양한 값을 적용할 수 있는 메뉴가 뜹니다. 여기서 원하는 값을 선택합니다. 개별 트랙 그리드 값을 변경하는 단축키는 'Control - or +'이며, 전체 그리드 값 변경 단축키는 'Shift + Control - or +' 입니다.

● Row Playback Mode: '/16' 항목 오른쪽에 오른쪽 화살표 아이콘이 있습니다.

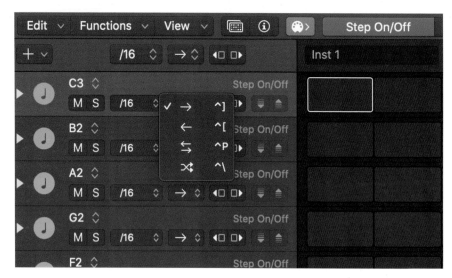

〈 그림 2-2-9 스텝 시퀀서 사용하기 2 〉

재생 방향을 정하는 곳으로, 정방향(왼쪽 → 오른쪽) / 역방향(오른쪽 → 왼쪽) / 정방향 → 역방향 / 랜덤 등 원하는 재생 방향을 선택할 수 있습니다.

● Rotate Row Steps: [그림 2-2-10]에서 플레이 백 모드 오른쪽에 보면 네모 버튼이 있는데, 이 버튼을 누르면 현재 선택된 줄에 입력된 모든 데이터를 밀거나 당길 수 있습니다.
● Decrease / Increase Step Values: 가장 마지막 항목은 위아래 화살표 모양으로 되어있습니다. 'Edit Mode Selector' 항목에서 오른쪽을 선택하면 활성화되는데(Velocity / Value), 선택된 줄에 입력된 모든 데이터 값을 늘리거나 줄일 수 있습니다.

 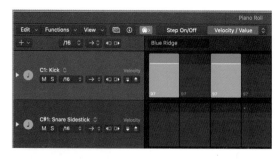

〈 그림 2-2-10,11 스텝 시퀀서 사용하기 3, 4 〉

각 'Row header' 왼쪽에 있는 역삼각형 아이콘을 누르면 여러 파라미터가 뜨는데, 'Edit Mode Selector'로 바꾸지 않더라도 여기서 파라미터 값들을 컨트롤할 수 있습니다.

〈그림 2-2-12 스텝 시퀀서 사용하기 5〉

파라미터 값을 추가 또는 삭제하려면 왼쪽 하단에 마우스 커서를 가지고 가서 ×, + 버튼이 생기면 + 버튼을 눌러 파라미터가 추가, × 버튼을 눌러 삭제합니다.

〈그림 2-2-13 스텝 시퀀서 사용하기 6〉

〈그림 2-2-14 스텝 시퀀서 사용하기 7〉

여기서 설정하는 파라미터 값들은 'Step On/Off' 오른쪽에 있는 항목에서도 설정 가능합니다.

〈그림 2-2-15 스텝 시퀀서 사용하기 8〉

〈그림 2-2-16 스텝 시퀀서 사용하기 9〉

여기서 원하는 파라미터들을 선택하면 되는데, 단축키로 편하게 전환이 가능합니다.

자주 사용하는 몇 가지 기능을 소개해드리겠습니다.

기능	단축키
Note Repeat	Control + Option + R
Step On / Off	Control + Option + S
Octave	Control + Option + O
Tie	Control + Option + T
Offset	Control + Option + F

설정된 값들은 화면에 숫자로 나타나는데, 각 항목을 드래그해서 설정하면 됩니다. 단, 주의점이 있다면 노트 입력은 불가능하기 때문에 노트 입력을 해야 하는 경우에는 왼쪽에 있는 'Step On/Off'로 돌아가야 합니다.

〈그림 2-2-17 스텝 시퀀서 사용하기 10〉

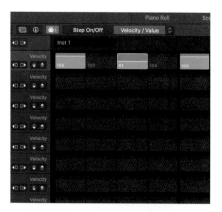
〈그림 2-2-18 스텝 시퀀서 사용하기 11〉

노트는 한 번에 하나씩 입력되지만 드래그를 하면 연속으로 입력할 수 있습니다. 참고로 드래그해서 입력할 때 살짝 위아래로 움직이게 되면 다른 곳에 노트가 입력되는데 'Shift' 키를 누르고 드래그하면 수평으로만 입력됩니다.

입력한 노트들을 다른 곳에 레이어할 때 똑같이 그대로 입력해도 되지만 매번 그렇게 입력하기엔 번거롭습니다. 이때는 '마우스 우클릭 → Copy Row' 한 다음 원하는 곳에 가서 '마우스 우클릭 → Paste Row' 하면 간편하게 복사가 됩니다.

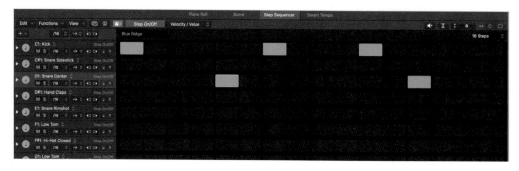
〈그림 2-2-19 스텝 시퀀서 사용하기 12〉

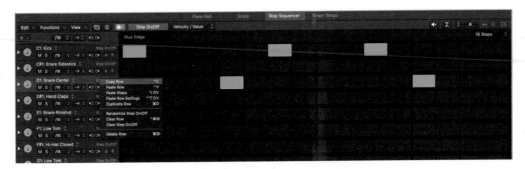

〈그림 2-2-20 스텝 시퀀서 사용하기 13〉

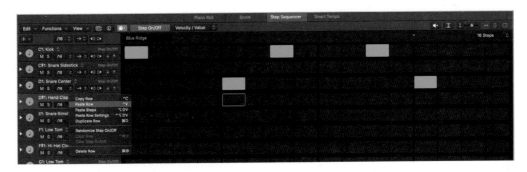

〈그림 2-2-21 스텝 시퀀서 사용하기 14〉

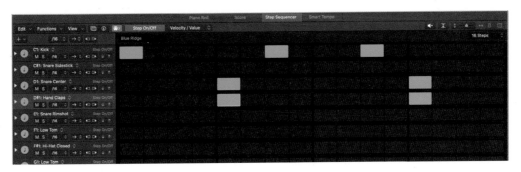

〈그림 2-2-22 스텝 시퀀서 사용하기 15〉

작업을 하다 보면 스텝 시퀀서에 없는 새로운 노트들을 더 추가해야 하는 경우가 있습니다. 노트를 추가하는 방법에는 세 가지가 있는데 첫 번째 방법은 'Edit' 항목 하단에 있는 '+' 버튼을 클릭해서 새로운 노트를 직접 선택해 추가하는 방법입니다.

〈그림 2-2-23 스텝 시퀀서 사용하기 16 / 노트 추가 메뉴〉

〈그림 2-2-24 스텝 시퀀서 사용하기 17 / 추가할 노트 선택〉

〈그림 2-2-25 스텝 시퀀서 사용하기 18 / 추가할 노트 선택〉

두 번째 방법은 'Learn'을 선택한 다음 원하는 건반을 입력
하는 방법으로, 입력한 건반들이 자동으로 추가됩니다.

〈그림 2-2-26 스텝 시퀀서 사용하기 19〉

마지막으로 프리셋을 사용하는 방법은 'View' 항목 오른쪽의 'Show/Hide Pattern Brower' 항목 클릭 후 뜨는 창에서
원하는 패턴을 선택하는 방법입니다. 단축키는 'Shift + Option + B' 입니다.

〈그림 2-2-27 스텝 시퀀서 사용하기 20〉

〈그림 2-2-28 스텝 시퀀서 사용하기 21〉

〈그림 2-2-29 스텝 시퀀서 사용하기 22〉

〈그림 2-2-30 스텝 시퀀서 사용하기 23〉

〈그림 2-2-31 스텝 시퀀서 사용하기 24 / 불러온 패턴〉

Tip. 스텝 시퀀서 Tip 1. 패턴 리전을 미디 리전으로 바꾸려면?

스텝 시퀀서로 만들어둔 패턴 리전을 미디 리전으로 바꾸려면 원하는 패턴 리전을 선택하고 '마우스 우클릭 → Convert → Convert to MIDI Region'을 체크하면 됩니다. 이때, 한 번 미디 리전으로 바꾸면 다시 패턴 리전으로 변환이 불가능하므로 변환 시 주의합니다.

〈그림 2-2-32 스텝 시퀀서 사용하기 25
/ 미디 리전으로 변환하기 1〉

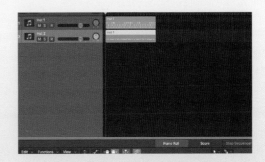

〈그림 2-2-33 스텝 시퀀서 사용하기 26
/ 미디 리전으로 변환하기 2〉

Part 2. 미디 작업하기

노트들을 피치별로 나누려면 '마우스 우클릭 → MIDI → Separate by Note Pitch'를 순서대로 클릭합니다.

〈그림 2-2-34 스텝 시퀀서 사용하기 27
/ 노트 피치별로 나누기 1〉

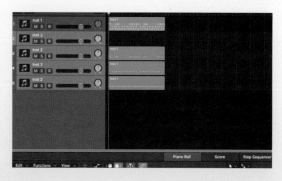

〈그림 2-2-35 스텝 시퀀서 사용하기 28
/ 노트 피치별로 나누기 2〉

2.2.3 스텝 시퀀서를 이용한 실전 시퀀싱

① 스텝 시퀀서를 이용한 실전 드럼 패턴 시퀀싱

스텝 시퀀서_드럼 패턴

먼저 드럼 악기를 하나 불러오겠습니다.

〈그림 2-2-36 스텝 시퀀서를 이용한 드럼 패턴 입력하기 1〉

패턴 리전을 만들어보겠습니다.

〈그림 2-2-37 스텝 시퀀서를 이용한 드럼 패턴 입력하기 2〉

그런 다음 간단하게 드럼 패턴을 입력해보겠습니다.

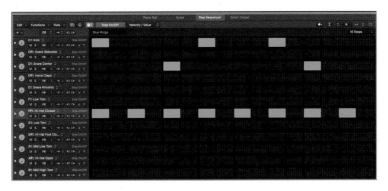

〈그림 2-2-38 스텝 시퀀서를 이용한 드럼 패턴 입력하기 3〉

이번엔 스네어에 HandClap을 레이어해보겠습니다. 직접 입력해도 되지만 조금 더 편하게 하려면 해당하는 Row에 가서 마우스 우클릭 → Copy Row'를 선택하고 HandClap 항목에 가서 '마우스 우클릭 → Paster Row'를 선택하면 됩니다.

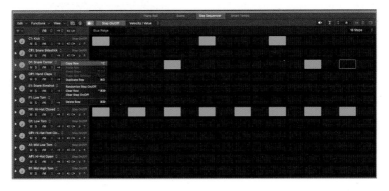

〈그림 2-2-39 스텝 시퀀서를 이용한 드럼 패턴 입력하기 4〉

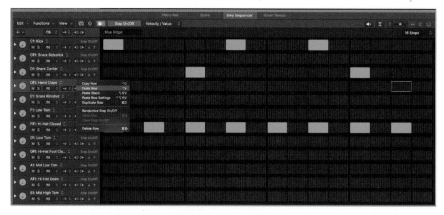

〈그림 2-2-40 스텝 시퀀서를 이용한 드럼 패턴 입력하기 5〉

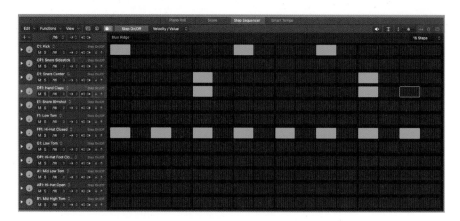

〈그림 2-2-41 스텝 시퀀서를 이용한 드럼 패턴 입력하기 6〉

Hi-Hat의 Velocity를 변경해보겠습니다. 'Step On/OFF' 오른쪽에 있는 'Velocity/Value' 탭에서 변경해도 되지만 노트 입력과 동시에 수정을 편하게 하기 위해 Hi-Hat Row 왼쪽에 있는 삼각형을 클릭하면 나오는 항목을 이용해서 편집합니다.

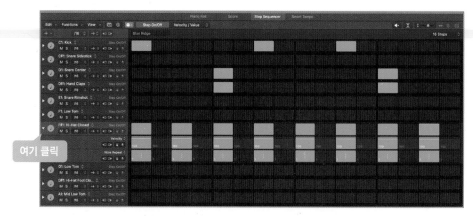

〈그림 2-2-42 스텝 시퀀서를 이용한 드럼 패턴 입력하기 7〉

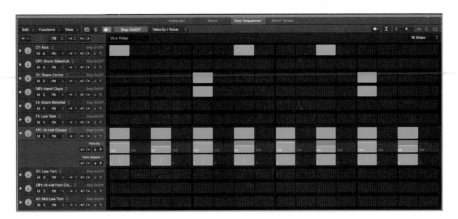

〈그림 2-2-43 스텝 시퀀서를 이용한 드럼 패턴 입력하기 8〉

❷ 스텝 시퀀서를 이용한 실전 베이스 패턴 시퀀싱

베이스 악기를 하나 불러오겠습니다.

〈그림 2-2-44 스텝 시퀀서를 이용한 베이스 패턴 입력하기 1〉

드럼과 마찬가지로 패턴 리전을 만들어보겠습니다.

〈그림 2-2-45 스텝 시퀀서를 이용한 베이스 패턴 입력하기 2〉

기본적으로 C2부터 C3까지 만들어지는데 여기서 더 필요한 음이 있다면 Learn 기능을 이용해서 더 추가하면 됩니다. 그리고 추가된 음의 배열을 바꾸려면 해당 Row를 드래그하면 됩니다.

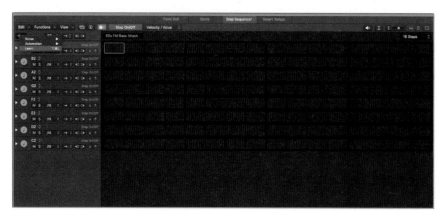

〈그림 2-2-46 스텝 시퀀서를 이용한 베이스 패턴 입력 3 / 노트 추가 1〉

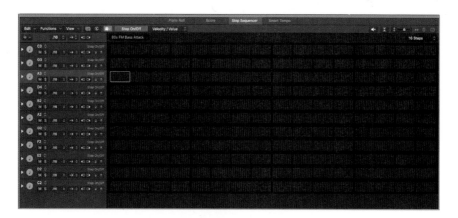

〈그림 2-2-47 스텝 시퀀서를 이용한 베이스 패턴 입력 4 / 노트 추가 2〉

〈그림 2-2-48 스텝 시퀀서를 이용한 베이스 패턴 입력 5 / 위치 변경〉

간단하게 베이스 패턴을 입력해보겠습니다.

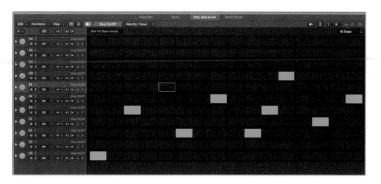

〈그림 2-2-49 스텝 시퀀서를 이용한 베이스 패턴 6〉

중간중간 옥타브로 도약하게 만들기 위해 해당하는 음정의 왼쪽에 있는 삼각형을 클릭해 편집해보겠습니다. 참고로 기본 값인 3에서 4로 올리면 한 옥타브가 올라가고 5로 올리면 두 옥타브가 올라가게 됩니다.

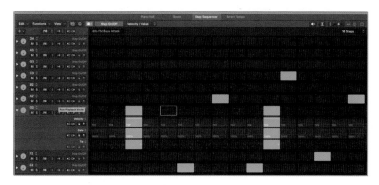

〈그림 2-2-50 스텝 시퀀서를 이용한 베이스 패턴 7〉

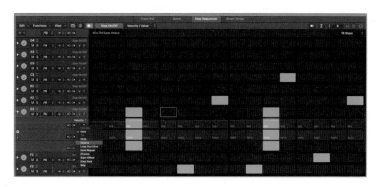

〈그림 2-2-51 스텝 시퀀서를 이용한 베이스 패턴 8〉

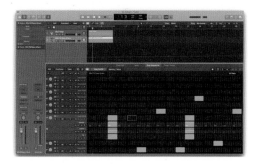

〈그림 2-2-52 스텝 시퀀서를 이용한 베이스 패턴 9〉

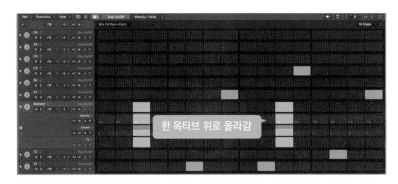

〈그림 2-2-53 스텝 시퀀서를 이용한 베이스 패턴 10〉

패턴 시퀀서는 기본적으로 16분음표 기준으로 입력되는데 음을 길게 하려면 Tie 기능을 이용합니다. 노트에서 오른쪽 방향으로 된 항목을 클릭하면 늘어나고, 늘어났을 때 가운데에 생기는 마름모 모양 버튼을 누르면 다시 줄어듭니다.

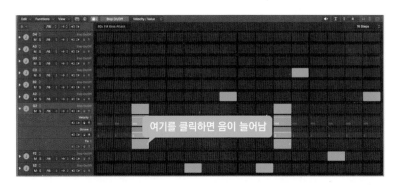

〈그림 2-2-54 스텝 시퀀서를 이용한 베이스 패턴 11〉

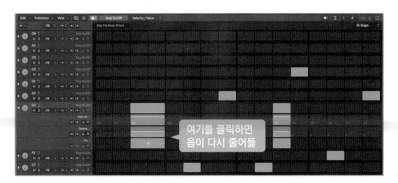

〈그림 2-2-55 스텝 시퀀서를 이용한 베이스 패턴 12〉

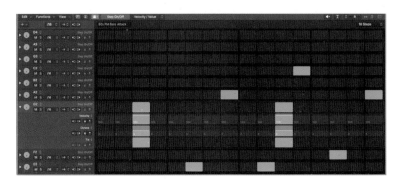

〈그림 2-2-56 스텝 시퀀서를 이용한 베이스 패턴 13〉

2.2.4 퀵 샘플러 사용법 1 / 불러오기  로직 10.5 새로운 기능

로직 10.5.x 버전에서 새롭게 추가된 퀵 샘플러는 기존의 'EXS24 Sampler'를 완벽하게 대체하는 새로운 샘플러입니다. 수많은 기능이 들어있는데 여기서는 실제 곡 작업에 필요한 정도만 다루어보겠습니다.

❶ 불러오는 방법

'Instrument' 항목에서 불러오거나 오디오 샘플을 오디오 트랙이나 인스트러먼트 트랙 하단에 비어 있는 'Track Head Area' 쪽으로 드래그합니다. 이때 창이 하나 활성화되는데, 각자의 상황에 맞게 'Original'이나 'Optimized'를 선택하면 됩니다.

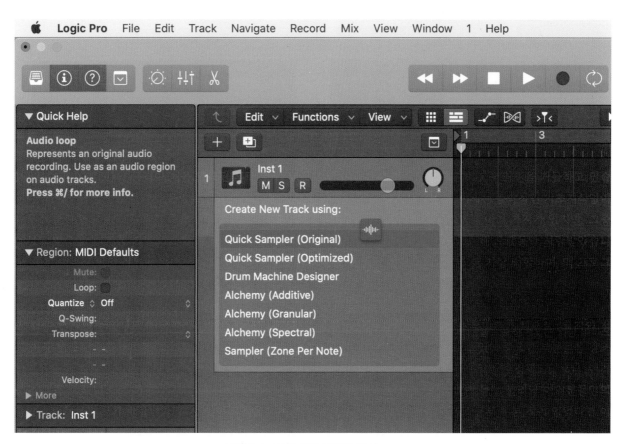

〈그림 2-2-57 퀵 샘플러 불러오기 1〉

그럼 먼저 Original과 Optimized의 차이점부터 알아보겠습니다.

---

* 샘플러는 외부 소리나 악기들을 녹음해서 악기처럼 사용할 수 있게 해주는 장치입니다.

➋ 오리지널 모드(Original Mode)

오리지널 모드는 말 그대로 오디오 파일을 불러온 다음 어떠한 프로세싱도 하지 않는 모드입니다. 즉, 오디오 파일을 하나 불러오면 원래 오디오 파일의 음정과 상관없이 루트 키를 C3로 가지고 옵니다.

〈그림 2-2-58 퀵 샘플러 불러오기 2〉

이렇게 가지고 왔을 때 오디오 파형 쪽에 가서 '마우스 우클릭 → Retune'을 선택하면 피치를 정확하게 센트(Cent) 단위까지 맞춰줍니다.

〈 그림 2-2-59 퀵 샘플러 불러오기 3 / Retune 선택 〉

〈그림 2-2-60 퀵 샘플러 불러오기 4 / 정확한 음정 맞추기〉

➌ 옵티마이즈드 모드(Optimized Mode)

이번에는 동일한 오디오 파일을 옵티마이즈드 모드로 불러오겠습니다. [그림 2-2-61]처럼 루트 키를 정확히 맞춰서 가지고 옵니다. 경우에 따라 루핑 포인트까지 맞춰주기도 합니다.

〈그림 2-2-61 퀵 샘플러 불러오기 5 / 정확한 음정 맞추기〉

❹ 두 모드의 차이점

모든 파일을 불러올 때 자동으로 음정을 정확하게 맞춰주는 옵티마이즈드 모드로 가지고 오면 좋을 것 같은데 왜 굳이 구분하는 걸까요? 이유를 예를 들어 설명해보겠습니다. 만약 드럼 소스를 가지고 오는 경우 오리지널 모드로 가지고 오면 평소처럼 사용하면 되는데 옵티마이즈드 모드로 가지고 오면 드럼까지 자동으로 음정을 맞춰서 가지고 오게 됩니다. 그렇게 되면 드럼 톤이 바뀌어서 원 소스의 뉘앙스가 많이 바뀌게 됩니다(물론 이게 필요할 때도 있습니다). 즉, 음정이 없는 악기라면 오리지널 모드로 가지고 오는 것이 좋고, 음정이 있는 경우라면 옵티마이즈드 모드로 가지고 오는 것이 좋습니다.

2.2.5 퀵 샘플러 사용법 2 / 기본적인 사용법   ✦ 로직 10.5 새로운 기능

먼저 오리지널 모드로 드럼 루프를 하나 가지고 오겠습니다.

〈그림 2-2-62 퀵 샘플러 사용법 1〉

상단에는 오디오 파형이 보이고 하단에는 'LFO', 'PITCH', 'FILTER', 'AMP' 항목이 있는데, 여기서 다양하게 에디팅이 가능합니다. 그럼 먼저 상단의 'CLASSIC', 'ONE SHOT', 'SLICE', 'RECORDER' 탭 중 'CLASSIC' 탭을 선택해보겠습니다.

❶ 클래식(CLASSIC)

〈그림 2-2-63 퀵 샘플러 사용법 2〉

클래식 탭에서는 건반을 누르면 누른 만큼 오디오 샘플이 재생되다가 멈추는데, 이때 바로 멈추지 않고 약간 여유를 가지고 멈추게 됩니다. 그 이유는 오른쪽 하단의 'AMP' 항목에서 릴리스 타임(Release Time)이 133ms로 지정되어 있기 때문입니다. 만약 바로 멈추게 하고 싶다면 Release Time을 0ms로 설정하면 됩니다.

그리고 건반을 입력했을 때 원래 샘플의 소리가 나오지 않고 음정이 올라가거나 내려간 소리로 들리는데, 원래 샘플의 소리로 들으려면 'Root Key'로 지정되어 있는 'C3'를 누르면 됩니다. C3보다 위를 누르면 원래보다 높게 들리고, 아래를 누르면 낮게 들립니다. 샘플 뷰 항목에서 왼쪽과 오른쪽 하단에 보면 '>', '<' 모양의 아이콘이 있는데 드래그하면 'Sample Start' 포인트와 'Sample End' 포인트를 바꿀 수 있습니다.

〈그림 2-2-64 퀵 샘플러 사용법 3〉

이렇게 지정하면 건반을 눌렀을 때 처음부터 샘플이 재생되는 게 아니라 지정한 지점에서 재생 및 정지합니다.

'>', '<' 아이콘 위쪽을 보면 페이드 인, 페이드 아웃 아이콘이 있습니다. Sample Start, Sample End를 적용하는 것과 마찬가지로 해당 지점을 드래그하면 페이드 인, 페이드 아웃이 됩니다.

〈그림 2-2-65 퀵 샘플러 사용법 4〉

〈그림 2-2-66 퀵 샘플러 사용법 5〉

---

* 릴리스 타임은 흔히 신디사이저에서 이야기하는 ADSR(Attack Time, Decay Time, Sustain Level, Release Time) 중 R에 해당하는 항목으로, 건반에서 손을 뗐을 때 소리가 완전히 사라질 때까지 걸리는 시간입니다.

플레이백(Playback) 항목을 클릭해보면 여러 메뉴가 뜨는데 이 중에 하나를 선택하면 루프 마커가 생겨서 자동으로 루핑이 됩니다.

〈그림 2-2-67 퀵 샘플러 사용법 6 / 루핑 모드 1〉

첫 번째 'Forward'는 건반을 누르고 있으면 정방향으로 루핑이 됩니다. 두 번째 'Reverse'는 처음에는 정방향으로 진행되다가 루핑 포인트 끝 지점을 만나게 되면 그때부터 역방향으로 루핑이 됩니다. 이 기능을 이용하면 리버스 피아노 같은 악기를 쉽게 만들 수 있습니다. 세 번째 'Alternate'는 처음엔 루핑 포인트 끝 지점을 만나게 되면 역방향으로 돌아왔다가 시작점을 만나게 되면 다시 정방향으로, 그리고 다시 또 역방향으로 계속 반복해서 루핑이 됩니다.

참고로 루핑 포인트가 잘못 잡히면 '틱틱' 하는 잡음이 생기는데, 그럴 때는 파형을 확대해서 시작점을 다시 맞춰주면 됩니다. 파형 확대와 축소는 원하는 곳에 커서를 가져가서 마우스 휠을 위아래로 움직여주면 됩니다.

〈그림 2-2-68 퀵 샘플러 사용법 7 / 루핑 모드 2〉

파형을 원하는 만큼 확대한 다음 드래그해서 파형의 루핑 시작점을 맞춰줍니다.

〈그림 2-2-69 퀵 샘플러 사용법 8 / 루핑 모드 3〉

이 방법이 번거로울 때는 루프 마커 오른쪽 하단의 ⊠모양 아이콘을 드래그하면 'Crossfade Length' 값이 설정되면서 자동으로 앞뒤로 크로스페이드를 해줍니다.

〈그림 2-2-70 퀵 샘플러 사용법 9 / 루핑 모드 4〉

그리고 마지막 'Play to End on Release'는 건반을 누르고 있는 동안에는 지정된 루프 모드로 작동되다가 건반에서 손을 떼는 순간 루핑 포인트 뒤로 이동해서 지정된 Release Time 만큼 재생됩니다(Releae Time이 0으로 되어 있으면 바로 끝나서 알 수 없지만 어느 정도 여유가 있을 때는 확인이 가능합니다).

❷ 원 샷(ONE SHOT)

원 샷은 기본적으로 클래식과 비슷한데, 오른쪽 하단의 'AMP' 항목을 보면 Release Time이 비활성화되어 있어서 한 번 누르면 샘플들이 처음부터 끝까지 나오는 모드입니다. 특별한 경우가 아니라면 자주 사용되는 항목은 아닙니다.

〈그림 2-2-71 퀵 샘플러 사용법 10 / 원샷 모드〉

❸ 슬라이스(SLICE)

〈그림 2-2-72 퀵 샘플러 사용법 11 / 슬라이스 모드 1〉

퀵 샘플러에서 가장 많이 사용되는 모드로, 오디오 루프의 경우엔 트랜지언트에 맞춰서 자동으로 마커를 찍어주는데 마커가 너무 많이 찍혀 있을 경우에는 Mode 오른쪽에 있는 Sensitivity 값을 조절하면 됩니다. 슬라이스 하단을 보면 C1, C#1, D1... 이런식으로 적혀 있는데, 해당하는 건반을 누르면 각 슬라이스가 재생됩니다. 시작점을 바꾸려면 'Start Key' 항목의 기본값 C1을 원하는 값으로 변경하면 됩니다. 예를 들어, 'Start Key' 항목의 값을 C2로 변경하면 시작점이 C2로 바뀌게 됩니다.

〈그림 2-2-73 퀵 샘플러 사용법 12 / 슬라이스 모드 2〉

건반을 누르면 해당하는 슬라이스에 있는 소리가 나오는데 건반을 누른 만큼만 소리가 나오게 하고 싶을 때는 'Chromatic' 오른쪽에 있는 'Gate'를 클릭하면 됩니다. 'AMP' 항목을 보면 하단에 ADS로 되어 있던 값이 ADSR로 바뀌고 R은 0ms로 변경된 것을 확인할 수 있습니다.

〈그림 2-2-74 퀵 샘플러 사용법 13 / 슬라이스 모드 3〉

퀵 샘플러의 파형 뷰 하단으로 가면 커서 모양이 바뀌는데, 이때 어레인지 윈도우로 드래그하면 퀵 샘플러에서 트랜지언트를 기반으로 만들어진 미디 패턴이 만들어집니다.

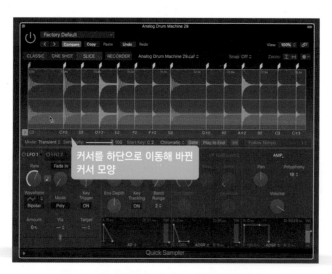

〈그림 2-2-75 퀵 샘플러 사용법 14 / 슬라이스 모드 4〉

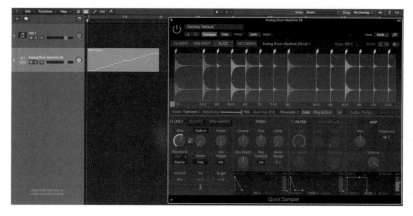

〈그림 2-2-76 퀵 샘플러 사용법 15 / 슬라이스 모드 5〉

미디 리전을 재생해보면 슬라이스된 오디오가 순차적으로 재생됩니다.

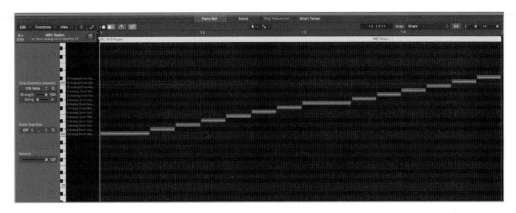

〈그림 2-2-77 퀵 샘플러 사용법 16 / 슬라이스 모드 6〉

미디로 배열되어 있기 때문에 재배열해서 새로운 루프를 만드는 것도 가능합니다.

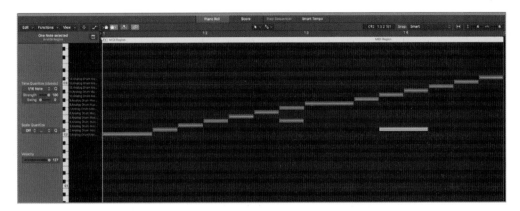

〈그림 2-2-78 퀵 샘플러 사용법 17 / 슬라이스 모드 7〉

미니 패턴을 만들 때는 오디오 파형에서 마우스 우클릭해 'Copy MIDI Pattern'을 선택하고 워크스페이스에서 '마우스 우클릭 → Paste Replace'를 선택하면 됩니다.

〈그림 2-2-79 퀵 샘플러 사용법 18 / 슬라이스 모드 8〉　　〈그림 2-2-80 퀵 샘플러 사용법 19 / 슬라이스 모드 9〉

❹ 악기 리샘플

퀵 샘플러의 막강한 기능 중 하나인 리샘플 기능에 대해 알아보겠습니다. 가상 악기를 하나 불러다가 노트 하나를 입력한 다음 그 리전을 비어있는 곳에 드래그해서 퀵 샘플러에 넣으면 자동으로 악기 패치를 만들어줍니다. 이때 옵티마이즈드 모드를 선택해서 가지고 오면 자동으로 음정을 맞춰서 가지고 오기 때문에 편리하게 사용할 수 있습니다.

〈그림 2-2-81 퀵 샘플러 사용법 20 / 리샘플 1〉

〈그림 2-2-82 퀵 샘플러 사용법 21 / 리샘플 2〉

〈그림 2-2-83 퀵 샘플러 사용법 22 / 리샘플 3〉

그리고 하단에 있는 LFO, FILTER 등 다양한 기능들을 이용해서 새로운 악기 사운드를 만드는 것도 가능합니다.

2.2.6 드럼 머신 디자이너 사용법 ☆ 로직 10.5 새로운 기능

❶ 드럼 머신 디자이너(Drum Machine Designer) 불러오기

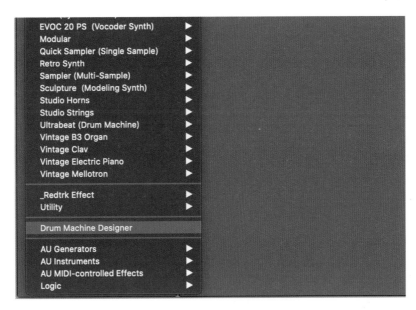

〈그림 2-2-84 드럼 머신 디자이너 위치〉

'Instrument' 항목에서 하단에 있는 'Drum Machine De-signer'를 선택하면 다음과 같은 플러그인이 실행됩니다.

〈그림 2-2-85 드럼 머신 디자이너 실행 화면〉

네모난 칸을 패드(Pad)라고 부르는데 드럼 머신 디자이너를 부르면 바로 왼쪽에 위치한 라이브러리 항목이 열려서 원하는 드럼 소스를 가지고 올 수 있습니다. 라이브러리에 있는 소스들은 클릭하면 해당하는 악기가 패드에 들어가서 모니터가 가능합니다.

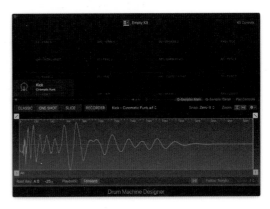

〈그림 2-2-86 선택된 패드에 드럼 샘플이 들어간 화면〉

패드 하단에 보면 C1, C#1 등의 음정들이 적혀 있는데 건반에서 해당하는 음을 누르면 각 패드에 들어가 있는 샘플들을 들을 수 있습니다. 그리고 하단에 파형이 있는 뷰를 잘 보면 퀵 샘플러와 동일한 화면임을 알 수 있습니다.

드럼 머신 디자이너에 불러온 샘플들은 하단에 있는 파형 뷰에서 디테일한 설정이 가능합니다. 예를 들어, 시작점이나 끝점이 안 맞는 경우에는 퀵 샘플러에서 사용하는 방법과 동일하게 시작점과 끝점을 맞출 수 있고, 페이드 인과 아웃도 가능합니다. 그리고 오른쪽에 있는 'Q-Sampler Detail'을 선택하면 퀵 샘플러 하단에 있는 뷰가 나타납니다.

〈그림 2-2-87 Q-Sampler Detail 화면〉

❷ 나만의 드럼 킷 만들기

비어있는 패드에 원하는 드럼 소스들을 넣어서 드럼 킷을 만들어보겠습니다. 각 패드에 들어있는 샘플을 들어보려면 커서를 해당하는 패드에 대고 왼쪽에 스피커 모양의 아이콘이 생겼을 때, 이 아이콘을 클릭하면 됩니다.

〈그림 2-2-88 드럼 킷 만들기 1〉

해당하는 패드의 샘플을 지우려면 마우스 우클릭 후 뜨는 메뉴에서 'Clear Pad'를 선택하면 됩니다.

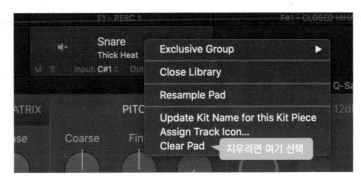

〈그림 2-2-89 드럼 킷 만들기 2〉

패드의 위치를 바꾸려면 해당하는 패드를 선택한 후 드래그해서 원하는 곳으로 옮기면 됩니다.

〈그림 2-2-90 드럼 킷 만들기 3〉

〈그림 2-2-91 드럼 킷 만들기 4〉

❸ 드럼 킷 저장하기 & 불러오기

드럼 킷 저장은 라이브러리 오른쪽 하단의 'Save...' 항목을 클릭한 후 원하는 이름으로 저장하면 됩니다. 저장 위치는
': Audio Music Apps > Patches > Instrument'이며 'patch'라는 확장자로 저장되어야 합니다.

〈그림 2-2-92 드럼 킷 만들기 5 / Save... 선택〉

〈그림 2-2-93 드럼 킷 만들기 6 / 원하는 이름으로 저장〉

방금 저장한 드럼 킷 패치를 불러와보겠습니다. 라이브러리 윈도우의 'User Patches' 항목에서 방금 저장한 이름의 패치를 확인하고 클릭합니다.

〈그림 2-2-94 드럼 킷 만들기 7 / 만들어둔 패치 불러오기〉

❹ 퀵 샘플러와 연동해서 사용하는 방법

퀵 샘플러에서 '마우스 우클릭 → Copy MIDI Pattern'을 선택하면 미디 리전으로 추출이 가능한데 'Create Drum Machine Designer Track'을 선택하면 퀵 샘플러에서 나누어진 슬라이스를 기준으로 드럼 머신 디자이너의 각 패드에 넣어주고 'Copy MIDI Pattern'을 선택했을 때와 동일한 미디 리전을 자동으로 만들어줍니다.

〈그림 2-2-95 드럼 킷 만들기 8 / 퀵 샘플러에서 드럼 루프 불러오기〉

〈그림 2-2-96 드럼 킷 만들기 9
/ Create Drum Machine Designer Track 선택〉

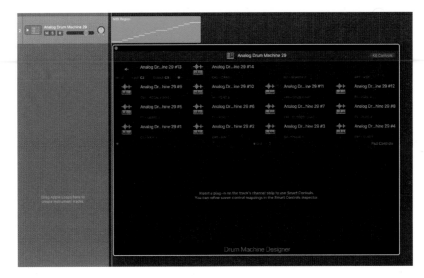

〈그림 2-2-97 드럼 킷 만들기 10 / 슬라이스된 샘플들이 들어간 드럼 머신 디자이너 패드〉

2.2.7 [실습 파트] 스텝 시퀀서와 퀵 샘플러를 이용한 드럼 & 베이스 라인 만들기

❶ 드럼 비트 만들기

라이브러리를 열어서 드럼 킷을 하나 가지고 오겠습니다.

스텝 시퀀서 & 퀵 샘플러 실습

〈그림 2-2-98 원하는 드럼 킷 선택〉

마우스 우클릭 후 'Create Pattern Region'을 선택하면 4마디의 패턴 리전이 자동으로 생성됩니다.

〈그림 2-2-99 마우스 우클릭 시 나오는 메뉴〉

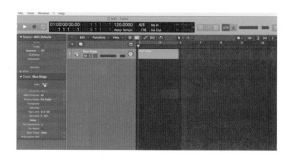

〈그림 2-2-100 자동 생성된 4마디 패턴 리전〉

하단에 스텝 시퀀서 창이 뜨는데 그동안 배웠던 기능들을 활용해서 여러 가지 리듬을 만들어보세요. 창이 안 뜨면 패턴 리전을 더블클릭하면 됩니다. 처음부터 드럼 비트를 만드는 게 어려울 때는 왼쪽 상단에 있는 'Pattern Browser'를 이용하거나 애플 루프스에서 루프 타입을 'Pattern Loops'만 체크하면 패턴 루프들이 검색되는데 거기서 원하는 패턴을 사용하는 것도 좋은 방법입니다.

〈그림 2-2-101 Pattern Browser 아이콘 선택〉

〈그림 2-2-102 'Patterns' 항목에서 Drums 선택〉

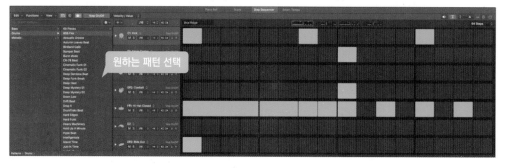

〈그림 2-2-103 원하는 패턴 선택 후 자동 입력된 패턴〉

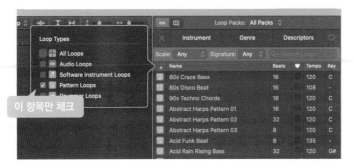

〈 그림 2-2-104 Apple Loops에서 Pattern Loops 불러오기〉

❷ 베이스 시퀀싱

기존에 사용하던 피아노 롤을 이용해서도 시퀀싱할 수 있지만 여기서는 스텝 시퀀서를 이용해서 시퀀싱해보겠습니다. 라이브러리에 있는 악기 대신 로직 10.5에서 새롭게 추가된 가상 악기인 드럼 신스(Drum Synth)를 이용해보겠습니다. 가상 악기 트랙을 하나 만든 다음 'Instrument'를 클릭하고 'Drum Synth'를 선택합니다.

〈그림 2-2-105 가상 악기 트랙을 만들고 패턴 리전 만들기〉

〈그림 2-2-106 Drum Synth 선택〉

〈그림 2-2-107 Drum Synth〉

'Key Tracking'이 켜져 있으면 자동으로 키 매핑이 되어 있어서 건반을 눌러보면 해당하는 음이 나오게 됩니다. 그리고 'Decay'는 노트의 길이라고 생각하면 됩니다.

베이스 입력 방법은 다양하지만 여기서는 킥 드럼에 맞춰서 연주하는 스타일로 해보겠습니다. 먼저 드럼 트랙에 가서 킥 드럼을 선택하고 '마우스 우클릭 → Copy Row'를 선택하거나 단축키 'Control + C'를 누르면 해당하는 줄의 노트들이 복사됩니다.

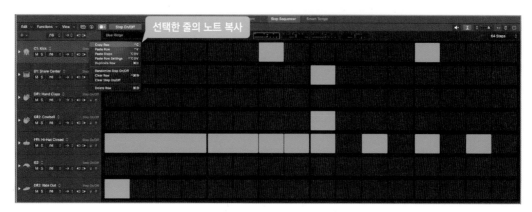

〈그림 2-2-108 킥 드럼 노트 복사〉

그리고 다시 베이스 트랙으로 가서 스텝 시퀀서를 열고 입력하고자 하는 항목에 '마우스 우클릭 → Paste Row'를 선택하거나 단축키 'Contol + V'를 눌러서 노트를 붙여넣기 합니다.

〈그림 2-2-109 베이스 트랙에 가서 복사한 노트 붙여넣기〉

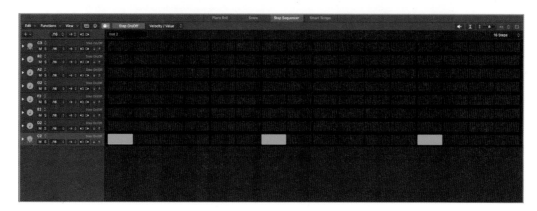

〈그림 2-2-110 노트 붙여넣기 완료〉

필요하다면 음을 더 추가할 수도 있습니다.

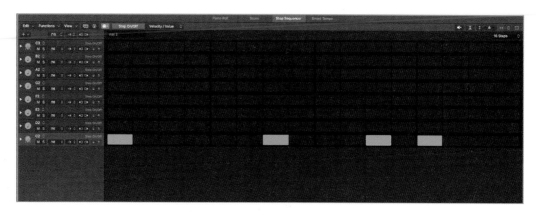

〈그림 2-2-111 붙여넣기 후 원하는 음으로 재배열〉

중간중간 옥타브 조절도 해보면 재밌는 베이스 라인이 만들어집니다.

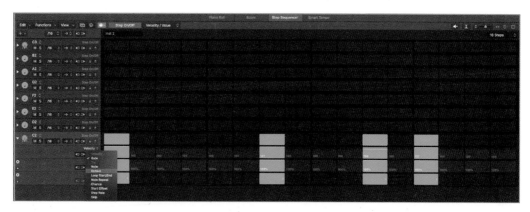

〈그림 2-2-112 파라미터 추가〉

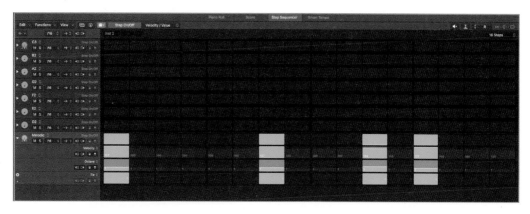

〈그림 2-2-113 옥타브 점프〉

드럼 신스로 시퀀싱하는 경우에는 노트 길이를 드럼 신스에 있는 Decay로 컨트롤하면 되지만 일반적인 베이스의 경우에는 Tie를 이용해서 노트를 늘리면 됩니다.

미디 시퀀싱 3 / 드러머 & 미디 트랜스폼 & 트랙 스택 & 라이브 루프스

드러머 사용법

2.3.1 드러머 사용법

음악 작업을 할 때 드럼을 직접 입력하는 게 가장 좋지만, 드럼 입력에 어려움을 겪는 경우가 많습니다. 이런 경우에는 로직에서 기본적으로 제공하는 드러머를 사용하면 편리합니다.

❶ 드러머 불러오기

왼쪽 상단에 있는 '+' 버튼을 클릭하거나 단축키 'Shift + Command + N'을 누르면 새로운 트랙을 만드는 창이 뜨는데, 여기서 Drummer를 선택합니다.

〈그림 2-3-1 드러머 트랙 만들기 1〉

〈그림 2-3-2 드러머 트랙 만들기 2〉

Drummer를 선택하고 왼쪽 하단 'Genre' 항목에서 원하는 장르를 고르면 로직 드러머에서 자동으로 패턴을 만듭니다.

〈그림 2-3-3 드러머 트랙 만들기 3〉

〈그림 2-3-4 드러머 트랙 만들기 4
/ 왼쪽 창이 안 나오는 경우 라이브러리 선택〉

❷ 드러머 사용하기

드러머 트랙이 만들어지면 자동으로 8마디 드럼 루프가 만들어집니다. 그리고 하단에 드러머 에디터(Drummer Editor)가 뜨는데, 'Beat Presets' 항목에서 원하는 프리셋을 고르거나 오른쪽 네모난 공간에 있는 둥근 원을 움직이면서 드러머에게 직접 디렉팅하는 것처럼 원하는 패턴을 만들 수 있습니다.

〈그림 2-3-5 드러머 트랙 사용하기 1〉

예를 들어 '조금만 심플하게 연주해주세요' 라는 디렉팅을 하려면 원을 Simple 쪽으로 움직이고, '지금보다 조금만 부드럽게 연주해주세요' 라는 디렉팅을 하려면 원을 Soft 쪽으로 움직이면 됩니다.

오른쪽에 보면 드럼 셋이 있는데 기본으로 'Kick & Snare, Hi-Hat' 이 선택되어 있습니다. 해당하는 항목들에 커서를 가져다 대면 숫자가 뜨는데, 숫자가 높을수록 많은 노트를 연주하고, 숫자가 낮을수록 적은 노트를 연주합니다. 즉, 숫자가 1일 때는 연주되는 노트가 적어지고 높아질수록 많은 노트를 연주하게 됩니다.

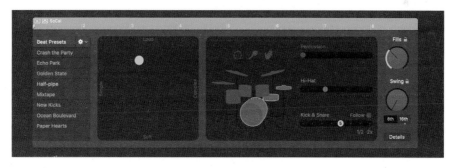

〈그림 2-3-6 드러머 트랙 사용하기 2〉

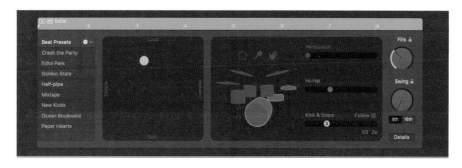

〈그림 2-3-7 드러머 트랙 사용하기 3〉

드럼 연주를 할 때 하이햇이 아니라 탐(Toms)이나 심벌(Cymbals)들을 연주하려면 해당 항목을 클릭해서 선택하면 됩니다.

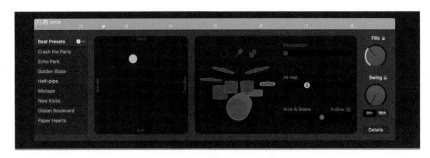

〈그림 2-3-8 드러머 트랙 사용하기 4〉

〈그림 2-3-9 드러머 트랙 사용하기 5 / Toms 선택〉

〈그림 2-3-10 드러머 트랙 사용하기 6 / Cymbals 선택〉

필요하다면 퍼커션(Percussion)도 추가할 수 있습니다. 로직에는 '템버린, 셰이커, 핸드 클랩' 이렇게 3가지의 퍼커션이 있습니다.

〈그림 2-3-11 드러머 트랙 사용하기 7 / Percussion 선택〉

오른쪽에 '필스(Fills)', '스윙(Swing)', '디테일(Details)' 항목이 있습니다. 드러머 리전이 끝날 즈음에 항상 드럼 필인을 하게 되어 있는데, 필스는 이 드럼 필인의 강도를 조절하는 항목입니다. 왼쪽으로 돌리면 약한 필인이, 오른쪽으로 돌리면 강한 필인이 나옵니다. 스윙은 8th, 16th 스윙을 선택할 수 있는데 이 항목도 마찬가지로 노브를 돌려서 스윙의 강도를 조절할 수 있습니다. 디테일 항목을 누르면 [그림 2-3-12]와 같은 창이 뜨는데, 여기서 조금 더 디테일하게 드럼 연주 스타일을 바꿀 수 있습니다.

〈그림 2-3-12 드러머 트랙 사용하기 8 / Details 선택〉

[그림 2-3-12]를 보면 'Feel' 항목은 Pull과 Push 두 가지로 나뉘어 있는데, Pull은 조금 밀듯이, Push는 당기면서 연주합니다. 'Ghost Notes' 항목에서는 고스트 노트를 줄이거나 늘립니다. 'Hi-Hat' 항목은 Automatic으로 해두면 자동으로 Open, Close해주며, Automatic을 해제하면 하이햇 연주 시 Close를 중점으로 할지 아니면 Open을 중점으로 할지 정할 수 있습니다. 보통 Automatic에 체크해두고 사용합니다.

마지막으로, 'Kick & Snare' 오른쪽에 있는 로직 드러머의 막강한 기능 중 하나인 'Follow(팔로우)'를 알아보겠습니다.

〈그림 2-3-13 드러머 트랙 사용하기 9 / Follow 1〉

로직 드러머는 드럼 패턴을 자동으로 생성하기 때문에, 다른 악기와 상관없이 연주를 할 때가 종종 있습니다. 그럴 때 이 기능을 이용해서 다른 악기와 연주를 매칭할 수 있습니다. 예를 들어, 베이스 라인에 드럼 연주를 맞추는 경우를 보겠습니다.

〈그림 2-3-14 드러머 트랙 사용하기 10 / Follow 2〉

하단에 있는 드러머 에디터 항목으로 가서 'Follow'를 체크하면 악기 항목이 활성화되는데, 거기서 드러머 트랙과 매칭할 트랙을 고르면 됩니다. 여기서는 베이스와 매칭할 예정이므로 'Across the Liffey Bass'를 고릅니다.

〈그림 2-3-15 드러머 트랙 사용하기 11 / Follow 3〉

〈그림 2-3-16 드러머 트랙 사용하기 12 / Follow 4〉

이렇게 설정하면 드러머 리전이 자동으로 베이스에 매칭해서 새로운 패턴이 만들어지게 됩니다.

❸ 드러머 라이브러리

이번엔 왼쪽에 있는 라이브러리 항목을 보겠습니다. 창이 보이지 않는다면 왼쪽 상단에서 첫 번째 아이콘을 누르거나, 단축키 'Y'를 누르면 됩니다.

〈그림 2-3-17 드러머 트랙 사용하기 13 / Library 1〉

드러머를 보면 왼쪽에 장르가 있고 오른쪽에 드러머들이 있습니다.

〈그림 2-3-18 드러머 트랙 사용하기 14 / Library 2〉

드러머를 바꾸면 [그림 2-3-19]와 같은 메시지가 뜹니다.

〈그림 2-3-19 드러머 트랙 사용하기 15 / Library 3〉

'Change Drummer'를 클릭하면 드러머가 바뀌면서 드럼 스타일과 드럼 킷이 바뀌게 됩니다. 만약 바뀐 드러머의 연주 스타일은 마음에 드는데 드럼 킷은 바꾸고 싶다면, 하단에 있는 'Sounds' 항목에서 원하는 드럼 킷으로 바꿀 수 있습니다.

〈그림 2-3-20 드러머 트랙 사용하기 16 / Library 4〉

〈그림 2-3-21 드러머 트랙 사용하기 17 / Library 5〉

〈그림 2-3-22 드러머 트랙 사용하기 18 / 드럼 킷 바꾸기〉

다른 장르로 바꾸는 것도 가능합니다.

〈그림 2-3-23 드러머 트랙 사용하기 19 / Library에서 장르 변경〉

④ 드러머 활용하기 1

드러머 리전은 리전마다 독립적으로 설정이 가능합니다. 예를 들어, 노래의 처음 8마디는 심플하게 연주하다가 9마디부터는 조금 세게 연주하는 등 노래 파트에 따라 다른 패턴을 연주하게 할 수 있습니다.

〈그림 2-3-24 드러머 트랙 활용하기 1 / 드러머 리전 생성〉

〈그림 2-3-25 드러머 트랙 활용하기 2 / 드러머 리전 설정〉

〈그림 2-3-26 드러머 트랙 활용하기 3 / 새로운 리전 추가〉

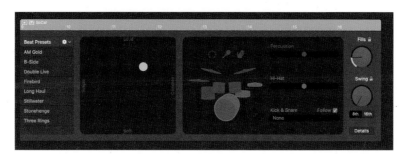

〈그림 2-3-27 드러머 트랙 활용하기 4 / 두 번째 리전에서는 다른 패턴으로 설정〉

또, 파트에 따라 아예 다른 드러머가 나오게 하고 싶을 때가 있습니다. 그럴 때는 트랙을 하나 더 만들어서 새로운 드러머를 불러오면 됩니다.

〈그림 2-3-28 드러머 트랙 활용하기 5〉

⑤ 드러머 활용하기 2

지금까지는 드러머 트랙을 직접 만들고 세팅해서 사용하는 방법을 알아봤는데 이번에는 조금 더 편하게 로직에서 제공하는 애플 루프스를 이용해서 사용해보겠습니다.

단축키 'O'를 누르면 애플 루프스 항목이 활성화됩니다.

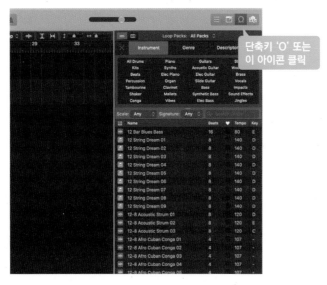

〈그림 2-3-29 드러머 트랙 활용하기 2_1〉

Scale 하단에 있는 네모 칸을 클릭하고 'Loop Types' 창에서 'Drummer Loops'를 선택합니다.

〈그림 2-3-30 드러머 트랙 활용하기 2_2〉

〈그림 2-3-31 드러머 트랙 활용하기 2_3〉

드러머 루프 중에서 마음에 드는 패턴을 화면으로 드래그하면 해당 드러머와 드럼 패턴을 가지고 올 수 있습니다.

〈그림 2-3-32 드러머 트랙 활용하기 2_4〉

⑥ 드러머 활용하기 3

이번에는 드러머 리전을 미디 리전으로 바꿔보겠습니다. 드러머에서 만들어준 드럼 패턴은 마음에 드는데 드럼 사운드가 좀 아쉬울 때가 있습니다. 이럴 때는 다른 서드 파티(Third party) 회사들의 제품들을 사용하는데, 서드 파티 플러그인들은 로직 드러머와 연결이 되지 않기 때문에 로직 드러머 리전을 미디 리전으로 바꿔야 합니다. 바꾸는 방법은 드러머 리전을 선택하고 마우스 우클릭 후 'Convert to MIDI Region'을 선택하면 됩니다.

〈그림 2-3-33 드러머 트랙 활용하기 3_1〉

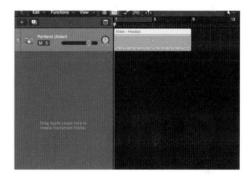

〈그림 2-3-34 드러머 트랙 활용하기 3_2〉

이때 주의해야 힐 짐은 바꾼 미디 리전은 다시 드리미 리전으로 바꿀 수 없다는 것입니다. 따라서 드러머 트랙에서 바로 바꾸기보다는 가상 악기 트랙을 하나 만들어서 원본은 그대로 두고 가상 악기 트랙에서 바꾸는 것을 권장합니다.

〈그림 2-3-35 드러머 트랙 활용하기 3_3〉

〈그림 2-3-36 드러머 트랙 활용하기 3_4 /
Option+드래그 시 자동 변환 가능〉

* 서드 파티 플러그인은 로직에 내장된 플러그인이 아닌 다른 회사에서 만든 외부 플러그인입니다.

2.3.2 미디 트랜스폼(MIDI Transform) 사용법

음악 작업을 할 때 단순 작업을 반복적으로 해야 할 때가 있습니다. 예를 들어, 모든 노트의 벨로시티를 100으로 맞추거나, 미디 시퀀싱을 할 때 마우스로 입력해서 리얼한 느낌을 주고 싶어서 벨로시티나 노트 타이밍을 바꾸거나, 모든 노트의 길이를 일정하게 바꾸는 등 단순 반복 작업을 해야 할 때 로직에서 미디 트랜스폼 기능을 이용하면 편리합니다.

① 미디 트랜스폼 불러오기

미디 트랜스폼을 불러오는 방법은 크게 두 가지가 있습니다. 첫 번째는 상단 메뉴에서 'Window → Open MIDI Transform'을 선택(단축키 'Command + 9')하는 방법, 두 번째는 피아노 롤에서 'Functions → MIDI Transform' 항목에서 원하는 프리셋을 선택하는 방법입니다. 여기서는 사용의 편의성을 위해서 두 번째 방법으로 진행하겠습니다.

〈그림 2-3-37 미디 트랜스폼 불러오기 1〉

〈그림 2-3-38 미디 트랜스폼 불러오기 2〉

② 미디 트랜스폼 사용 방법

미디 트랜스폼은 정말 다양하게 사용할 수 있는데, 초보자에 겐 어려울 수 있어서 프리셋 중에서 음악 작업 시 가장 많이 사용되는 몇 가지만 다뤄보도록 하겠습니다. 먼저 가장 많이 사용되는 'Fixed Velocity' 부터 알아보겠습니다.

피아노 롤에서 미디 트랜스폼 프리셋 중 'Fixed Velocity'를 실행하면 [그림 2-3-39]와 같은 화면이 나타납니다.

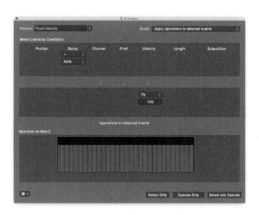

〈그림 2-3-39 미디 트랜스폼 1〉

먼저 오른쪽 하단에 보면 'Select Only', 'Operate Only', 'Select and Operate' 이렇게 3가지 항목이 있습니다. 'Select Only'는 미디 트랜스폼에서 어떤 조건문을 만들었을 때 조건에 만족하는 노트들만 선택하는 기능입니다. 만약 조건문이 없다면 현재 선택된 리전 안에 있는 모든 노트들이 선택됩니다. 'Operate Only'는 선택한 노트들에 미디 트랜스폼을 사용하는 기능입니다. 'Select and Operate'는 지정된 조건에 충족되는 노트들에 지정된 미디 트랜스폼 기능을 사용하는 기능인데, 조건문이 없을 때는 현재 선택된 모든 리전에 적용됩니다. 현재 선택되어 있는 'Fixed Velocity'는 선택한 노트들의 벨로시티를 지정된 벨로시티로 전부 바꿔주는 기능입니다.

그럼 간단하게 사용법을 알아보겠습니다.

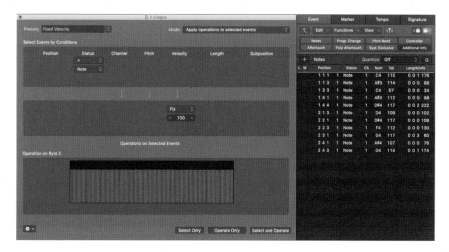

〈그림 2-3-40 미디 트랜스폼 2〉

오른쪽 이벤트 리스트에서 'Val' 항목의 값들이 벨로시티 값인데, 현재 다양한 벨로시티 값들이 적용되어 있습니다. 이걸 전부 80으로 바꾸려면 Fix 하단에 있는 항목을 더블클릭해서 80으로 입력하면 됩니다. 그리고 현재 작업하고 있는 리전에 있는 모든 노트들의 벨로시티를 바꾸는 경우엔 'Select and Operate'를 선택하면 됩니다.

〈그림 2-3-41 미디 트랜스폼 3〉

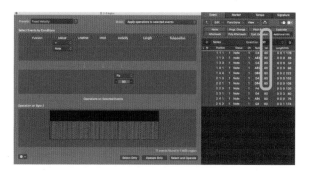

〈그림 2-3-42 미디 트랜스폼 4〉

화면에 보이는 것처럼 모든 노트들의 벨로시티 값이 80으로 변경됐습니다.

두 번째로 많이 사용되는 프리셋은 'Humanize'입니다. 마우스로 시퀀싱을 하는 경우에는 벨로시티도 일정하고 미디 타이밍도 일정하게 되어서 약간 어색한 느낌이 들 때가 있습니다. 그럴 때 벨로시티와 타이밍을 하나하나 수작업으로 변경하는데 이럴 때 미디 트랜스폼에 있는 'Humanize' 기능을 이용하면 편하게 작업이 가능합니다.

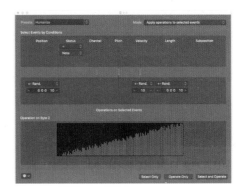

〈그림 2-3-43 미디 트랜스폼 5〉   〈그림 2-3-44 미디 트랜스폼 6〉

참고로 다른 악기들의 경우엔 노트 길이가 적용되지만 드럼의 경우엔 노트 길이가 적용되지 않기 때문에 'Length' 항목은 꺼둡니다(그냥 사용해도 상관없습니다). 'Length' 항목을 끄려면 ' + – Rand.' 항목을 클릭하고 'Thru'를 선택하면 됩니다.

〈그림 2-3-45 미디 트랜스폼 7 / 상단의 'Thru' 선택〉   〈그림 2-3-46 미디 트랜스폼 8〉

이 설정을 선택되어 있는 리전에 전부 적용하려면 오른쪽 하단에 있는 'Select and Operate' 항목을 선택합니다.

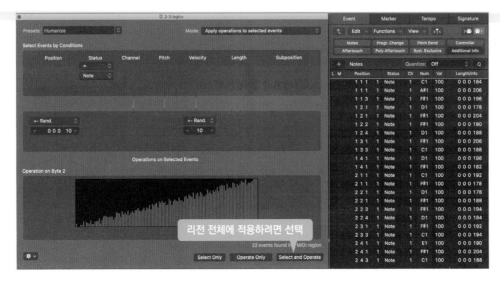

〈그림 2-3-47 미디 트랜스폼 9 / Length 항목 끄기〉

화면에 보이는 것처럼 노트 위치와 벨로시티 값들이 랜덤으로 변경되었습니다.

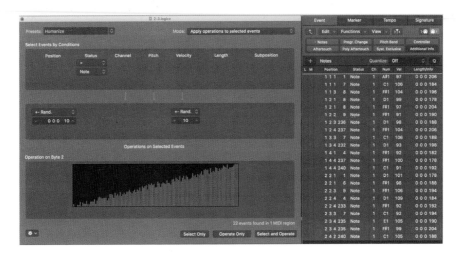

〈그림 2-3-48 미디 트랜스폼 10〉

세 번째로 많이 쓰이는 기능은 'Fixed Note Length' 입니다. 작업 중 특정 노트들의 길이를 일정하게 바꿔야 할 때가 있는데, 몇 개 안 된다면 금방 할 수 있지만 수정해야 할 노트가 많을 때는 번거롭습니다. 이때 미디 트랜스폼에 있는 'Fixed Note Length' 기능을 이용해 간단하게 노트 길이를 변경할 수 있습니다.

〈그림 2-3-49 미디 트랜스폼 11〉

〈그림 2-3-50 미디 트랜스폼 12〉

Fix 하단에 보면 '0 0 1 0'과 같은 생소한 값들을 볼 수 있습니다. 하단의 표를 기준으로 원하는 값을 입력하면 됩니다.

0 0 1 0	16분음표
0 0 2 0	8분음표
0 0 3 0	점 8분음표
0 1 0 0 (0 0 4 0 입력 시 자동으로 변경)	4분음표
0 2 0 0	2분음표
0 3 0 0	점 2분음표
1 0 0 0 (0 4 0 0 입력 시 자동으로 변경)	온음표

현재 입력되어 있는 모든 노트의 길이를 16분음표로 바꾸려면 '0 0 1 0'으로 입력하면 됩니다. 입력 방법에는 두 가지가 있는데, 첫 번째 방법은 입력칸을 더블클릭해서 숫자를 입력할 수 있는 모양이 되면 입력하는 것입니다.

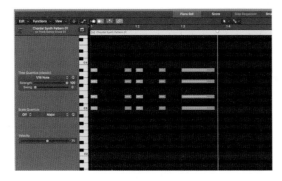
〈그림 2-3-51 미디 트랜스폼 13〉

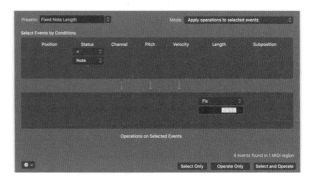
〈그림 2-3-52 미디 트랜스폼 14 / 입력칸 더블클릭〉

예를 들어 '0 0 1 0'을 입력하려면 0 〈 스페이스 바 〉 0 〈 스페이스 바 〉 1 〈 스페이스 바 〉 〈 엔터 〉키를 입력합니다(참고로, 스페이스 바 대신 .(마침표)를 입력해도 됩니다).

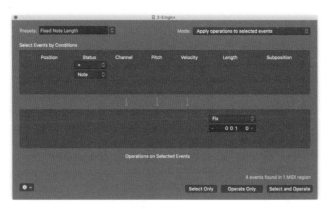
〈그림 2-3-53 미디 트랜스폼 15〉

두 번째 방법은 변경하고자 하는 숫자에 커서를 대면 숫자 위아래에 방향표 아이콘이 생기는데, 그때 마우스로 드래그해서 변경하는 것입니다.

〈그림 2-3-54 미디 트랜스폼 16 / 변경하려는 숫자에 마우스로 드래그〉

네 번째로 많이 쓰이는 기능은 'Quantize Note Length' 입니다. 보통 퀀타이즈를 한다고 하면 노트 온(Note On, 노트의 시작점)을 맞추는 것만 생각하는데 'Quantize Note Length'는 노트의 시작점을 기준으로 맞추는 게 아니라 노트 오프 (Note Off) 즉, 노트의 끝부분을 가장 가까운 그리드에 맞게 늘려주는 기능입니다.

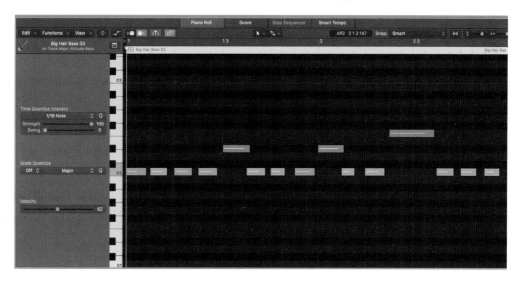

〈그림 2-3-55 미디 트랜스폼 17 / 노트 길이가 안 맞는 상태〉

[그림 2-3-55]를 보면 노트 길이들이 정확하게 맞지 않는데 'Quantize Note Length' 기능으로 정확하게 맞춰보겠습니다.

〈그림 2-3-56 미디 트랜스폼 18 / Quantize Note Length 선택〉

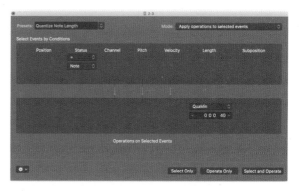

〈그림 2-3-57 미디 트랜스폼 19〉

위와 같은 창이 뜨면 'QuaMin' 항목에서 원하는 값을 입력 합니다. 16분음표 기준으로 맞추려면 '0 0 1 0'으로 입력하고, 지금 열려있는 미디 리전 전체에 적용하려면 'Select and Operate'를 선택합니다.

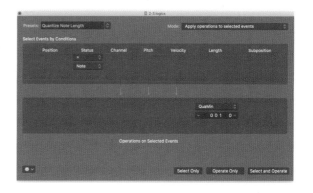

〈그림 2-3-58 미디 트랜스폼 20 / '0 0 1 0'이 입력된 화면〉

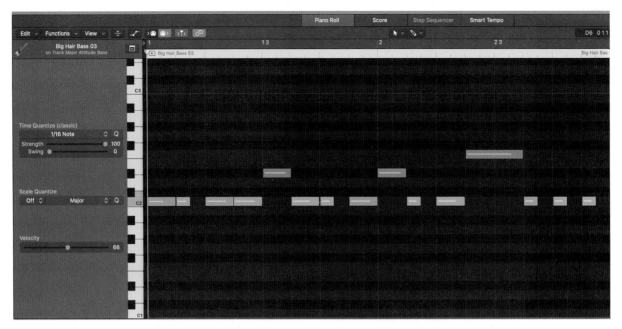

〈그림 2-3-59 미디 트랜스폼 21 / 깔끔하게 정리된 노트 길이〉

마지막으로 종종 사용되는 기능은 'Double Speed', 'Half Speed' 입니다.

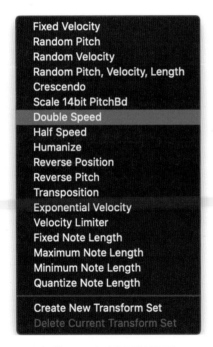

〈그림 2-3-60 미디 트랜스폼 22〉

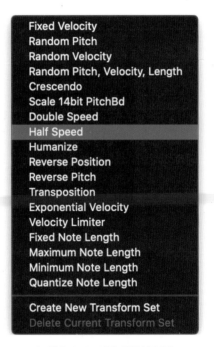

〈그림 2-3-61 미디 트랜스폼 23〉

예를 들어 BPM 140으로 작업하다가 70으로 내려야 하거나 반대로 BPM 70으로 작업하다가 140으로 올려야 하는 경우가 있습니다. 이렇게 곡 작업을 하다가 템포 계산이 잘못되어서 반으로 내리거나 올려야 할 때 사용되는 기능이 바로 'Double Speed', 'Half Speed' 입니다.

먼저 'Double Speed'부터 보겠습니다. [그림 2-3-62]와 같이 작업을 하다가 템포를 반으로 내려야 하는 상황입니다.

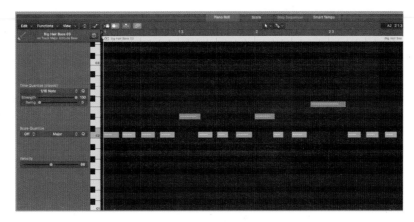

〈그림 2-3-62 미디 트랜스폼 24〉

그럴 때는 Double Speed 기능을 이용하면 됩니다.

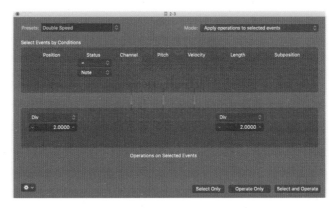

〈그림 2-3-63 미디 트랜스폼 25 / Double Speed〉

두 마디였던 미디 리전이 한 마디로 줄어들게 됩니다.

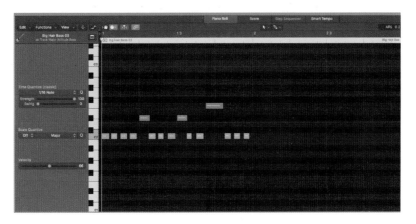

〈그림 2-3-64 미디 트랜스폼 25 / Double Speed 적용 후〉

·이번엔 'Half Speed'에 대해 알아보겠습니다. Double Speed와 반대로 템포를 두 배로 늘려야 하는 경우에 사용됩니다.

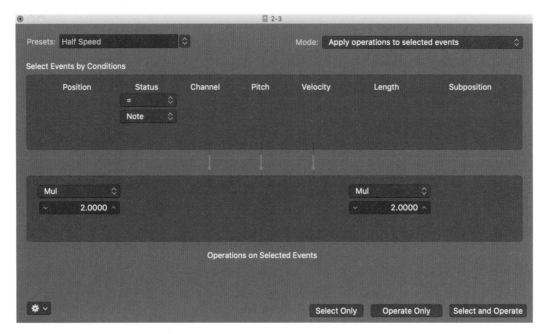

〈그림 2-3-65 미디 트랜스폼 26 / Half Speed〉

방금 Double Speed를 적용한 리전에 사용해보겠습니다.

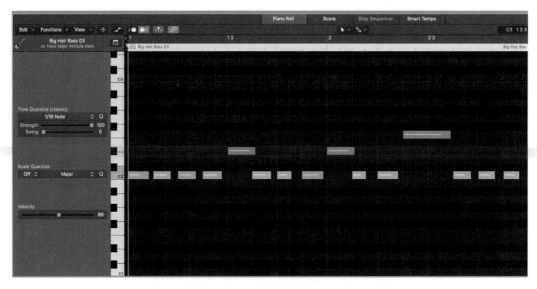

〈그림 2-3-66 미디 트랜스폼 26 / Half Speed 적용 후〉

한 마디였던 미디 리전이 두 마디로 늘어났습니다.

2.3.3 트랙 스택(Track Stack) 활용법

트랙 스택을 이용하면 곡 작업이나 믹싱을 할 때 여러 개의 트랙을 하나로 묶어서 관리할 수 있습니다.

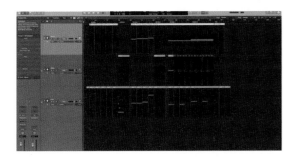

〈그림 2-3-67 트랙 스택으로 묶여있는 화면〉

〈그림 2-3-68 트랙 스택을 펼친 화면〉

트랙 스택으로 묶으려면 먼저 묶고자 하는 트랙들을 선택하고 마우스 우클릭 후 뜨는 메뉴에서 'Create Track Stack…'을 선택합니다.

〈그림 2-3-69 묶고자 하는 트랙 선택 후 우클릭〉

메뉴를 선택하면 'Folder Stack, Summing Stack' 둘 중에 하나를 선택하라는 창이 나옵니다.

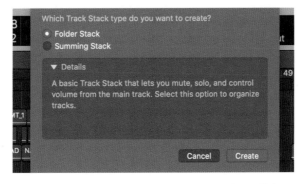

〈그림 2-3-70 Create Track Stack… 선택 시 나오는 메뉴〉

● 폴더 스택(Folder Stack) 선택

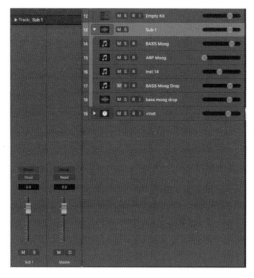

〈그림 2-3-71 폴더 스택으로 묶여있는 트랙〉

폴더 스택을 선택하면 선택했던 트랙이 폴더처럼 하나로 묶이게 됩니다. 묶인 트랙의 이름은 현재 Sub 1이라고 지정된 것을 더블클릭해서 원하는 이름으로 변경 가능합니다.

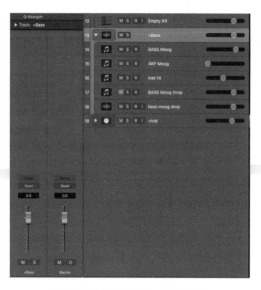

〈그림 2-3-72 폴더 스택 이름 변경〉

또한 폴더 스택은 묶여있는 트랙 전체의 볼륨 조절이 가능합니다. 볼륨 조절은 M, S 버튼 상단에 있는 볼륨 페이더를 이용하면 됩니다.

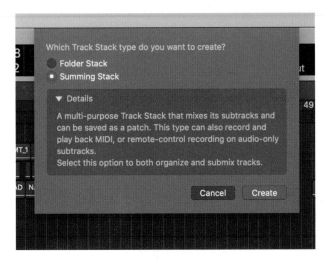

〈그림 2-3-73 Summing Stack 선택〉

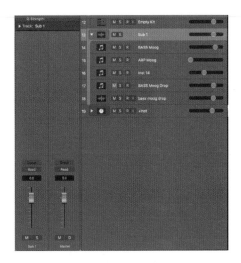

〈그림 2-3-74 서밍 스택으로 묶여있는 트랙〉

서밍 스택을 선택하면 선택했던 트랙이 폴더처럼 하나로 묶이게 되고 묶인 트랙의 이름은 현재 Sub 1이라고 지정된 것을 더블클릭해서 원하는 이름으로 변경 가능합니다.

〈그림 2-3-75 Summing Stack 이름 변경〉

서밍 스택과 폴더 스택의 가장 큰 차이점은, 폴더 스택은 단순히 폴더처럼 여러 트랙을 하나로 묶어서 전체 볼륨 조절만 가능하지만 서밍 스택은 하나로 묶어 놓은 다음 개별적인 Audio FX나 Sends를 보낼 수 있다는 것입니다. 사용자의 필요에 따라 선택해 사용하면 됩니다.

❸ 트랙 스택 활용 Tip

여기까지가 트랙 스택의 일반적인 사용 방법인데 곡 작업 시에는 조금 다르게 사용해볼 수 있습니다. 예를 들어, 피아노 소리와 이펙 소리가 동시에 나오게 하고 싶은 경우 피아노나 이펙 둘 중에 하나를 먼저 시퀀싱해서 다른 트랙에 복사해 소리를 듣습니다. 그러나 이렇게 하면 동시에 들으면서 작업할 수 없어 정확한 모니터링이 어렵고, 두세 개 이상의 악기를 섞을 때는 더욱 불편합니다. 이때 트랙 스택의 기능을 이용하면 편리합니다.

먼저 악기들을 불러온 다음 하나로 묶고 싶은 악기들을 선택한 후 마우스 우클릭을 하면 메뉴가 뜨는데 여기서 'Create Track Stack...'을 선택합니다.

〈그림 2-3-76 트랙 스택 활용법 1〉

그런 다음 'Summing Stack'을 선택하면 지정된 악기들이 하나로 묶이게 됩니다.

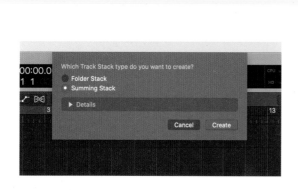

〈그림 2-3-77 트랙 스택 활용법 2〉

〈그림 2-3-78 트랙 스택 활용법 3〉

'Sum 1' 항목에서 건반을 연주해보면 세 가지 악기가 섞인 소리가 나오고, 하단의 악기 트랙으로 이동해서 건반을 눌러보면 해당 악기의 소리가 나옵니다. 'Sum 1' 항목에서 건반을 눌러가며 각 트랙의 볼륨 밸런스를 조절해서 원하는 톤을 만들고, 건반을 이용한 리얼 타임 레코딩이나 마우스로 시퀀싱하면 입력한 노트들이 정상적으로 재생됩니다.

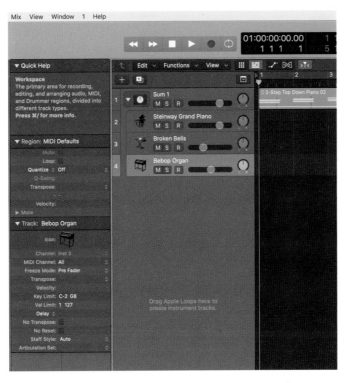

〈그림 2-3-79 트랙 스택 활용법 4 / 악기들 밸런스 조절〉

불필요한 악기는 선택 후 드래그해서 트랙 스택 밖으로 빼고, 새로 추가하고 싶은 악기는 해당 악기를 선택한 후 트랙 스택 안으로 드래그해서 넣으면 됩니다.

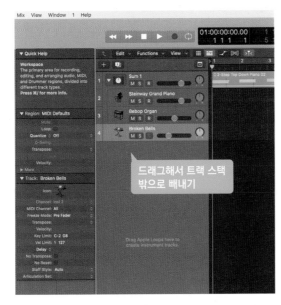

〈그림 2-3-80 트랙 스택 활용법 5 / 불필요한 악기 제거〉

〈그림 2-3-81 트랙 스택 활용법 6 / 새로운 악기 추가〉

이렇게 만든 패치를 저장하려면 왼쪽 하단에 있는 'Save...' 항목을 선택하고,

〈그림 2-3-82 트랙 스택 활용법 7 / 패치 저장 1〉

[그림 2-3-83]과 같은 창이 뜨면 원하는 이름을 입력하고 저장합니다.

〈그림 2-3-83 트랙 스택 활용법 8 / 패치 저장 2〉

패치 불러오기는 'Library → User Patches'를 차례로 클릭하고 불러오려는 패치를 선택해 열면 됩니다. 위치는 [그림 2-3-84]를 참고하면 됩니다.

〈그림 2-3-84 트랙 스택 활용법 9 / 패치 저장 3〉

〈그림 2-3-85 트랙 스택 활용법 10 / 패치 저장 4〉

2.3.4 라이브 루프스(Live Loops)를 이용한 아이디어 스케치 ✿ 로직 10.5 기능

라이브 루프스

로직 10.5에서 새롭게 생긴 기능으로 기존 작업 방식에서 벗어나 새로운 작업 방식으로 음악을 만들고 싶을 때 재밌게 사용할 수 있는 기능입니다. 'Track View / Live Loops' 화면 전환은 화면 상단에 있는 아이콘을 누르거나 단축키 'Option + V'를 누르면 됩니다.

〈그림 2-3-86 라이브 루프스 전환 1 / Track View〉

〈그림 2-3-87 라이브 루프스 전환 2 / Live View〉

전체 화면 모드로 사용하지 않고 분할 모드로 사용하려면 'Edit', 'Functions', 'View' 메뉴 옆에 비어 있는 아이콘을 클릭하거나 단축키 'Option + B'를 누르면 됩니다.

〈그림 2-3-88 라이브 루프스 1 / 분할 모드〉

화면에 보이는 네모 칸을 셀(Cell)이라고 부르는데, 비어있는 셀에 애플 루프스에 있는 오디오 파일이나 미디 리전들을 넣을 수 있습니다.

〈그림 2-3-89 라이브 루프스 2 / 드래그해서 넣기〉

참고로 애플 루프스가 아닌 일반 오디오 루프를 넣어도 자동으로 템포가 맞춰져서 셀에 들어갑니다.

① 라이브 루프스 기본적인 사용법

셀 간격을 조절하려면 'Command + 방향키 상/하/좌/우'를 누르면 됩니다.

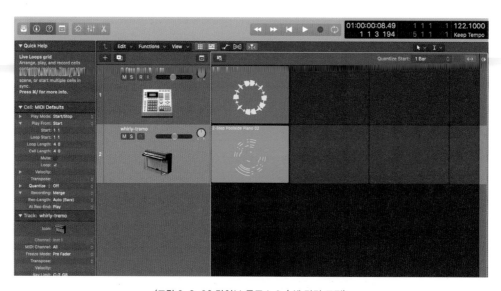

〈그림 2-3-90 라이브 루프스 3 / 셀 간격 조절〉

해당하는 셀에 있는 루프를 들으려면 커서를 셀 위로 이동해 커서가 재생 버튼으로 바뀔 때 이 재생 버튼을 누르면 됩니다.

〈그림 2-3-91 라이브 루프스 4 / 셀 재생 1〉

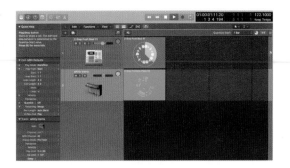

〈그림 2-3-92 라이브 루프스 5 / 셀 재생 2〉

세로줄을 신(Scene)이라고 부르는데, 신을 재생하려면 화면 하단의 숫자 위에 있는 아이콘을 클릭합니다. 신을 이동하려면 '방향키 좌/우'를 누르면 됩니다. 신을 멈출 때는 '스페이스 바'를 누르면 재생 중인 곳에서 멈춥니다. 재생 중에 다른 신을 재생하려면 커서로 이동 후 Enter 키를 누르면 됩니다.

〈그림 2 3 93 라이브 루프스 6 / 신 재생 1〉

스페이스 바로 신을 멈추는 것은 중지(Stop)가 아닌 일시정지(Pause)하는 것으로 스페이스 바를 한 번 더 누르면 멈춘 곳에서 다시 재생됩니다. 신을 완전히 멈추려면 분할 모드 경계 하단에 있는 정지 버튼을 누르면 됩니다.

〈그림 2-3-94 라이브 루프스 7 / 신 재생 2〉

셀을 옮기려면 이동하고자 하는 셀을 선택한 후 원하는 곳으로 드래그하면 됩니다.

〈그림 2-3-95 라이브 루프스 8 / 셀 이동 1〉

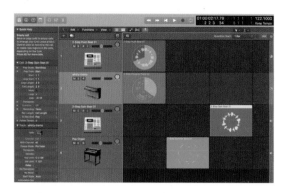
〈그림 2-3-96 라이브 루프스 9 / 셀 이동 2〉

셀의 복사는 'Option + 드래그' 하면 됩니다.

〈그림 2-3-97 라이브 루프스 10 / 셀 복사 1〉

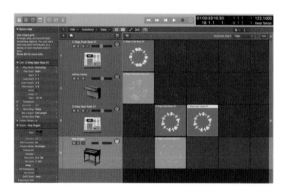
〈그림 2-3-98 라이브 루프스 11 / 셀 복사 2〉

❷ 라이브 루프스 미디 레코딩

이번에는 셀에서 미디 레코딩하는 방법을 알아보겠습니다. 첫 번째로 가상 악기 트랙의 경우에는 비어있는 셀을 선택하면 가운데 녹음 모양의 아이콘이 뜨는데, 녹음 버튼을 클릭하면 리얼 타임 레코딩이 됩니다.

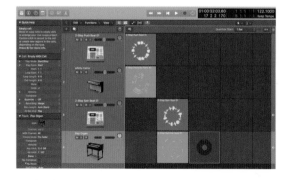
〈그림 2-3-99 라이브 루프스 12 / 셀 미디 레코딩 1〉

〈그림 2-3-100 라이브 루프스 13 / 셀 미디 레코딩 2〉

두 번째로 가상 악기 트랙에서 비어있는 셀을 선택하고 마우스 우클릭하면 미디를 직접 입력하거나 리얼 타임을 입력할
수 있는 항목들이 나옵니다.

〈그림 2-3-101 라이브 루프스 14 / 셀 미디 레코딩 3〉

'Create MIDI Cell'을 선택하면 비어있는 셀이 하나 만들어지고, 이 셀을 더블클릭하면 화면 하단에 피아노 롤이 뜹니다.

〈그림 2-3-102 라이브 루프스 15 / 셀 미디 레코딩 4〉

〈그림 2-3-103 라이브 루프스 16 / 셀 미디 레코딩 5〉

'Create Pattern Cell'을 선택하면 비어있는 셀이 하나 만들어지는데, 이 셀을 더블클릭하면 화면 하단에 스텝 시퀀서
가 뜹니다.

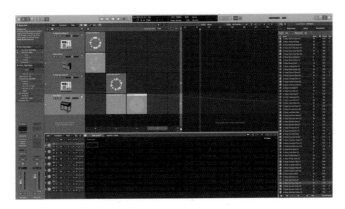

〈 그림 2-3-104 라이브 루프스 17 / 셀 미디 레코딩 6 〉

'Record into Cell' 을 선택하면 리얼 타임 레코딩 모드가 됩니다. 불필요한 셀은 선택 후 Delete 키를 누르면 삭제됩니다. 메뉴 하단에 있는 'Recording' 항목은 리얼 타임 레코딩을 할 때 설정하는 것으로 다양한 옵션이 있습니다. 필요에 따라 조절해서 사용합니다.

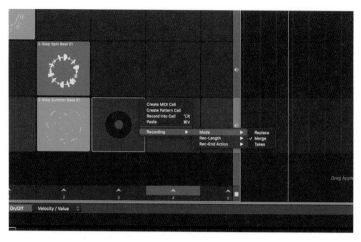

〈그림 2-3-105 라이브 루프스 18 / 셀 미디 레코딩 7〉

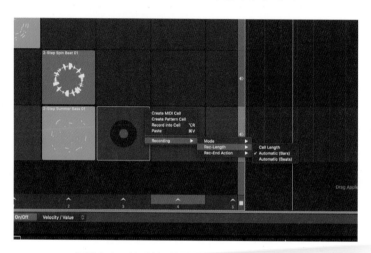

〈그림 2-3-106 라이브 루프스 19 / 셀 미디 레코딩 8〉

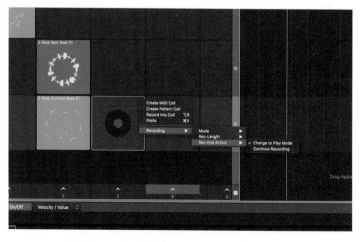

〈그림 2-3-107 라이브 루프스 20 / 셀 미디 레코딩 9〉

③ 라이브 루프스 오디오 레코딩

이번에는 셀에서 오디오 레코딩하는 방법에 대해 알아보겠습니다.

오디오 트랙에서 비어있는 셀을 하나 선택하고 우클릭하면 오디오 파일을 불러오거나 녹음할 수 있는 항목들이 나옵니다.

〈그림 2-3-108 라이브 루프스 21 / 셀 오디오 레코딩 1〉

가장 첫 번째 메뉴인 'Add Audio File...'을 선택하면 오디오 파일을 불러오는 창이 뜨는데 거기서 원하는 오디오 파일을 불러옵니다.

〈그림 2-3-109 라이브 루프스 22 / 셀 오디오 레코딩 2〉

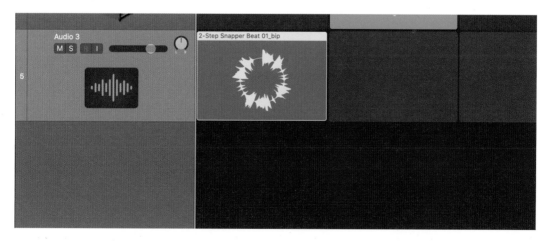

〈그림 2-3-110 라이브 루프스 23 / 셀 오디오 레코딩 3 / 오디오 파일 불러오기〉

두 번째 메뉴인 'Create Cell'을 선택하면 비어있는 셀을 생성합니다.

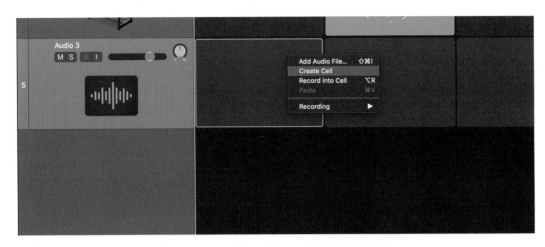

〈그림 2-3-111 라이브 루프스 24 / 셀 오디오 레코딩 4〉

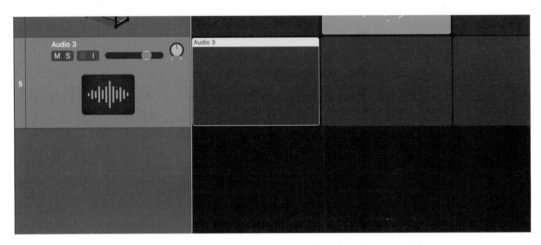

〈그림 2-3-112 라이브 루프스 25 / 셀 오디오 레코딩 5 / 비어있는 셀 생성〉

세 번째 메뉴 'Record into Cell'을 선택하면 리얼 타임 레코딩이 시작됩니다.

〈그림 2-3-113 라이브 루프스 26 / 셀 오디오 레코딩 6〉

〈그림 2-3-114 라이브 루프스 27 / 셀 오디오 레코딩 7〉

리얼 타임 레코딩 옵션은 메뉴 하단에 있는 'Recording' 항목에서 조절할 수 있습니다.

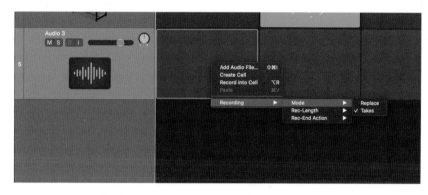

〈그림 2-3-115 라이브 루프스 28 / 셀 오디오 레코딩 8〉

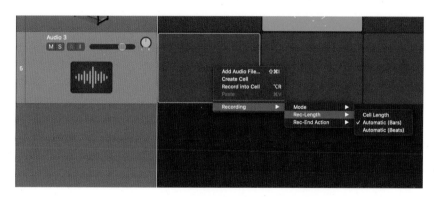

〈그림 2-3-116 라이브 루프스 29 / 셀 오디오 레코딩 9〉

〈그림 2-3-117 라이브 루프스 30 / 셀 오디오 레코딩 10〉

❹ 라이브 루프스 Tip

분할 모드로 설정하면 입력해둔 리전들을 라이브 루프스와 트랙 뷰 사이로 자유롭게 이동시킬 수 있습니다.

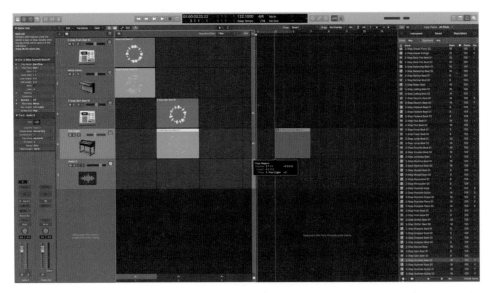

〈그림 2-3-118 라이브 루프스 31 / 셀 라이브 루프스 팁 1〉

분할 모드 상태에서 라이브 루프스 하단의 아이콘을 클릭해 곡을 재생하면 트랙 뷰의 트랙은 뮤트가 된 채 곡 재생됩니다.

〈그림 2-3-119 라이브 루프스 32 / 셀 라이브 루프스 팁 2〉

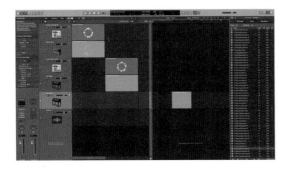

〈그림 2-3-120 라이브 루프스 33 / 셀 라이브 루프스 팁 3〉

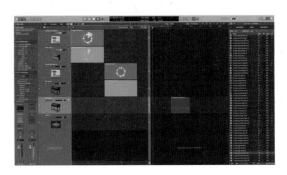

〈그림 2-3-121 라이브 루프스 34 / 셀 라이브 루프스 팁 4〉

이번에는 곡 재생 시 라이브 루프스와 트랙 뷰를 동시 재생하는 방법을 알아보겠습니다. 해당 트랙 중간에 왼쪽 방향으로 체크된 '◀▷' 모양의 아이콘이 있습니다. 이 아이콘을 클릭하면 방향이 오른쪽으로 바뀌면서(◁▶) 해당 트랙이 활성화되고 양쪽 리전이 재생됩니다.

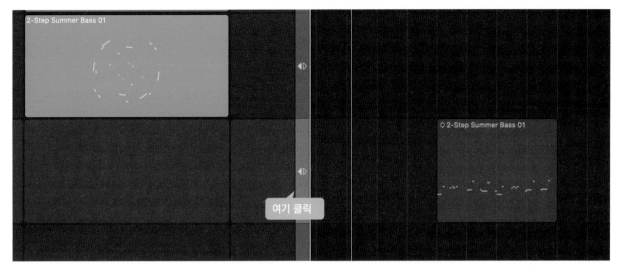

〈그림 2-3-122 라이브 루프스 35 / 셀 라이브 루프스 팁 5〉

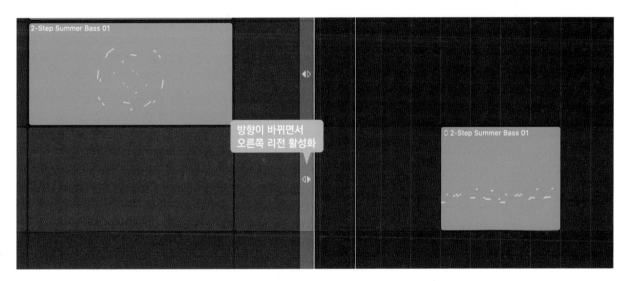

〈그림 2-3-123 라이브 루프스 36 / 셀 라이브 루프스 팁 6〉

PART

03

애플 루프스와 오디오 시퀀싱

Chapter 1

오디오 1 / 애플 루프스 소개 및 활용법

3.1 애플 루프스(Apple Loops) 소개 및 사용법

로직을 구입하시면 기본적으로 수많은 오디오 파일과 미디 파일로 구성되어 있는 애플 루스프가 포함되어 있습니다. 이 애플 루프스의 사용법을 알아보겠습니다.

3.1.1 애플 루프스 불러오기

오른쪽 상단에서 세 번째 밧줄 모양의 아이콘을 누르거나 루프 브라우저(Loop Browser) 단축키 'O'를 누르면 수많은 루프들이 담겨있는 창이 나옵니다.

〈그림 3-1-1 애플 루프스 불러오기 1〉

창에 있는 루프들을 보면 파란색과 녹색으로 구분되어 있는데, 파란색은 Audio Apple Loops(이 책에서는 '오디오 루프'라고 부르겠습니다)를 의미하고 녹색은 Software Instrument Apple Loops(이 책에서는 '미디 루프'라고 부르겠습니다)를 의미합니다.

〈그림 3-1-2 애플 루프스 불러오기 2 / 루프 브라우저〉

3.1.2 오디오 루프 가지고 오기

먼저 파란색 애플 루프스를 하나 선택해서 워크스페이스(Workspace)로 드래그하면 프로젝트와 템포가 같지 않을 때 오디오 루프의 템포를 가지고 올 것인지 아니면 오디오 루프의 템포를 작업하고 있는 곡의 프로젝트 템포에 맞출 것인지 묻는 창이 뜹니다.

---

* 워크스페이스란 작업이 이루어지는 화면 중앙에 있는 메인 윈도우를 말합니다.

〈그림 3-1-3 애플 루프스 불러오기 3 / 오디오 루프〉　〈그림 3-1-4 애플 루프스 불러오기 4 / 오디오 루프〉

특별한 경우가 아니라면 작업하고 있는 곡의 템포에 맞춰서 작업하기 때문에 이럴 때는 'Don't Import'를 선택합니다.
그러면 [그림 3-1-5]처럼 가지고 온 애플 루프스의 템포를 자동으로 작업하고 있는 프로젝트 템포에 맞춰서 가져옵니다.

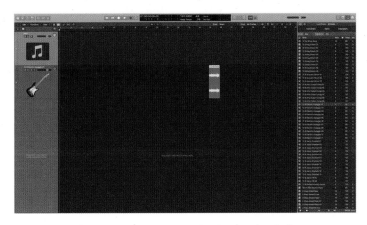

〈그림 3-1-5 애플 루프스 불러오기 5 / 오디오 루프〉

3.1.3 미디 루프 가지고 오기

이번에는 녹색 미디 루프를 가지고 오겠습니다.

〈그림 3-1-6 애플 루프스 불러오기 6 / 미디 루프〉

미디 루프는 비어있는 트랙으로 애플 루프스를 가지고 오면 자동으로 해당하는 가상 악기와 여러 이펙트를 불러옵니다. 한 가지 주의할 점은 공간 계열 이펙트들은 포함되어 있지 않다는 것입니다.

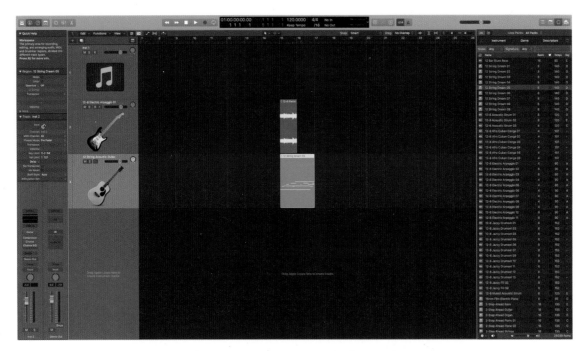

〈그림 3-1-7 애플 루프스 불러오기 7 / 미디 루프〉

Tip. 미디 루프를 오디오 트랙으로 가지고 오면?

미디 루프를 비어있는 트랙이나 가상 악기 트랙(인스트루먼트 트랙)이 아니라 오디오 트랙으로 가지고 오면 자동으로 오디오 파일로 변환해서 가지고 옵니다.

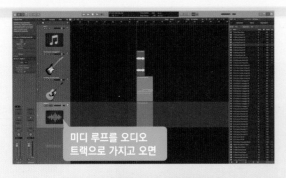

〈그림 3-1-8 애플 루프스 불러오기 8 /
미디 루프를 오디오 트랙으로 1〉

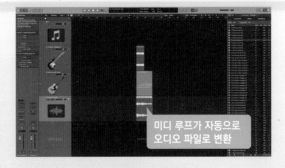

〈그림 3-1-9 애플 루프스 불러오기 9 /
미디 루프를 오디오 트랙으로 2〉

반대로, 오디오 루프를 미디 루프에 가지고 왔을 때는 오디오 루프가 미디 루프로 바뀌지 않습니다.

3.1.4 루프 검색

루프 브라우저 왼쪽 상단에 보면 루프 브라우저 보기 방식을 선택하는 아이콘 두 개가 있습니다.

〈그림 3-1-10 애플 루프스 불러오기 10〉

첫 번째 버튼은 버튼 뷰(button View)고 두 번째 버튼은 컬럼 뷰(Column View) 버튼입니다. 기본 설정되어 있는 버튼 뷰 방식은 하단에 'Instrument', 'Genre', 'Descriptors' 이렇게 세 가지 항목으로 나누어집니다. 해당 항목들을 클릭해 나오는 세부 항목들 중 필요한 옵션을 골라서 사용하면 됩니다.

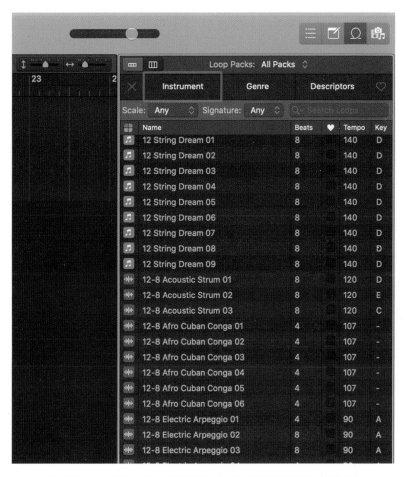

〈그림 3-1-11 애플 루프스 불러오기 11 / 루프 브라우저를 처음 불렀을 때〉

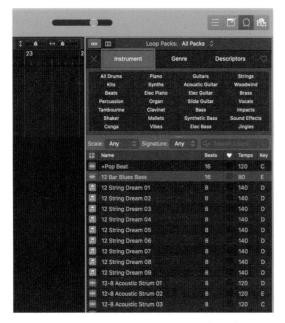

〈그림 3-1-12 애플 루프스 불러오기 12 / 악기별 정렬〉

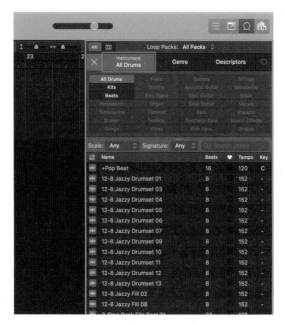

〈그림 3-1-13 애플 루프스 불러오기 13 / 드럼 선택〉

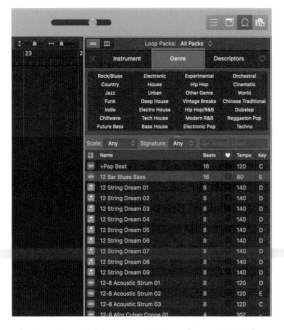

〈그림 3-1-14 애플 루프스 불러오기 14 / Genre 탭 선택〉

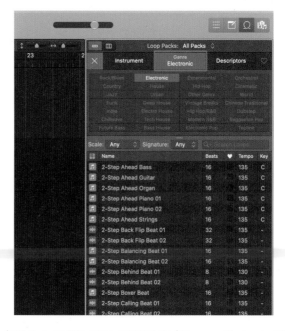

〈그림 3-1-15 애플 루프스 불러오기 15 / Genre → Electronic 선택〉

참고로 루프 브라우저에서 중복 선택도 가능합니다.(예: 장르는 일렉트로닉, 악기는 드럼으로 설정)

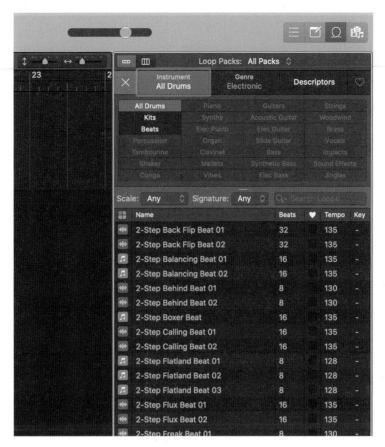

〈그림 3-1-16 애플 루프스 불러오기 16 / Genre는 Electronic, Instrument는 Drum 선택〉

이번에는 오른쪽에 있는 컬럼 뷰 버튼을 선택해보겠습니다. 전과 다르게 파인더에서 계층 보기처럼 항목별로 정렬해서 보여줍니다.

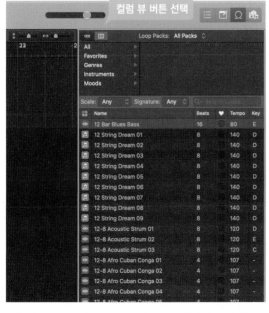

〈그림 3-1-17 애플 루프스 불러오기 17 / 컬럼 뷰 버튼〉

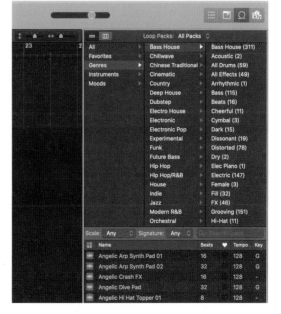

〈그림 3-1-18 애플 루프스 불러오기 18 / 컬럼 뷰 모드〉

'페이보릿(Favorites)' 항목은 하트 모양 아이콘을 지정한 루프들만 따로 모아서 보여주는 항목으로 자주 사용하는 루프들을 등록해두면 편하게 작업이 가능합니다.

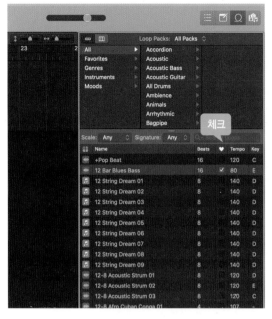 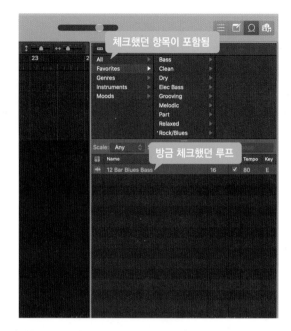

〈그림 3-1-19 애플 루프스 불러오기 19 / 하트 모양 아이콘 체크〉　〈그림 3-1-20 애플 루프스 불러오기 20 / Favorites에 등록된 루프〉

3.1.5 루프 타입스(Loop Types)

Name 왼쪽에 있는 박스를 누르면 루프 타입스 창이 열립니다.

〈그림 3-1-21 애플 루프스 불러오기 21 / 루프 타입스 윈도우〉

여기서 오디오 루프스만 보고 싶다면 오디오 루프스 항목만 체크, 패턴 루프스만 보고 싶다면 패턴 루프스 항목만 체크하면 됩니다. 중복 체크도 가능합니다.

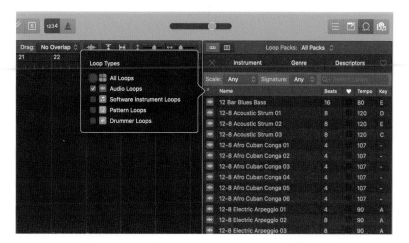

〈그림 3-1-22 애플 루프스 불러오기 22 / 오디오 루프스 체크〉

〈그림 3-1-23 애플 루프스 불러오기 23 / 패턴 루프스 체크〉

〈그림 3-1-24 애플 루프스 불러오기 24 / 중복 체크〉

3.1.6 소리 들어보기

듣고 싶은 루프를 클릭하면 해당하는 루프 아이콘이 스피커 모양으로 바뀌면서 소리를 들을 수 있게 됩니다. 이미 들은 루프를 다시 듣거나 커서로 이동하면서 들을 때는 단축키 'Option + 스페이스 바'를 누르면 됩니다.

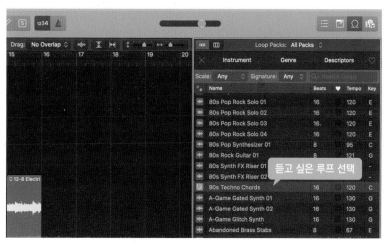

〈그림 3-1-25 애플 루프스 불러오기 25〉

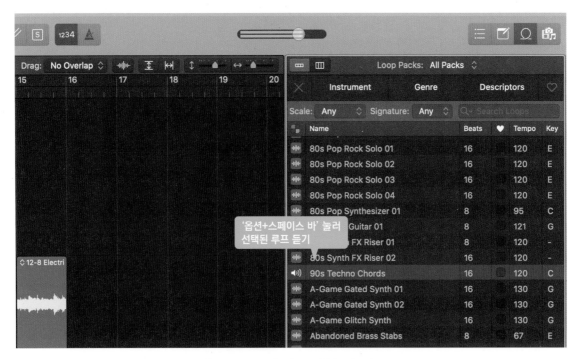

〈그림 3-1-26 애플 루프스 불러오기 26〉

음정이 있는 루프를 선택해서 들어보면 루프에 써있는 키와 상관 없이 작업하는 곡의 키에 맞춰서 나오는데 이 부분의 설정에 대해 알아보겠습니다.

루프 브라우저 왼쪽 하단의 톱니 모양 아이콘을 클릭하면 메뉴가 뜹니다.

〈그림 3-1-27 애플 루프스 불러오기 27〉

〈그림 3-1-28 애플 루프스 불러오기 28〉

메뉴를 보면 'Play in Song Key'로 기본 설정되어 있습니다. 루프를 들을 때 오리지널 키로 듣고 싶다면 'Play in Original Key' 항목을 선택하면 되고, 작업하는 곡의 키에 따라가게 하고 싶다면 기본 설정으로 사용하면 됩니다. 만약 특정 키로 듣고 싶다면 C와 B 사이에 원하는 키를 선택해서 들으면 됩니다.

듣는 모드를 Play in Original Key로 설정해도 작업 중인 프로젝트로 가지고 오면 프로젝트 키에 맞춰서 가지고 오게 됩니다. 이때 화면 오른쪽 상단 메뉴 중 첫 번째 항목인 'List Editors'를 클릭하고 네 번째 탭 'Signature'를 선택하면 Key 항목에서 작업하는 곡의 키를 확인하고 변경할 수 있습니다.

〈그림 3-1-29 애플 루프스 불러오기 29〉

3.1.7 애플 루프스에 새 루프 추가하기

이전에는 애플 루프스에 새 루프를 추가하는 방법이 조금 번거로웠는데 최근에는 아주 간단하게 바뀌었습니다. 어떤 식으로 추가하는지 알아보겠습니다.

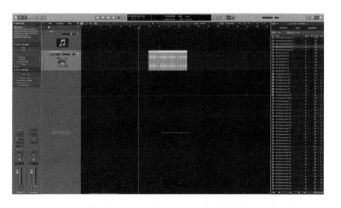

〈그림 3-1-30 애플 루프스 추가하기 1〉

Part 3. 애플 루프스와 오디오 시퀀싱

먼저 추가하려는 루프를 오른쪽에 있는 루프 브라우저 항목에 드래그합니다.

〈그림 3-1-31 애플 루프스 추가하기 2 / 오디오 루프를 루프 브라우저에 드래그〉

그러면 다음과 같은 창이 하나 뜨는데, 애플 루프스로 사용할 이름과 카테고리들을 설정하고 오른쪽 하단에 있는 'Cre-ate' 버튼을 누릅니다.

〈그림 3-1-32 애플 루프스 추가하기 3〉

이렇게 설정하면 루프 브라우저에서 방금 추가한 루프가 보입니다.

〈그림 3-1-33 애플 루프스 추가하기 4〉

3.1.8 [실습 파트] 애플 루프스를 이용해서 간단한 곡 만들기

음악을 만들 때 미디로 하나씩 시퀀싱해서 만들어도 되지만 애플 루프스의 루프들을 이용하면 좀 더 다양하고 새로운 리듬을 만들 수 있습니다. 그럼 어떻게 만드는지 간단하게 살펴보겠습니다.

음악의 중심이 되는 드럼부터 만들어보겠습니다. 먼저 루프 브라우저를 활성화시킨 다음 드럼을 가지고 올 예정이기 때문에 카테고리에서 'All Drums'를 선택합니다.

〈그림 3-1-34 드럼 시퀀싱 1 / 루프 브라우저 활성화〉

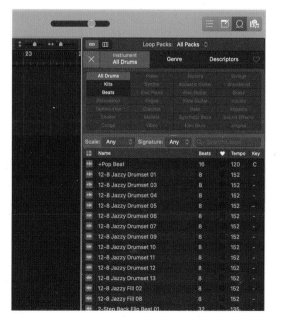

〈그림 3-1-35 드럼 시퀀싱 2 / All Drums 선택〉

여기서 원하는 루프를 찾아도 되지만 매우 방대하기 때문에 편리하게 Genre 탭에서 원하는 장르를 하나 선택해보겠습니다. 여기서는 'Electronic'을 선택하겠습니다.

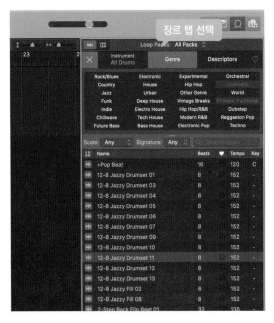

〈그림 3-1-36 드럼 시퀀싱 3〉

〈그림 3-1-37 드럼 시퀀싱 4〉

마음에 드는 루프를 선택해 워크스페이스로 가지고 옵니다.

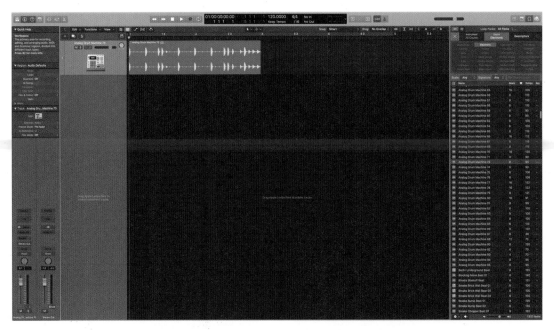

〈그림 3-1-38 드럼 시퀀싱 5 / 워크스페이스에 오디오 루프 가져오기〉

이번엔 베이스를 가지고 오겠습니다. Genre 탭에서 Instrument 탭으로 이동한 후 왼쪽에 있는 ✕ 버튼을 클릭해 검색 초기화를 해줍니다.

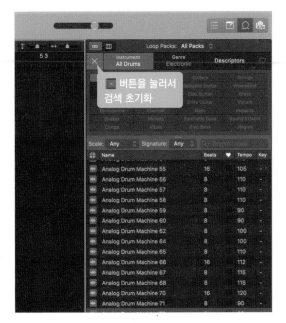

〈그림 3-1-39 베이스 시퀀싱 1 / 루프 브라우저〉

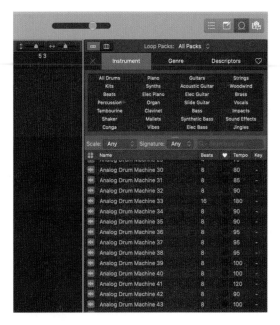

〈그림 3-1-40 베이스 시퀀싱 2 / 검색 초기화된 화면〉

그런 다음 Instrument 항목에서 Bass를 선택합니다.

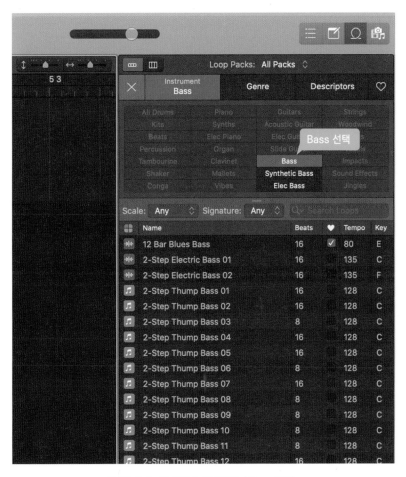

〈그림 3-1-41 베이스 시퀀싱 3 / Bass 선택〉

드럼을 듣지 않고 베이스를 고르면 고른 베이스가 드럼 비트와 어울리는지 아닌지 알기 어려울 때가 많습니다. 그럴 때는 드럼 루프와 베이스 루프를 같이 들으면서 고르는 것이 좋습니다.

먼저 드럼 루프를 루핑하기 위해 드럼 리전을 선택하고 'Command + U'를 누르면 로직에서 자동으로 해당하는 구간만큼 루핑을 시켜줍니다.

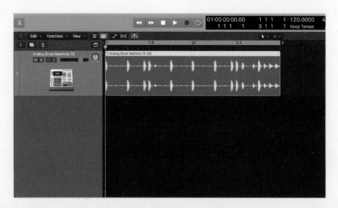

〈그림 3-1-42 베이스 시퀀싱 4 / 구간 반복 모드 활성화〉

그런 다음 다시 오른쪽에 있는 루프 브라우저 창으로 돌아와서 플레이 백을 하면서 베이스 루프들을 선택하면 박자에 맞춰서 자동으로 미리 듣기가 가능하기 때문에 더욱 편하게 베이스 루프를 고를 수 있습니다.

〈그림 3-1-43 베이스 시퀀싱 5 / 드럼과 베이스 루프 같이 듣기〉

가끔 플레이 백을 하고 베이스 루프를 선택했는데 바로 시작하지 않는 이유는 베이스 루프가 드럼 비트에 맞춰서 재생되기 위해 대기하고 있는 상태이기 때문입니다.

마음에 드는 루프를 워크스페이스로 드래그해서 가지고 옵니다.

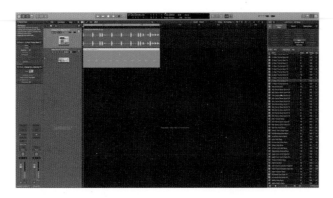

〈그림 3-1-44 베이스 시퀀싱 6 / 워크스페이스에 가져온 베이스 루프〉

이번에는 드럼과 베이스에 어울릴 만한 신스를 하나 가지고
오겠습니다. 카테고리를 초기화한 다음 'Synths'를 선택합
니다.

〈그림 3-1-45 신스 1 / 루프 브라우저에서 Synths 선택〉

마음에 드는 패턴을 워크스페이스로 가지고 옵니다.

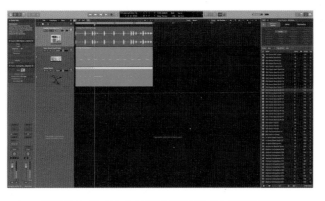

〈그림 3-1-46 신스 2 / 워크스페이스에 신스 가지고 오기〉

화면에 보이는 것처럼 미디 루프는 피아노 롤에서 멜로디 수정과 편집이 가능합니다.

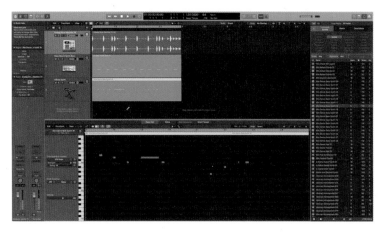

〈그림 3-1-47 신스 3 / 미디 루프를 피아노 롤에서 연 화면〉

이렇게 기본 아이디어들을 만든 다음 곡을 하나씩 전개해보면 하나의 곡이 탄생하게 됩니다. 여러분들도 애플 루프스를
이용해 간단한 곡을 만들어보세요.

3.1.9 외부에서 오디오 파일 가지고 오기

이번에는 애플 루프스를 사용하지 않고 외부에서 오디오 파일을 가지고 오는 방법을 알아보겠습니다.

❶ 외부 오디오 파일 가지고 오는 방법 1

로직에서 오디오 파일을 가지고 오는 방법엔 여러 가지가 있는데 가장 기본적인 방법부터 알아보겠습니다.

File 메뉴에 들어가서 'Import → Audio File...'을 선택합니다.

〈그림 3-1-48 오디오 파일 가지고 오기 1〉

그러면 [그림 3-1-49]와 같은 창이 열리게 됩니다(설정에
따라 창 모양이 다를 수 있습니다).

〈그림 3-1-49 오디오 파일 가지고 오기 2〉

그런 다음 듣고자 하는 파일을 선택하고 스페이스 바를 누르거나 화면 오른쪽 하단에 있는 Play 버튼을 누르면 Stop이라
고 바뀌면서 오디오 파일이 재생됩니다.

〈그림 3-1-50 오디오 파일 가지고 오기 3 / 스페이스 바를 눌렀을 때〉

〈그림 3-1-51 오디오 파일 가지고 오기 4 / Play 버튼을 눌렀을 때〉

오디오 파일을 선택한 다음, 우측 하단에 있는 Open 버튼을 누르거나 오디오 파일을 더블 클릭하면 작업하고 있는 워크
스페이스로 가지고 옵니다. 템포 정보가 있을 때는 템포를 가지고 올 수 있는 창이 뜹니다.

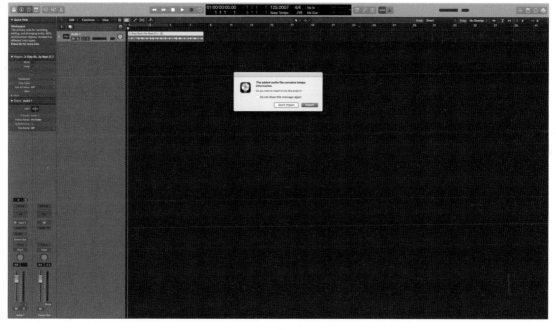

〈그림 3-1-52 오디오 파일 가지고 오기 5〉

메인 윈도우 오른쪽에 있는 'Browser' 윈도우를 이용해서 오디오 파일을 가지고 오는 방법에 대해 알아보겠습니다.

단축키 'F'를 누르거나 오른쪽 상단의 카메라, 필름, 음표 모양의 아이콘을 클릭하면 [그림 3-1-53]과 같은 항목이 활성화됩니다.

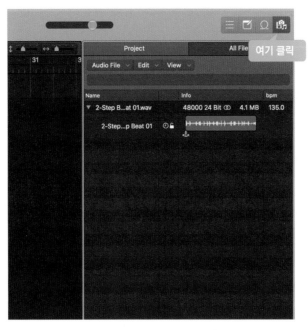

〈그림 3-1-53 오디오 파일 가지고 오기 6〉

Project 탭을 선택하면 현재 작업하는 프로젝트에 사용된 모든 오디오 파일들이 보이고 바로 옆의 All Files 탭을 선택하면 파인더처럼 각 폴더와 연결되어 있는 디바이스에 접근할 수 있게 됩니다.

〈그림 3-1-54 오디오 파일 가지고 오기 7〉

〈그림 3-1-55 오디오 파일 가지고 오기 8〉

보는 방식도 파인더에서 보는 것처럼 테이블 뷰(Table View)와 컬럼 뷰(Column View) 두 가지 중 선택할 수 있습니다.

〈그림 3-1-56 오디오 파일 가지고 오기 9 / Table View〉

〈그림 3-1-57 오디오 파일 가지고 오기 10 / Column View〉

원하는 파일을 선택하면 자동으로 재생이 되는데 멈추거나 다시 들으려면 'Option + 스페이스 바'를 누르면 됩니다. '방향키 상/하'를 이용해서 이동할 수 있고, 마우스로 원하는 파일을 선택해서 들을 수도 있습니다.

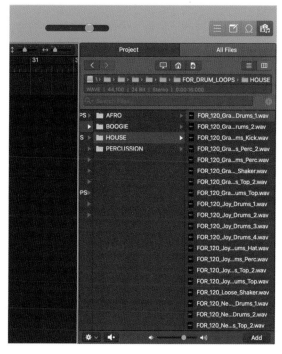

〈그림 3-1-58 오디오 파일 가지고 오기 11〉

마음에 드는 루프를 워크스페이스로 드래그하거나 해당 파일을 더블클릭하면 플레이 헤드가 위치한 곳으로 자동으로 가지고 오게 됩니다.

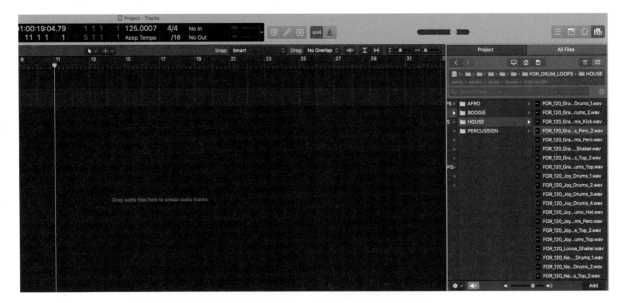

〈그림 3-1-59 오디오 파일 가지고 오기 12 / 원하는 파일 선택〉

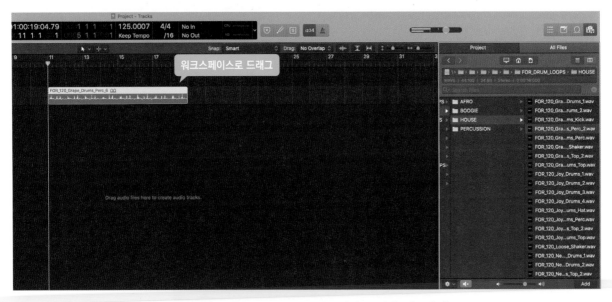

〈그림 3-1-60 오디오 파일 가지고 오기 13 / 워크스페이스에 드래그〉

❸ 외부 오디오 파일 가지고 오는 방법 3

많은 분들이 사용하는 방법으로, 파인더에서 메인 윈도우로 오디오 파일을 드래그해서 가지고 오는 방법입니다.

파인더에서 오디오 파일을 듣는 방법은 크게 두 가지가 있습니다. 첫 번째 방법은 들으려는 파일을 하나 선택하면(계층 보기) 오른쪽에 재생 모양의 아이콘이 뜨는데, 이 버튼을 클릭하는 방법입니다.

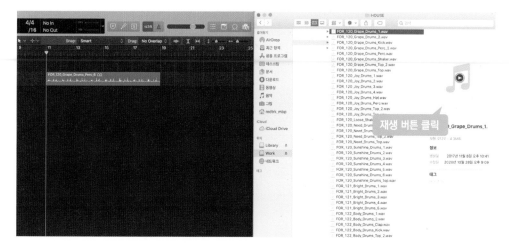

〈그림 3-1-61 오디오 파일 가지고 오기 14 / 원하는 파일 선택〉

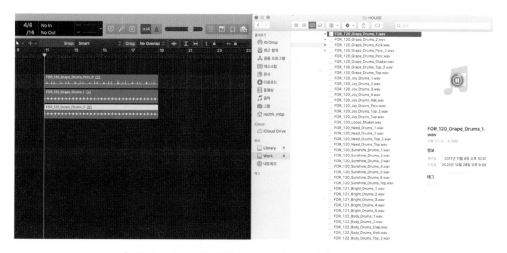

〈그림 3-1-62 오디오 파일 가지고 오기 15 / 재생 아이콘 클릭〉

두 번째 방법은 오디오 파일을 선택하고 스페이스 바를 누르면 맥 OS 자체 기능인 미리 보기 기능이 활성화되면서 해당 오디오 파일을 듣는 것입니다.

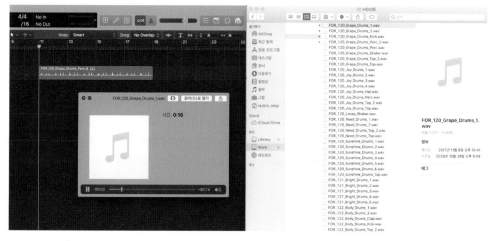

〈그림 3-1-63 오디오 파일 가지고 오기 16 / 파일 선택 후 스페이스 바 누르기〉

오디오 파일을 들어본 후 마음에 드는 오디오 파일을 드래그해서 넣습니다.

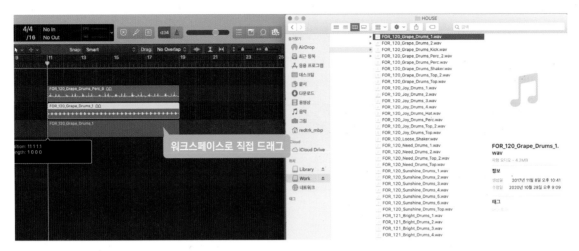

〈그림 3-1-64 오디오 파일 가지고 오기 17〉

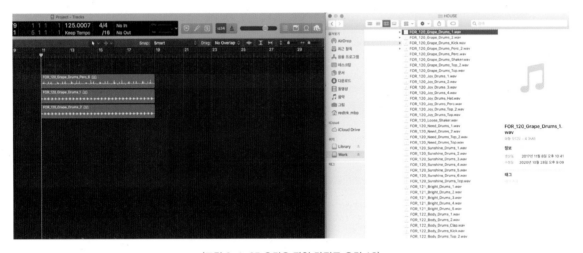

〈그림 3-1-65 오디오 파일 가지고 오기 18〉

스마트 템포

3.1.10 일반 오디오 파일을 프로젝트 템포에 맞추기

애플 루프스는 현재 작업하고 있는 프로젝트 템포에 자동으로 맞춰주기 때문에 편리하게 작업이 가능합니다. 하지만 일반 오디오 파일은 자동으로 템포를 맞춰주지 않기 때문에 약간 번거로운 작업을 해서 맞춰야 합니다. 로직에서는 일반 오디오 파일을 가지고 올 때 프로젝트 템포에 간단히 맞출 수 있는데, 지금부터 그 방법을 알아보겠습니다.

일반적인 오디오 파일을 가지고 오면 다음 그림과 같이 프로젝트 템포에 맞춰지지 않습니다. 그렇기 때문에 오디오 파일의 템포에 맞춰서 작업을 하거나 가지고 온 오디오 파일을 매번 프로젝트 템포에 맞게 변경해야 합니다.

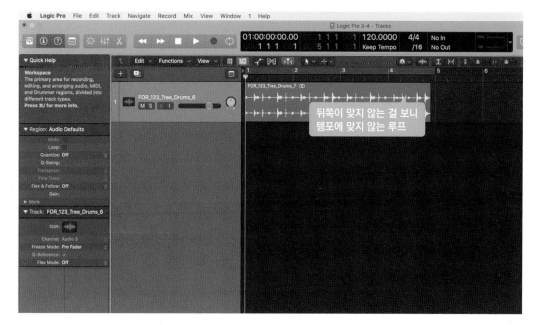

〈그림 3-1-66 템포가 맞지 않는 오디오 루프 1〉

먼저 File 메뉴에 들어가서 'Project Settings → Smart Tempo...' 항목에 들어갑니다.

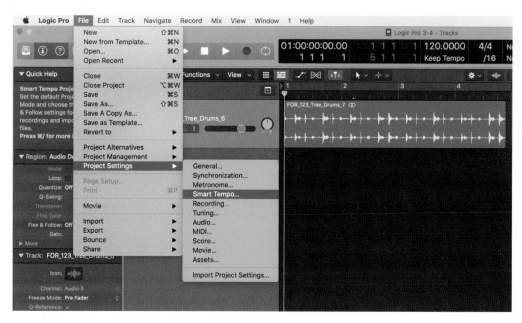

〈그림 3-1-67 템포가 맞지 않는 오디오 루프 2〉

그러면 다음과 같은 창이 하나 뜨는데 'Set imported audio files to' 항목에서 'Off'로 설정되어 있는 탭을 클릭합니다.

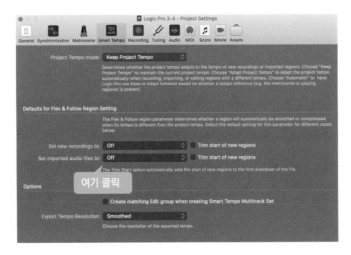

〈그림 3-1-68 템포가 맞지 않는 오디오 루프 3〉

클릭 후 뜨는 메뉴에서 가장 하단의 'On + Align Bars and Beats' 항목을 선택합니다.

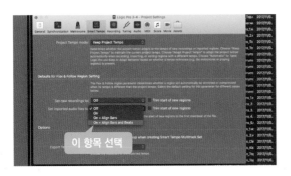

〈그림 3-1-69 템포가 맞지 않는 오디오 루프 4〉

〈그림 3-1-70 템포가 맞지 않는 오디오 루프 5〉

그런 다음 오디오 파일을 가지고 오면(기존에 있는 오디오 파일들은 변경되지 않습니다) 그때부터는 자동으로 템포에 맞
춰서 가지고 오게 됩니다.

〈그림 3-1-71 템포가 맞지 않는 오디오 루프 6〉

〈그림 3-1-72 템포가 맞지 않는 오디오 루프 7〉

참고로 이 기능을 켜두면 템포 정보가 있는 경우엔 무조건 템포에 맞춰서 가지고 오기 때문에 이 기능이 필요 없다면 'Set imported audio files to' 항목을 'Off'로 해두면 됩니다.

3.1.11 오디오 편집과 오디오 시퀀싱 Tip

이전에는 미디만 가지고 음악 작업을 했는데 어느 순간부터 오디오 루프를 적극적으로 활용하게 되면서 '오디오 시퀀싱'이라는 용어가 생겼습니다. 이번에는 오디오 루프를 편집하는 방법과 오디오 시퀀싱 방법에 대해 알아보겠습니다.

❶ 오디오 파일 에디터(Audio File Editor)

먼저 다른 가상 악기를 이용하지 않고 직접 오디오 파일을 가지고 와서 드럼 시퀀싱하는 방법에 대해 알아보겠습니다. 애플 루프스에 있는 드럼 소스를 잘라서 가지고 오는 방법과 원샷 드럼 샘플을 가지고 오는 방법이 있는데, 이 책에서는 애플 루프스에 있는 드럼 소스를 잘라서 시퀀싱하는 방법을 알아보겠습니다.

먼저 단축키 'O'를 눌러서 루프 브라우저를 불러옵니다.

〈그림 3-1-73 루프 브라우저〉

여기서 드럼 루프를 찾을 예정이기 때문에 'Instrument' 항목에 들어가서 All Drums를 선택합니다.

〈그림 3-1-74 루프 브라우저 2〉

드럼 소스를 고를 때는 먼저 마음에 드는 드럼 톤이 있는지 확인하고 최대한 다른 소스들과 섞이지 않는 소스를 고르는 것이 좋습니다. 드럼 소스가 너무 많아서 찾기 힘들다면 상단의 'Genre' 탭으로 들어가서 장르를 선택한 후 고르면 더 편리합니다.

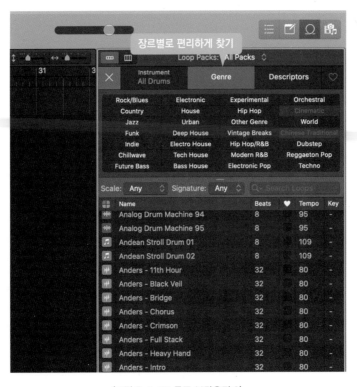

〈그림 3-1-75 루프 브라우저 3〉

〈그림 3-1-76 루프 브라우저 4〉

여기서는 'Blueprint Beat 03'으로 진행하겠습니다.

〈그림 3-1-77 루프 브라우저 5〉

루프를 워크스페이스에 드래그해서 가지고 온 다음 오디오 루프를 더블클릭하거나 단축키 'E'를 누르면 화면 하단에 오디오 트랙 에디터(Audio Track Editor)가 열립니다.

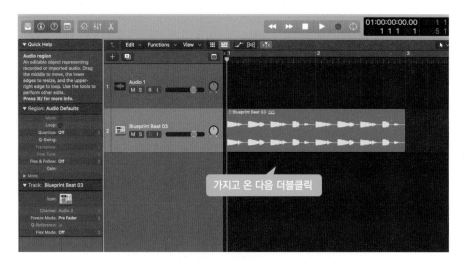

〈그림 3-1-78 메인 윈도우에 가지고 온 드럼 루프〉

〈그림 3-1-79 오디오 트랙 에디터 화면〉

오디오 트랙 에디터 상단을 보면 세 가지 탭이 있는데 거기서 두 번째 탭인 'File'을 누르면 오디오 파일 에디터가 열립니다. 경우에 따라 처음부터 오디오 파일 에디터가 열리기도 합니다.

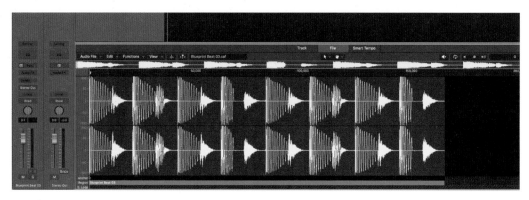

〈그림 3-1-80 오디오 파일 에디터 1〉

여기서 단축키 'Control + T'를 누르거나 상단 메뉴 중에서 View 오른쪽에 있는 아이콘을 누르면 해당하는 오디오 루프의 트랜지언트(Transient)들을 분석해서 마커로 구분시켜주는 Transient Editing Mode가 활성화됩니다. 화면 확대, 축소는 'Command + 방향키 상/하/좌/우'를 입력하면 됩니다.

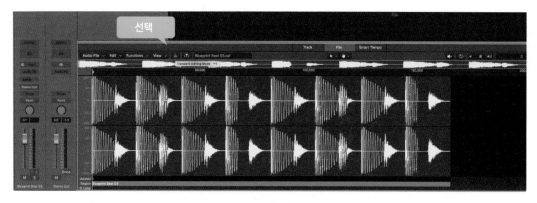

〈그림 3-1-81 오디오 파일 에디터 2〉

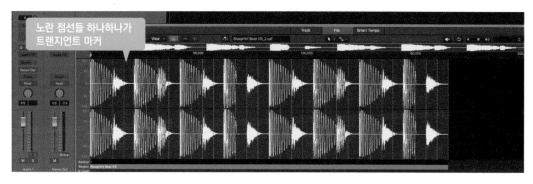

〈그림 3-1-82 오디오 파일 에디터 3 / 트랜지언트 분석 〉

만약 트랜지언트 마커로 나누어진 게 너무 많다면 - 버튼을 눌러서 줄일 수 있고 다시 늘리려면 + 버튼을 누르면 됩니다. 특정 마커만 지우고 싶을 때는 마커에 커서를 대면 아이콘이 바뀌는데 그때 더블클릭하면 되고 마커를 다시 추가하려면 Command 키를 눌러 커서가 연필 모양으로 바뀔 때 원하는 구간을 클릭하면 됩니다.

〈그림 3-1-83 오디오 파일 에디터 4 / 킥 드럼 중앙에 있는 트랜지언트 마커〉

* 트랜지언트는 파형이 시작되는 곳을 말합니다.

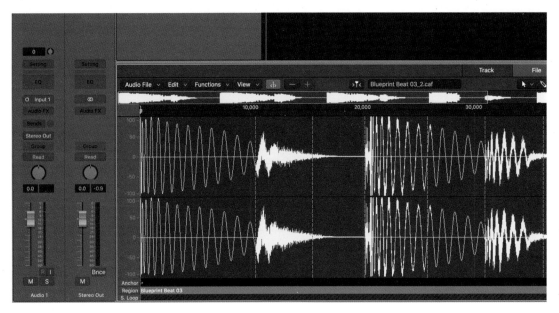

〈그림 3-1-84 오디오 파일 에디터 5 / 더블클릭해 해당 구간 트랜지언트 마커 삭제〉

오디오 파일 에디터에서 소리를 들을 때는 'Option + 스페이스 바'를 누르면 처음부터 끝까지 들을 수 있습니다. 특정 구간을 듣고 싶을 때는 들으려는 구간을 드래그해서 선택하면 되고 트랜지언트 마커로 나누어진 경우에는 들으려는 공간을 더블클릭하면 자동으로 해당 구간이 선택되어서 편하게 들을 수 있습니다. 이때도 마찬가지로 'Option + 스페이스 바'를 눌러야 합니다.

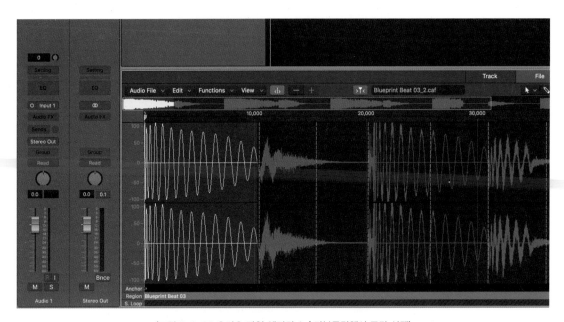

〈그림 3-1-85 오디오 파일 에디터 6 / 더블클릭해서 구간 선택〉

원하는 소스를 선택했다면(이 책에서는 킥 드럼이 선택되어 있습니다) 'Control + R'을 누릅니다. 눌러도 아무런 변화가 없는 것 같지만 오른쪽 상단에 있는 'Project' 항목을 보면 방금 선택한 구간이 따로 설정되어 있습니다. 이름이 지금처럼 되어 있으면 나중에 알아볼 수 없기 때문에 해당 구간의 이름을 더블클릭해서 'Kick'이라고 변경하겠습니다.

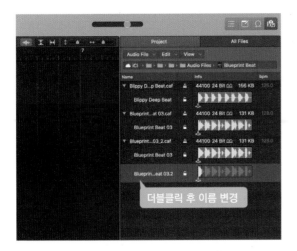

〈그림 3-1-86 오디오 파일 에디터 7〉

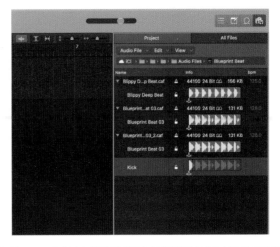

〈그림 3-1-87 오디오 파일 에디터 8 / 더블클릭 후 'Kick'으로 이름 변경〉

다른 소스들도 비슷한 방법으로 만들어둡니다.

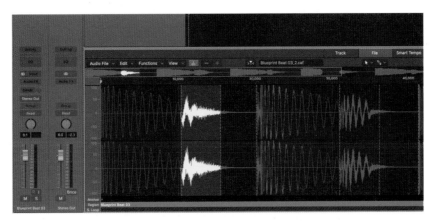

〈그림 3-1-88 오디오 파일 에디터 9 / Hihat 선택〉

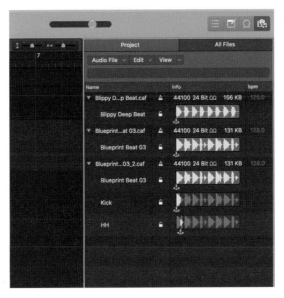

〈그림 3-1-89 오디오 파일 에디터 10 / 'HH'로 이름 변경〉

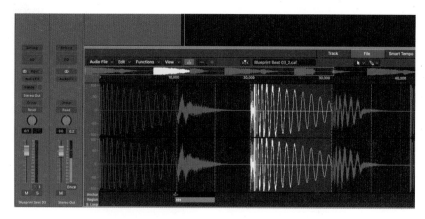

〈그림 3-1-90 오디오 파일 에디터 11 / SNARE 선택〉

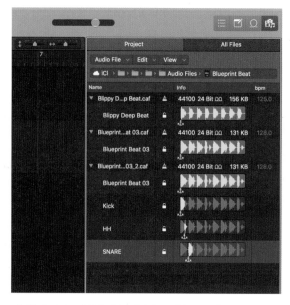

〈그림 3-1-91 오디오 파일 에디터 12 / 'SNARE'로 이름 변경〉

소스들이 준비되었으면 기존 루프는 삭제하거나 뮤트 해둡니다. 참고로 워크스페이스에서 오디오 리전을 삭제해도 프로젝트 윈도우에 남아있어서 언제든 다시 불러올 수 있습니다. 작업한 리전들을 워크스페이스에 가지고 옵니다.

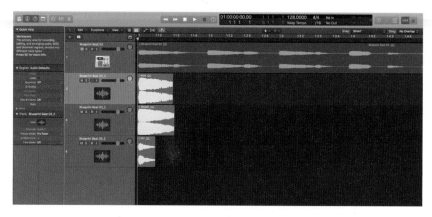

〈그림 3-1-92 오디오 파일 에디터 13 / 나누어진 리전을 가지고 온 화면〉

하나씩 소리를 들어보니 뒤쪽이 약간 잘려 있는 듯한 느낌이 들어서 지연스럽게 처리하기 위해 오디오 리전의 뒤쪽을 깔끔하게 정리해야 할 때, 페이드 툴을 이용하거나 인스펙터(Inspector)의 'Fade Out' 항목에서 원하는 수치를 입력해 드럼 소스를 정리할 수 있습니다.

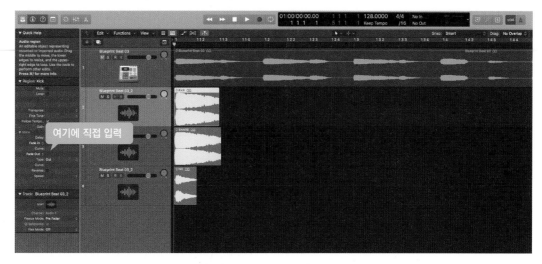

〈그림 3-1-93 오디오 파일 에디터 14 / Fade Out 항목에 원하는 수치 입력〉

〈그림 3-1-94 오디오 파일 에디터 14 / 깔끔하게 정리된 오디오 리전의 뒤쪽〉

드럼 소스는 특별한 경우가 아니라면 모노 소스인데 지금 가지고 온 소스들은 전부 스테레오로 되어 있습니다. 이번에는 스테레오로 된 소스를 모노로 바꿔보겠습니다.

바꾸기 전에, 지금 오디오 소스의 레벨이 너무 크니 조금만 줄여보겠습니다. 해당 리전을 선택하면 왼쪽에 '게인(Gain)' 항목이 있는데 여유 있게 -10 또는 -6 정도로 줄이는 것이 좋습니다. 여기서는 -10으로 설정하겠습니다.

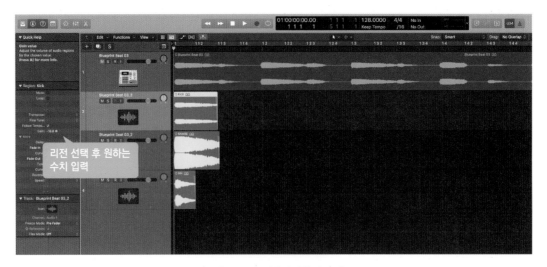

〈그림 3-1-95 작아진 파형의 크기〉

그런 다음 오디오 트랙 상단 Input 왼쪽의 원 2개가 겹쳐진 모양의 아이콘을 클릭하면 원이 1개로 바뀝니다.

〈그림 3-1-96 2개의 원 아이콘 클릭〉   〈그림 3-1-97 변경된 원 아이콘〉

그다음 리전을 선택해서 'Control + B'를 누르면 다음과 같이 '바운스 리전 인 플레이스(Bounce Regions in Place)' 창이 뜹니다. 'Source' 항목은 원래 파일을 어떻게 할 것인지 묻는 항목인데 혹시 모를 사태를 대비해서 'Mute'를 선택하고 'Include Audio Tail in File'은 반드시 체크해둡니다. 그 아래에 있는 'Include Volume/Pan Automation' 항목은 반드시 체크 해제하고 'Normalize'는 Off를 선택합니다.

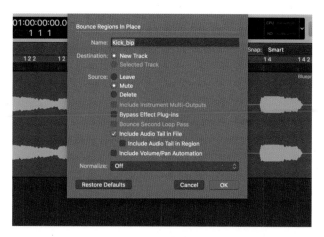

〈그림 3-1-98 바운스 리전 인 플레이스 1 / 실행 시 뜨는 창〉

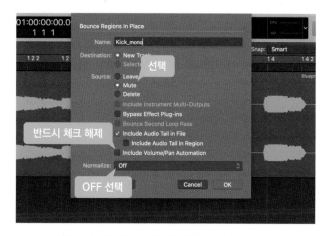

〈그림 3-1-99 바운스 리전 인 플레이스 2 / 필수 설정〉

이렇게 설정하고 OK 버튼을 클릭하면 스테레오 파일이 모노 파일로 바뀌게 됩니다.

〈그림 3-1-100 바운스 리전 인 플레이스 3 / 스테레오 파일이 모노 파일로 변경〉

나머지 스네어와 하이햇도 동일한 방법으로 진행해서 전부 모노로 바꿔둡니다. 스네어와 하이햇의 경우 스테레오 소스로 만들어진 경우가 있는데 그때는 그대로 사용하면 됩니다.

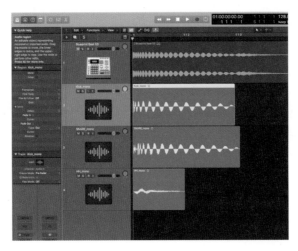

〈그림 3-1-101 바운스 리전 인 플레이스 4 / 전부 모노 파일로 변경된 상태〉

❷ 오디오 파일을 이용한 드럼 시퀀싱

이제 드럼 소스들이 준비되었습니다. 오디오 리전을 이용해서 자유롭게 미디 시퀀싱하듯이 시퀀싱하면 됩니다. 간단한 리듬을 한 번 만들어보겠습니다.

먼저 킥과 스네어를 배치해서 기본 리듬을 만들어둡니다.

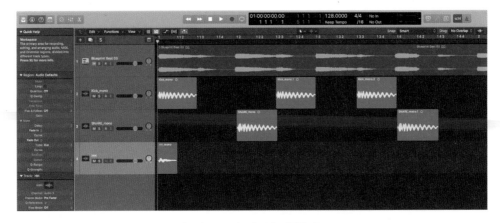

〈그림 3-1-102 오디오 시퀀싱 1〉

하이햇을 시퀀싱할 때는 강약의 변화가 필요합니다(가끔 예외적인 경우도 있습니다). 보통 오디오 리전의 게인을 이용해서 하나씩 조절하는 경우가 많은데, 이렇게 하면 작업 도중 강약을 변경할 때 다시 모든 리전을 하나씩 선택해서 변경해야 하기 때문에 번거롭습니다. 따라서 각 리전의 게인을 바꾸기보다는 오디오 트랙을 하나 더 만들어서 트랙 볼륨으로 강약의 변화를 주는 것이 좋습니다.

그럼 여기서 트랙을 하나 더 만들어서 간단하게 하이햇을 시퀀싱해보겠습니다.

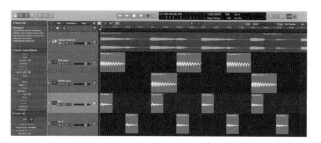

〈그림 3-1-103 오디오 시퀀싱 2 / HH 트랙 2개를 만들어서 준 강약〉

위와 같이 배치한 다음 아래 트랙을 약박으로 쓸 예정이기 때문에 트랙 볼륨을 줄이면 간단하게 강약의 표현이 가능합니다.

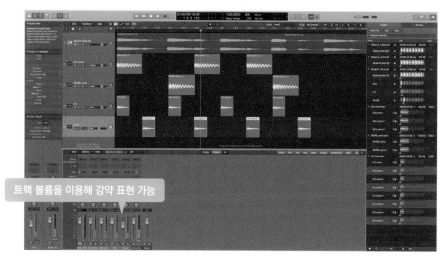

〈그림 3-1-104 오디오 시퀀싱 3〉

이번에는 하이햇이 약간 왼쪽에서 나올 수 있도록 Pan 값을 -10으로 입력해보겠습니다.

〈그림 3-1-105 오디오 시퀀싱 4〉

3.1.12 설정 해두면 편리한 기능 1 / 툴바 설정

오디오 리전을 이동할 때는 보통 마우스로 드래그하면서 이동하는데 미디 시퀀싱을 하듯이 단축키로 이동하는 방법에 대해 알아보겠습니다.

화면 왼쪽 상단에서 'Toolbar' 아이콘을 선택합니다. 단축키는 'Control + Option + Command + T' 입니다.

〈그림 3-1-106 툴바 설정 1〉

그다음 'Nudge Value'를 설정할 수 있는 항목을 클릭합니다.

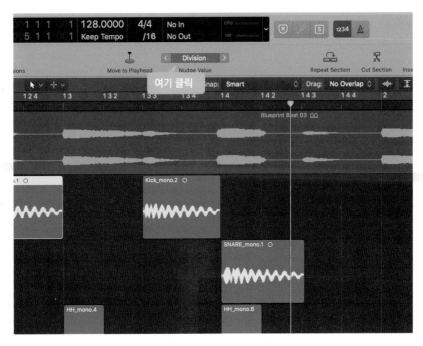

〈그림 3-1-107 툴바 설정 2〉

클릭 후 나오는 창에서 'Division'을 선택합니다.

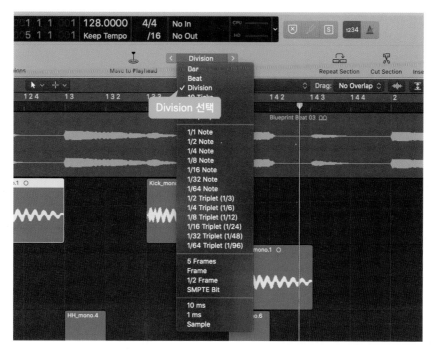

〈그림 3-1-108 툴바 설정 3 / Division 선택〉

이렇게 설정을 해둔 다음 오디오 리전을 선택하고 'Option + 방향키 좌/우'를 누르면 리전이 미디 노트가 이동하듯 좌우로 이동하게 됩니다.

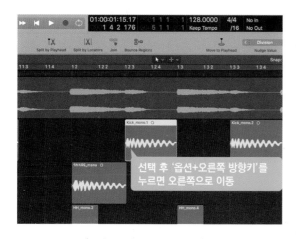

〈그림 3-1-109 툴바 설정 4〉

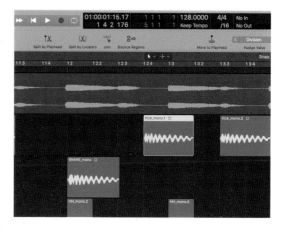

〈그림 3-1-110 툴바 설정 5〉

3.1.13 설정 해두면 편리한 기능 2 / 그리드 변경

작업할 때 기본적으로 그리드 값이 16분음표로 되어 있는데, 경우에 따라서 그리드 값을 더 좁히거나 늘릴 수 있습니다.

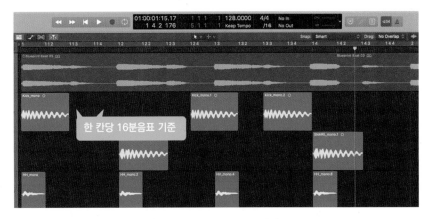

〈그림 3-1-111 그리드 변경 1〉

화면 상단에서 4/4 하단에 '/16'이라고 되어 있는 곳을 클릭합니다. 만약 지금과 같은 화면이 보이지 않을 때는 먼저 'View → Customize Control Bar and Display...' 항목에 들어갑니다.

〈그림 3-1-112 그리드 변경 2〉

항목에 들어가면 [그림 3-1-113]과 같은 메뉴가 뜹니다. 가운데 상단의 'LCD' 항목에서 'Beats & Project' 항목을 클릭합니다.

〈그림 3-1-113 그리드 변경 3〉

그런 다음 'Custom'으로 변경하면 그리드 값을 변경할 수 있습니다.

〈그림 3-1-114 그리드 변경 4〉

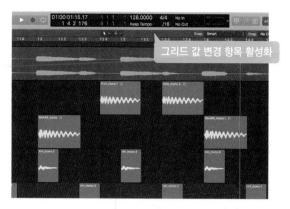

〈그림 3-1-115 그리드 변경 5〉

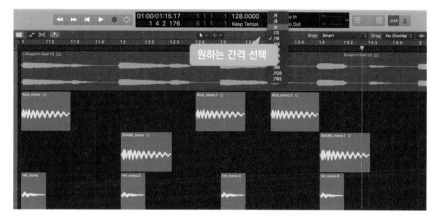

〈그림 3-1-116 그리드 변경 6 / /8 선택〉

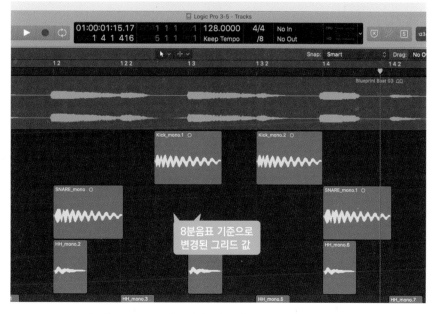

〈그림 3-1-117 그리드 변경 7 / 8분음표 기준으로 그리드 변경〉

참고로 'Option + 방향키 좌/우'로 리전을 이동하는 경우에는 그리드에 맞게 이동되기 때문에 마우스로 이동하는 것보다 더욱 편리합니다.

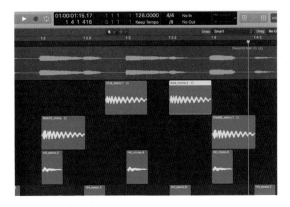

〈그림 3-1-118 그리드 변경 8 / 이동하려는 오디오 리전 선택〉

〈그림 3-1-119 그리드 변경 9 / 설정된 그리드 값으로 이동〉

3.1.14 드럼 루프 재배열하는 방법

여러 가지 루프들을 단독으로 들을 때는 괜찮았는데 막상 음악에 넣었을 때 어울리지 않아서 못 쓰게 되거나 드럼 비트를 조금 고쳐서 쓰고 싶을 때가 종종 있는데 이때 사용할 수 있는 방법을 알아보겠습니다. 드럼 루프 재배열은 앞에서 배운 방법대로 해도 되지만 이번에는 드럼 루프를 슬라이스해서 재배열해보겠습니다.

먼저 드럼 루프를 하나 불러옵니다.

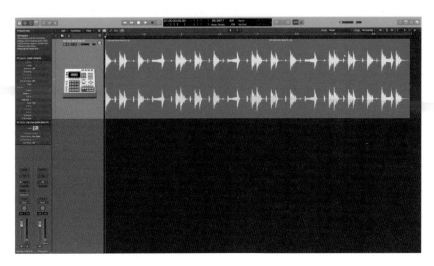

〈그림 3-1-120 드럼 루프 재배열 1 / 드럼 루프 불러오기〉

가위 툴을 불러와서 자를 곳들을 하나씩 클릭해서 잘라도 되지만 그렇게 하기엔 너무 번거롭고 시간도 오래 걸립니다.

〈그림 3-1-121 드럼 루프 재배열 2 / 가위 툴로 오디오를 나눈 화면〉

그럴 때는 가위 툴 상태에서 Option 키를 누르면 가위 툴 오른쪽에 + 마크가 생기는데 그때 오디오 리전을 클릭하면 처음 시작했던 간격을 기준으로 리전 전체가 나누어지게 됩니다.

〈그림 3-1-122 드럼 루프 재배열 3 / Option 키 누른 화면〉

〈그림 3-1-123 드럼 루프 재배열 4 / 원하는 간격으로 이동〉

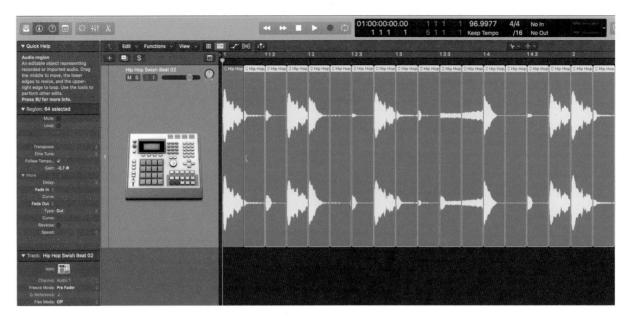

〈그림 3-1-124 드럼 루프 재배열 5 / 지정된 간격으로 나누어진 화면〉

이렇게 나눈 다음 필요한 만큼 오디오 트랙을 만들어서 필요한 소스들을(킥, 스네어, 하이햇) 올려둡니다.

〈그림 3-1-125 드럼 루프 재배열 6〉

앞에서 배운 것처럼 가지고 온 소스에 문제가 있다면 페이드 기능을 이용해서 정리해줍니다.

〈그림 3-1-126 드럼 루프 재배열 7〉

소스들이 준비되었으면 루프를 들으면서 드럼 소스들을 추가해서 새로운 비트로 만들어봅니다.

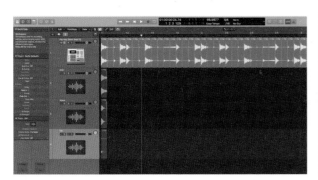

〈그림 3-1-127 드럼 루프 재배열 8〉

〈그림 3-1-128 드럼 루프 재배열 9〉

작업을 어느 정도 진행하면서 메인 루프들이 나누어진 게 보기 싫을 때는 '마우스 우클릭 → Bounce and Join → Join'을 선택하면 리전이 나누어지기 전으로 돌아갑니다. 단축키는 'Command + J' 입니다.

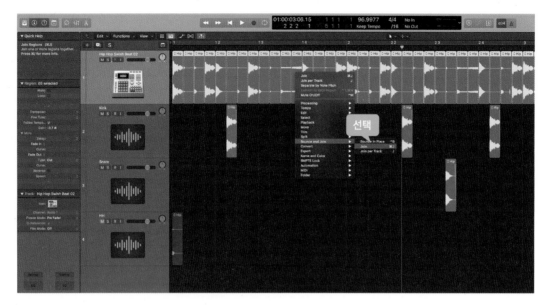

〈그림 3-1-129 드럼 루프 재배열 10〉

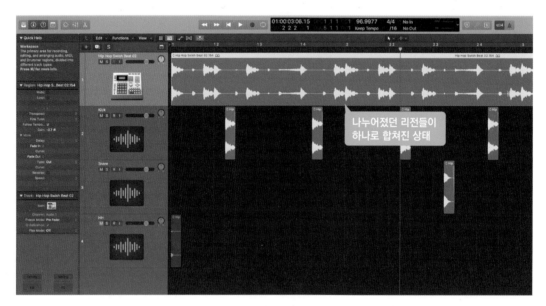

〈그림 3-1-130 드럼 루프 재배열 11〉

이런 방법으로 작업하면 기존에 있는 드럼 비트를 좀 더 내 음악에 맞게 바꿀 수 있어 편리한 작업이 가능합니다. 이 책에서는 드럼 비트만 적용해봤지만 베이스나 피아노 등 다양한 악기들에 적용해도 좋은 결과가 나올 수 있습니다.

3.1.15 오디오 루프들을 이용해 아이디어 스케치하기

그동안 배웠던 내용들을 토대로 음악의 중심이 되는 드럼과 베이스 라인을 간단하게 만들어보겠습니다.

먼저 마음에 드는 드럼 루프를 하나 가지고 옵니다.

〈그림 3-1-131 아이디어 스케치 1〉

그리고 필요하다면 이전에 배웠던 내용들을 토대로 킥, 스네어, 하이햇 소스들을 따로 준비해둡니다. 반드시 개별 소스로 추출한 다음 뒷부분을 확인해서 깔끔하게 정리하고 모노, 스테레오를 체크합니다. 그리고 모노 소스인데 스테레오 소스로 되어 있다면 모노로 바꿔야 합니다.

〈그림 3-1-132 아이디어 스케치 2〉

〈그림 3-1-133 아이디어 스케치 3 / 추출 후 모노로 변경〉

준비가 다 됐다면 드럼 루프를 구간 반복 모드로 설정하고(리전 선택 후 단축키 Command+U) 곡에 어울리는 베이스를 찾아봅니다.

〈그림 3-1-134 아이디어 스케치 4 / 드럼에 어울리는 베이스 찾기〉

어울리는 베이스 루프를 찾았으면 워크스페이스에 드래그해서 넣습니다.

〈그림 3-1-135 아이디어 스케치 5 / 드럼에 어울리는 베이스 찾기〉

가지고 온 1마디짜리 베이스 루프를 한 번 더 반복해서 2마디로 만들어보겠습니다. Option 키를 누르면서 리전을 복사해도 되지만 리전을 선택한 다음 'Command + R'을 누르면 더 간편하게 자동으로 복사가 됩니다.

〈그림 3-1-136 아이디어 스케치 6〉

2마디 리전을 선택한 후 'Command + U'를 눌러서 선택된 구간을 기준으로 자동으로 루핑할 수 있게 만듭니다.

〈그림 3-1-137 아이디어 스케치 7〉

드럼 패턴이 조금 아쉬우니 킥과 하이햇을 추가해보겠습니다.

〈그림 3-1-138 아이디어 스케치 8〉

작업하면서 믹서에 들어가서 원하는 밸런스로 조절해봅니다. 단축키는 'X' 입니다.

〈그림 3-1-139 아이디어 스케치 9 / 밸런스 체크〉

그리고 'Stereo Out' 항목이 빨간색인지 아닌지 체크합니다. 이를 0dBFS를 초과하는 현상, 즉 'CLIP'이라고 하는데, 디지털 오디오에서는 CLIP이 되면 소리가 깨지기 때문에 전체 트랙을 선택 후 볼륨을 내려서 'Stereo Out'이 절대로 CLIP되지 않게 해줍니다.

〈그림 3-1-140 아이디어 스케치 10 / 전체 선택해서 볼륨 페이더 내리기 1〉

〈그림 3-1-141 아이디어 스케치 11 / 전체 선택해서 볼륨 페이더 내리기 2〉

[그림 3-1-142]처럼 'Stereo Out' 항목이 절대로 CLIP이 되지 않게 설정합니다.

〈그림 3-1-142 아이디어 스케치 12〉

이번에는 베이스에서 슬랩되는 포인트를 더 추가해보겠습니다.

베이스 리전을 더블클릭해서 오디오 파일 에디터에 들어간 다음 원하는 슬랩을 오디오 리전으로 따로 뽑아둡니다.

〈그림 3-1-143 아이디어 스케치 13 / 베이스 에디팅 1〉

드럼과 베이스를 들으면서 추가하고 싶은 곳에 베이스 슬랩을 추가합니다.

〈그림 3-1-144 아이디어 스케치 14 / 베이스 에디팅 2〉

Chapter 2

오디오 2 / 오토메이션

3.2 오토메이션(Automation) 소개 및 사용법

오토메이션이란 볼륨이나 팬 등 여러 파라미터들을 자동으로 움직일 수 있게 하는 작업으로, 음악 작업 시 필수적으로 사용되는 기능 중 하나입니다. 지금부터 다양한 오토메이션의 종류와 활용법에 대해 알아보겠습니다.

3.2.1 오토메이션 기능 활성화

오토메이션을 활성화하려면 오토메이션 아이콘을 클릭하거나 단축키 'A'를 누릅니다.

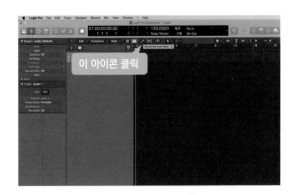

〈그림 3-2-1 오토메이션 활성화 아이콘〉

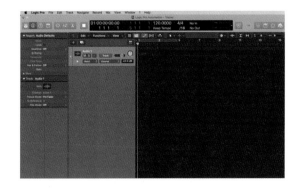

〈그림 3-2-2 오토메이션이 활성화된 상태〉

3.2.2 오토메이션 모드

로직에서 사용 가능한 오토메이션 모드는 리드(Read), 터치(Touch), 래치(Latch), 라이트(Write)로 4가지가 있는데, 각 모드별 차이점과 사용법을 알아보겠습니다.

먼저 기본으로 활성화되어 있는 리드는 말 그대로 입력되어 있는 오토메이션 데이터를 읽거나 수동으로 입력과 편집이 가능한 모드입니다.

〈그림 3-2-3 오토메이션 1 / 리드 모드〉

그리고 나머지 터치, 래치, 라이트는 리얼 타임으로 오토메이션을 입력할 수 있는 모드로 외부 컨트롤러나 마우스를 이용해서 입력 가능합니다. 먼저 터치 모드부터 알아보겠습니다.

터치 모드는 리얼 타임으로 입력되기 때문에 곡을 재생한 뒤 컨트롤하고자 하는 값을 마우스나 외부 컨트롤러를 움직이면서 입력하는 모드입니다. 래치 모드, 라이트 모드와 다른 점은, 오토메이션 데이터를 입력한 다음 마우스나 컨트롤러에서 손을 떼면 오토메이션 입력이 멈춰지는데 이때 마지막 값이 오토메이션 입력이 시작된 지점으로 이동한다는 것입니다.

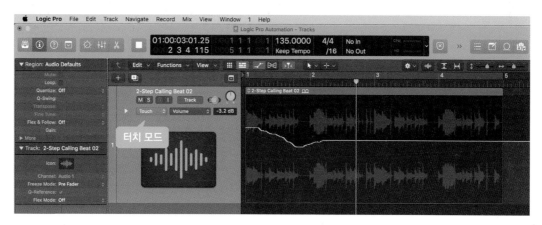

〈그림 3-2-4 오토메이션 2 / 터치 모드 1 / 드래그해서 지정된 값 입력〉

〈그림 3-2-5 오토메이션 3 / 터치 모드 2 / 마우스에서 손을 떼면 처음으로 돌아감〉

래치 모드는 기본적으로 터치 모드와 동일한데 오토메이션 데이터를 입력하고 마우스나 컨트롤러에서 손을 떼면 가장 마지막에 입력된 오토메이션 데이터가 유지됩니다.

〈그림 3-2-6 오토메이션 4 / 래치 모드 1〉

〈그림 3-2-7 오토메이션 5 / 래치 모드 2 / 마우스에서 손을 떼면 마지막 값 유지〉

마지막으로 라이트 모드입니다. 라이트 모드는 기존에 있는 오토메이션 데이터를 지우면서 새롭게 입력하는 모드로 입력을 멈췄을 때는 래치 모드와 동일하게 마지막 오토메이션 데이터 값을 유지합니다.

〈그림 3-2-8 오토메이션 6 / 라이트 모드 / 기존 오토메이션 데이터를 지우고 새롭게 입력〉

리드 모드를 제외한 다른 모드를 사용한 뒤에는 반드시 리드 모드로 다시 바꿔야 합니다. 그렇게 하지 않으면 해당하는 트랙의 솔로나 뮤트 버튼을 눌렀던 모든 데이터들이 기록됩니다.

〈그림 3-2-9 오토메이션 7 / 트랙 Mute까지 기록됨〉

3.2.3 오토메이션 입력 방법 1

리드 모드에서 입력하는 방법부터 알아보겠습니다. 먼저 오토메이션을 활성화하면(단축키 'A') 트랙이 다음과 같은 화면으로 바뀝니다.

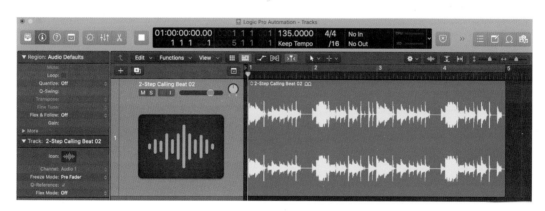

〈그림 3-2-10 일반 트랙 모드〉

〈그림 3-2-11 오토메이션 모드〉

리드 오른쪽에서 볼륨을 볼 수 있는데 이는 현재 오토메이션을 입력할 수 있는 항목이 볼륨이라는 뜻입니다. 만약 다른 값으로 변경하고 싶다면 볼륨 항목을 클릭해서 원하는 항목을 선택하면 됩니다.

〈그림 3-2-12 오토메이션 항목 변경 1〉

〈그림 3-2-13 오토메이션 항목 변경 2〉

그럼 볼륨 항목에 오토메이션을 적용해보겠습니다. 오디오 리전을 클릭하면 흐릿하게 비활성화되어 노란색 선이 되면서 'Read' 항목이 활성화됩니다.

〈그림 3-2-14 오토메이션 활성화 전〉

〈그림 3-2-15 오토메이션 활성화된 상태〉

이렇게 준비가 된 상태에서 원하는 곳을 다시 한번 클릭하면 점이 하나 찍히는데, 이 점을 브레이크 포인트(Break Point)라고 부릅니다.

〈그림 3-2-16 브레이크 포인트 생성〉

브레이크 포인트를 아래로 내려보겠습니다. 해당 브레이크 포인트를 클릭한 상태에서 아래로 드래그하면 +0.0dB로 설정되어 있는 값이 변경됩니다. 예제에서는 −6.1dB로 변경됐습니다.

〈그림 3-2-17 브레이크 포인트 이동〉

이렇게 설정하고 곡을 재생해보면 볼륨 페이더가 +0.0에서 -6.1로 이동하게 됩니다. 참고로 브레이크 포인트는 몇 번이든 변경 가능하고 추가하려면 동일한 방법으로 원하는 곳을 클릭하면 됩니다. 브레이크 포인트의 생성과 동시에 값을 바꾸고 싶으면 원하는 곳을 더블클릭한 상태에서 버튼에서 손을 떼지 않고 상하좌우로 이동하면 이동한 곳에 브레이크 포인트가 생성됩니다.

브레이크 포인트 커브는 기본적으로 직선으로 되어 있는데 곡선으로 바꾸거나 원하는 커브로 바꾸고 싶을 때는 단축키 'T'를 눌러 'Automation Curve Tool'을 선택한 다음 바꾸고자 하는 곳에 가서 드래그하면 됩니다.

〈그림 3-2-18 브레이크 포인트 곡선 커브 1〉

〈그림 3-2-19 브레이크 포인트 곡선 커브 2〉

작업을 하다 보면 한 트랙에서 하나의 오토메이션 값만 입력하는 게 아니라 여러 개의 오토메이션을 입력해야 하는 경우가 있는데, 이때 두 가지 방법이 있습니다.

첫 번째 방법은 기본값인 볼륨 항목을 클릭해서 원하는 값을 선택하는 것으로, 한 트랙 안에서 다른 오토메이션 값도 설정할 수 있습니다(이 책에서는 Pan을 선택했습니다). 이렇게 설정하면 이전에 입력된 볼륨 오토메이션 데이터는 연한 색으로 표시됩니다. 그리고 다시 클릭하면 팬 오토메이션 데이터를 입력할 수 있게 됩니다. 다른 항목들도 동일한 방법으로 추가 입력이 가능합니다.

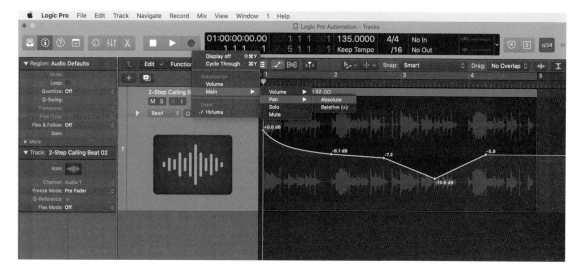

〈그림 3-2-20 오토메이션 파라미터 변경 1〉

〈그림 3-2-21 오토메이션 파라미터 변경 2 / 오토메이션 항목을 팬으로 설정〉

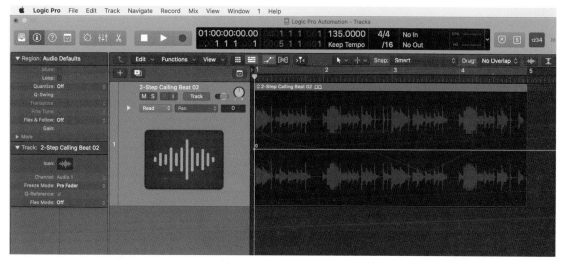

〈그림 3-2-22 오토메이션 파라미터 변경 3 / 팬 오토메이션 활성화〉

두 번째 방법은 'Read' 항목 왼쪽의 삼각형 아이콘을 클릭해서 오토메이션 데이터를 추가로 입력하는 방법입니다.

〈그림 3-2-23 오토메이션 데이터 변경 4〉

〈그림 3-2-24 오토메이션 데이터 변경 5〉

오토메이션을 더 추가하고 싶을 때는 커서를 Pan 항목(책 기준)으로 가져가면 왼쪽 하단에 + 아이콘이 생기는데, 그 아이콘을 클릭하면 오토메이션을 추가 입력할 수 있는 항목이 나옵니다.

〈그림 3-2-25 오토메이션 데이터 변경 6〉

〈그림 3-2-26 오토메이션 데이터 변경 7 / 추가된 새로운 파라미터〉

해당 항목을 보고 싶지 않다면 왼쪽 상단에 있는 × 아이콘을 누르면 사라집니다. 화면에서는 사라지지만 데이터는 그대로 남아 있습니다.

〈그림 3-2-27 오토메이션 데이터 변경 8〉

Tip. 오토메이션 데이터를 그리드 값에 맞춰서 정확하게 이동하고 싶다면?

오토메이션 데이터를 좌우로 이동할 때 그리드 값에 맞춰서 정확하게 이동하려면 화면 오른쪽 상단에 있는 'Snap → Snap Automation' 항목에 들어가서 원하는 값을 선택한 다음 'Active' 항목을 체크하면 됩니다.

〈그림 3-2-28 오토메이션 데이터를 그리드에 맞게 움직이는 방법 1〉

〈그림 3-2-29 오토메이션 데이터를 그리드에 맞게 움직이는 방법 2〉

이번에는 브레이크 포인트를 삭제해보겠습니다. 하나씩 삭제할 때는 해당하는 브레이크 포인트를 더블클릭하면 됩니다.

〈그림 3-2-30 브레이크 포인트 삭제 1 / -7.2dB 더블클릭〉

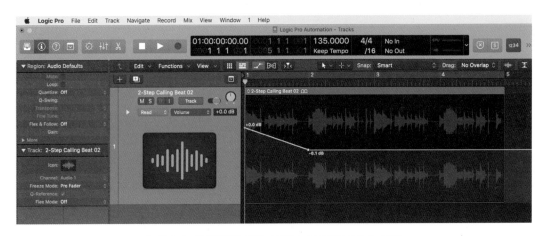

〈그림 3-2-31 브레이크 포인트 삭제 2 / 삭제된 -7.2dB 구간〉

이번에는 여러 개의 브레이크 포인트를 동시에 삭제해보겠습니다. 삭제하려는 브레이크 포인트들을 드래그해서 선택하고 Delete 키를 누르면 삭제됩니다.

〈그림 3-2-32 브레이크 포인트 삭제 3 / 브레이크 포인트 드래그 선택〉

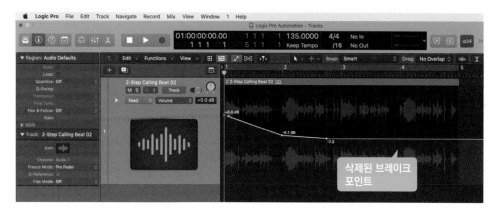

〈그림 3-2-33 브레이크 포인트 삭제 4 / Delete 키 눌러 삭제〉

마지막으로 트랙 전체의 오토메이션 데이터를 삭제해보겠습니다. 브레이크 포인트가 몇 개 없거나 몇 군데만 지울 때는 위에서 배운 방법대로 하면 되지만 트랙 전체에 있는 데이터를 한 번에 지울 때는 Mix 메뉴에 들어가서 'Delete Automation → Delete Visible Automation on Selected Track'을 선택하면 현재 화면상의 오토메이션 데이터가 모두 삭제됩니다.

〈그림 3-2-34 브레이크 포인트 삭제 5〉

참고로 한 트랙 안에서 여러 개의 오토메이션 값을 입력했을 때는 'Delete All Automation on Selected Track'을 선택하면 지정된 트랙 안에 있는 모든 오토메이션 데이터가 삭제됩니다. 또한 'Delete All Track Automation'을 선택히면 작업하고 있는 프로젝트의 노는 오토메이션 데이터가 삭제됩니다.

3.2.4 오토메이션 입력 방법 2

이번에는 리얼 타임으로 입력하는 방법에 대해 알아보겠습니다. 리얼 타임으로 입력할 때는 오토메이션 모드를 터치, 래치, 라이트 중에서 하나를 선택합니다. 그리고 적용하려는 파라미터를 선택하고 마우스나 외부 컨트롤러를 이용합니다. 이 책에서는 볼륨 값을 적용해보겠습니다.

'Read' 항목을 클릭하고 Touch를 선택합니다.

〈그림 3-2-35 리얼 타임으로 오토메이션 입력 1 / 오토메이션 활성화〉

〈그림 3-2-36 리얼 타임으로 오토메이션 입력 2 / 모드 변경〉

곡을 재생한 다음 볼륨 탭 옆에 있는 +0.0dB 탭을 드래그하거나 볼륨 페이더를 위아래로 움직이면 오토메이션 데이터가 기록됩니다.

〈그림 3-2-37 리얼 타임으로 오토메이션 입력 3〉

〈그림 3-2-38 리얼 타임으로 오토메이션 입력 4〉

앞에서도 설명했지만 터치 모드는 입력이 끝나면 오토메이션을 시작했던 처음 값으로 돌아가고 래치 모드는 마지막 값을 유지합니다.

〈그림 3-2-39 리얼 타임으로 오토메이션 입력 5〉

이렇게 입력한 다음 수정을 하고 싶을 때는 터치 모드를 리드 모드로 바꿔서 수동으로 수정하거나 곡을 다시 재생해서 재입력하는 것도 가능합니다.

〈그림 3-2-40 리얼 타임으로 오토메이션 입력 6〉

〈그림 3-2-41 리얼 타임으로 오토메이션 입력 7〉

[그림 3-2-41]처럼 기존에 입력된 데이터를 기반으로 재입력해서 수정하는 것도 가능합니다. 단, 라이트 모드는 기존 데이터를 모두 지우고 새롭게 입력하게 됩니다.

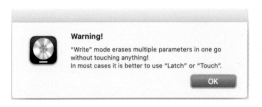

〈그림 3-2-42 리얼 타임으로 오토메이션 입력 8〉

[그림 3-2-42]처럼 라이트 모드로 설정하면 경고창이 뜨고, [그림 3-2-43]과 같이 기존 데이터를 전부 지우고 새롭게 입력합니다.

〈그림 3-2-43 리얼 타임으로 오토메이션 입력 9 / 라이트 모드〉

다른 값들도 추가 입력이 필요하다면 원하는 파라미터를 선택한 후 동일한 방법으로 입력하면 됩니다. 이때도 마찬가지로 하나의 트랙 뷰에서 보고 싶다면 볼륨을 클릭해 원하는 파라미터를 선택하거나 왼쪽의 삼각형 버튼을 눌러서 확장 뷰에서 오토메이션 데이터를 입력합니다.

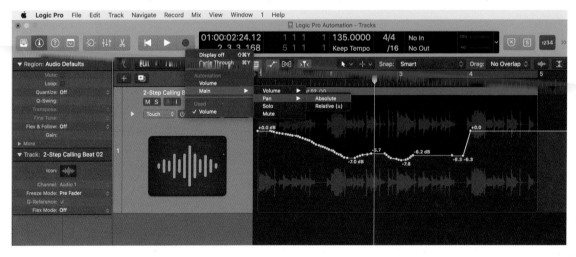

〈그림 3-2-44 리얼 타임으로 오토메이션 입력 10〉

〈그림 3-2-45 리얼 타임으로 오토메이션 입력 11 / Pan으로 변경〉

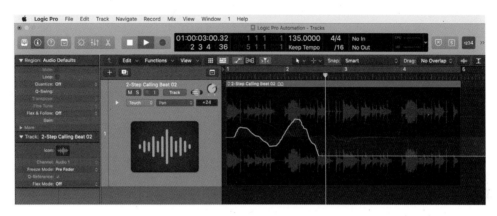

〈그림 3-2-46 리얼 타임으로 오토메이션 입력 12 / Pan 입력〉

〈그림 3-2-47 리얼 타임으로 오토메이션 입력 13〉

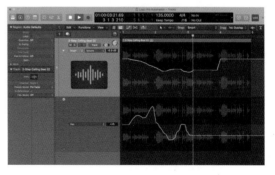

〈그림 3-2-48 리얼 타임으로 오토메이션 입력 14〉

3.2.5 오토메이션 입력 Tip

오토메이션 추가

플러그인에 있는 파라미터들을 오토메이션할 때 리얼 타임으로 입력하는 경우에는 터치, 래치, 라이트 모드로 두고 해당하는 값을 컨트롤하면 바로 적용되어 편리하게 사용할 수 있지만 리드 모드를 이용해서 수동 입력할 때는 해당 파라미터 값을 찾는 게 번거롭습니다. 예를 들어, [그림 3-2-50]과 같이 파라미터 값들이 여러 개 있을 때는 금방 찾을 수 있지만 그게 아닌 경우에는 메뉴에서 찾는 것이 번거롭습니다.

〈그림 3-2-49 오토메이션 입력 팁 1 / 이큐 오토메이션을 해야 하는 경우〉　〈그림 3-2-50 오토메이션 입력 팁 2 / 수많은 파라미터 값들〉

그럴 때는 아주 간단하게 내가 사용할 파라미터 값을 나오게 하는 방법이 있습니다.

먼저 리드 모드를 터치나 래치 모드로 변경합니다.

〈그림 3-2-51 오토메이션 입력 팁 3〉

그런 다음 내가 컨트롤할 파라미터를 클릭합니다. 여기서는 'Low Cut Freq'를 선택했습니다. 그러면 자동으로 'Vol-ume'이 'Low Cut Freq'로 변경됩니다.

〈그림 3-2-52 오토메이션 입력 팁 4 / 자동으로 변경됨〉

〈그림 3-2-53 오토메이션 입력 팁 5〉

그런 다음 터치 모드를 다시 리드 모드로 변경해서 오토메이션 데이터를 입력합니다.

〈그림 3-2-54 오토메이션 입력 팁 6 / 터치 모드에서 리드 모드로 변경〉

〈그림 3-2-55 오토메이션 입력 팁 7 / 오토메이션 입력〉

PART 04

실전 송 라이팅

Chapter 1

송 폼의 이해

4.1 기본적인 송 폼(Song Form)

그동안 공부했던 내용들을 토대로 곡을 만들어보기 전에 노래의 기본적인 구성부터 알아보겠습니다.

송 폼이란 간단하게 말하면 곡의 구성을 말합니다. 송 폼에는 여러 가지가 있는데 그중에서 일반적으로 많이 사용되는 구성들을 알아보겠습니다. 일반적인 송 폼은 A, B, C 3개의 파트로 이루어지며 A는 벌스(Verse), B는 트랜지셔널 브리지(Transitional Bridge)와 프리 코러스(Pre-Chorus), C는 코러스(Chorus)를 의미합니다.

4.1.1 파트의 역할

❶ 벌스

벌스는 반복되는 형식의 멜로디로 이루어져 있으며 대체적으로 낮은 음역대의 멜로디가 나오고 곡의 분위기를 제시하는 경우가 많습니다.

❷ 브리지

2개의 다른 섹션을 연결한다는 의미로 대조 또는 변조를 제공합니다. 트랜지셔널 브리지와 프라이머리 브리지(Primary Bridge) 두 타입이 있습니다.

– 트랜지셔널 브리지

연결 섹션이며 벌스와 코러스 사이에 있습니다. 코러스로 이어지거나 코러스로 이어지는 여세를 만들어내는 것으로 프리 코러스라고도 불리는 파트입니다. 곡에 따라 이 파트 없이 코러스로 바로 진행하는 경우도 있습니다.

– 프라이머리 브리지

코러스 다음에 나오는 D파트를 의미하며, 프라이머리 브리지가 나온 뒤에 코러스가 나올 때 조금 더 웅장해지거나 전조가 되거나 이전보다 더 화려해지는 것이 정석입니다. 즉, 그 전에 있던 코러스보다 조금 더 복잡해야 합니다. 참고로 R&B의 경우에는 애드립이 나오기도 합니다.

❸ 코러스

곡의 핵심적인 표현(타이틀이나 훅)을 포함하는 섹션으로 보통 노래에서 가장 기억에 남는 부분이자 고조되는 부분입니다. '후렴구'라고 부르기도 합니다.

4.1.2 많이 사용되는 송 폼

❶ 가장 많이 쓰이는 송 폼 예제 1

Intro(전주) + Verse 1 + Verse 2 + Pre-chorus(or Transitional Bridge) + Chorus 1+ Interlude(간주) + Verse 2 + Pre-Chorus 2(or Transitional Bridge) + Chorus 2 + Primary Bridge + Chorus + Ending

대부분의 곡들이 여기에 해당하며, 경우에 따라 Intro나 Interlude가 빠지는 등 몇 파트가 생략되기도 합니다.
예) The Weeknd – I Feel It Coming(Feat. Daft Punk), Dua Lipa – Don't Start Now, Caro Emerald - One Day, 태연 - UR, 김보경 - 기억을 그리다, Lydian - Snowy & Journey 등

❷ 가장 많이 쓰이는 송 폼 예제 2

Intro(전주) + Verse 1 + Verse 2 + Chorus 1+ Interlude(간주) + Verse 2 + Chorus 2 + Primary Bridge + Chorus + Ending

주로 팝에서 많이 보이는 구성으로 노래가 간결한 특징이 있습니다.
예) P!nk - Hustle, Michael Jackson - Loving you, Kelly Clarkson – Because Of You, Goldfrapp - A&E, Lydian - Memory & A piece of time, 김규종 - 무지개 등

4.1.3 EDM 스타일의 송 폼

이번에는 기존의 A, B, C로 구분되는 전통적인 스타일이 아닌 Future나 EDM에서 많이 사용되는 송 폼에 대해서 알아보겠습니다. 드롭(Drop)이라는 새로운 파트가 들어가는 구성으로, 주로 Verse, Build Up(또는 Break Down), Drop 이렇게 3가지로 구성되어 있습니다. 곡에 따라 다르지만 드롭 파트에서는 노래가 빠지고 악기들만 연주되거나 노래는 최소한으로만 들어가는 구성이 많습니다. 벌스는 기존 구조와 비슷하게 전개되는 편입니다. 빌드 업은 기존의 프리 코러스와 다르게 파트부터는 점점 곡이 고조되기 시작합니다. 드롭 파트에서는 보컬이 빠지고 연주곡 같은 느낌으로 전개되거나 보컬이 서브로 받아주는 역할로 나오는 경우도 있습니다. 전반적으로 노래에서 핵심이 되는 파트로 강하게 터트려주는 구성입니다.

드롭 스타일 송 폼 예제

Intro – Verse 1 – Build Up 1 – Drop 1 – Interlude – Verse 2 – Build Up 2 – Drop 2 – Drop 2'

경우에 따라 Intro나 Interlude가 생략되는 경우도 있습니다.
예) Zedd – Clarity(Feat. Foxes), Martin Garrix - Waiting For Tomorrow, Cash Cash & Dashboard Confessional - Belong, Chainsmokers - Closer, Troye Sivan – The Quiet, Troye Redtrk – Rush 등

Chapter 2
로직으로 첫 곡 만들기

작곡법은 멜로디와 코드부터 만든 다음 편곡을 하는 전통적인 방법과 편곡을 어느 정도 해두고 그 위에 멜로디를 만드는 방법이 있습니다. 이 책에서는 두 번째 방법을 다뤄보도록 하겠습니다.

4.2.1 곡 구상하기

곡 작업에 들어가기 전에 반드시 고려해야 할 점이 있습니다.

● 노래 곡, 연주곡 중 무엇을 만들 것인가?
● 어떤 스타일의 곡을 만들 것인가?: 스타일이 확실히 정해지면 편곡 시 방향성을 잡는 게 수월해집니다.
● 곡 구성을 어떻게 할 것인가?: 구성이 정해지면 곡의 전체적인 연출 흐름을 잡기가 편해집니다.

이렇게 최소한 3가지를 생각하고 작곡하면 작업 시간 단축은 물론 원하는 목표까지 빠르게 도달할 수 있습니다.

이 책에서는 Verse - Build Up - Drop으로 진행되는 EDM 연주곡을 만들어보겠습니다.

4.2.2 파트 만들기

❶ 벌스

곡의 뼈대가 되는 드럼부터 시퀀싱하겠습니다. 드럼 시퀀싱 방법은 두 가지가 있는데 킥, 스네어, 하이햇을 하나씩 직접 입력하는 방법과 드럼 루프를 가지고 와서 편집해서 만드는 방법입니다. 여기서는 두 방법을 섞어서 사용하겠습니다.

먼저 노래 템포를 정하겠습니다. 120으로 기본 설정되어 있는 것을 더블클릭하면 템포를 바꿀 수 있습니다. 여기에 125를 입력합니다.

〈그림 4-2-1 노래 템포 정하기 1〉

〈그림 4-2-2 노래 템포 정하기 2〉

템포를 설정했다면 킥 드럼을 가지고 오겠습니다. 애플 루프스에 있는 것을 가져와도 되고 여러분이 가지고 있는 샘플 팩 중에서 마음에 드는 소스를 가져와도 됩니다. 여기서는 애플 루프스에 있는 소스들을 이용해서 진행해보겠습니다.

먼저 단축키 'O'를 눌러서 애플 루프스 창을 엽니다.

〈그림 4-2-3 드럼 시퀀싱 1〉

킥 드럼을 찾아보겠습니다. 'Search Loop' 항목에서 'Kick'이라고 입력하면 애플 루프스에 있는 다양한 킥 루프들을 볼 수 있습니다.

〈그림 4-2-4 드럼 시퀀싱 2〉

여기서 조금 더 디테일하게 검색하려면 상단 탭 중에서 'Genre' 항목에 들어가서 원하는 스타일을 선택해줍니다. 여기서는 House를 선택하겠습니다.

〈그림 4-2-5 드럼 시퀀싱 3〉

〈 그림 4 2 6 드럼 시퀀싱 4 〉

샘플 중에서 'Festival Kick 02'를 선택합니다.

〈그림 4-2-7 드럼 시퀀싱 5〉

원하는 소스를 워크스페이스로 드래그해서 가지고 옵니다. 이때 템포 정보를 가지고 올 것인지 묻는 창이 뜨는데 필요하면 Import를, 그렇지 않다면 Don't Import를 선택합니다.

〈그림 4-2-8 드럼 시퀀싱 6〉

〈그림 4-2-9 드럼 시퀀싱 7〉

킥 드럼을 가지고 왔으면 일단 리전을 복사해서 4마디 패턴으로 만들어둡니다. 이때 단축키로 'Command + R'을 누르면 자동으로 리전 복사가 됩니다.

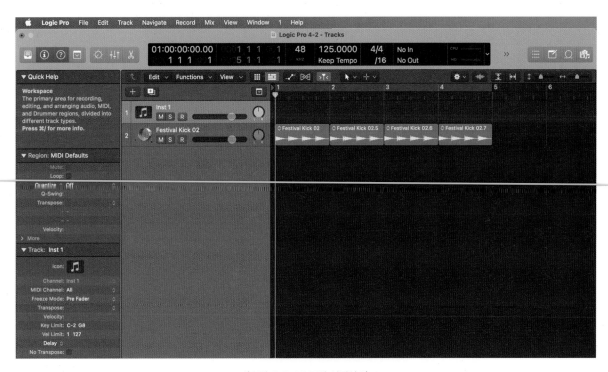

〈그림 4-2-10 드럼 시퀀싱 8〉

여기에 스네어나 하이햇을 더 추가해도 되지만 1절 벌스에서는 킥만 나오게 해보겠습니다.

기본적인 드럼이 끝났으면 이제 코드를 입력해보겠습니다. 코드 진행을 직접 만드는 것도 좋지만 애플 루프스에 있는 것을 편집하는 것도 좋은 선택입니다.

구간을 반복하면서 마음에 드는 진행을 가지고 오겠습니다. 리전들을 선택하고 'Command + U'를 누르면 선택된 리전을 중심으로 루핑 포인트를 자동으로 만들어줍니다.

〈그림 4-2-11 드럼 시퀀싱 9〉

〈그림 4-2-12 드럼 시퀀싱 10〉

다시 루프 브라우저로 돌아와서 'Instrument' 항목에서 Piano 아니면 Elec Piano를 선택해서 마음에 드는 패턴을 찾아
냅니다. 오디오 루프도 좋지만 기능하면 간편하게 수정일 수 있는 미디 루프를 선택하는 것을 권장합니다. 여기서는 상단
에 있는 Chicago House Keys를 선택하겠습니다.

〈그림 4-2-13 코드 시퀀싱 1〉

현재 장르가 House로 되어 있어서 2가지만 뜨는데, 선택한 장르를 해제하거나 다른 장르로 바꿔서 마음에 드는 패턴을
찾아도 좋습니다.

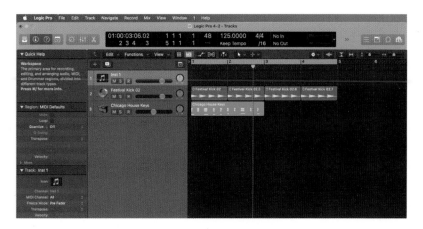

〈그림 4-2-14 코드 시퀀싱 2〉

가지고 온 다음 한 번 더 반복해서 소리를 들어봅니다.

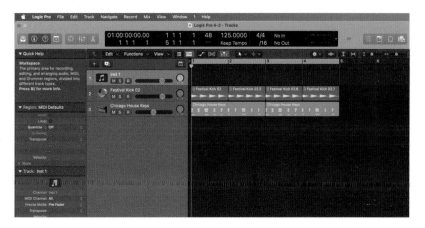

〈그림 4-2-15 코드 시퀀싱 3〉

어느 정도 골격이 나오고 있습니다. 여기에 베이스를 넣어도 되지만 1절 벌스는 심플하게 진행하고 2절에서 약간의 변화를 주기 위해 여기서는 이대로 진행하겠습니다. 지금 이대로 느낌이 좋기 때문에 한 번 더 반복해서 8마디로 만들어보겠습니다.

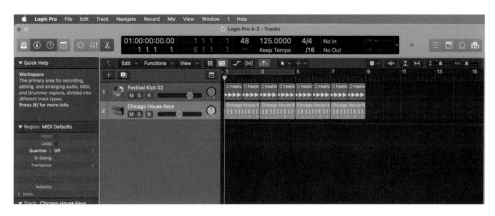

〈그림 4-2-16 코드 시퀀싱 4〉

그리고 마커 기능을 이용해서 'Verse 1'이라고 적어두겠습니다.

〈그림 4-2-17 코드 시퀀싱 5〉

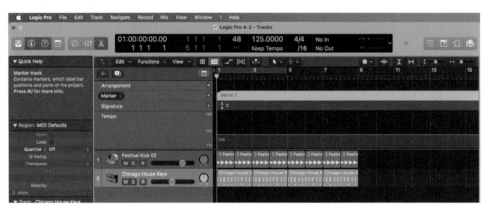

〈그림 4-2-18 코드 시퀀싱 6〉

❷ 빌드 업

벌스에서 만들어진 구성을 이어 받아서 약간의 변화를 느끼게 하면서 마지막 드롭으로 가기 위해서 곡이 점점 고조되는 느낌으로 만들어보겠습니다. 먼저 벌스 파트들을 한 번 더 반복하고 마커에 'Build Up 1'이라고 적어두겠습니다.

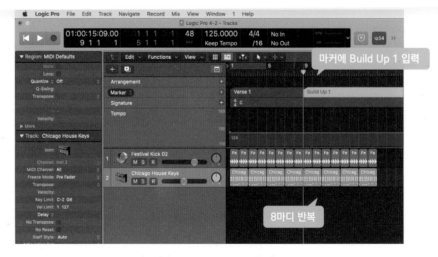

〈그림 4-2-19 Build Up 1 입력〉

그리고 여기에 베이스 라인을 넣겠습니다. 베이스 라인을 넣기 전에 정확한 코드를 알아야 하기 때문에 EP로 입력된 코드를 살펴보겠습니다. 미디 리전을 더블클릭하면 하단에 피아노 롤이 열립니다.

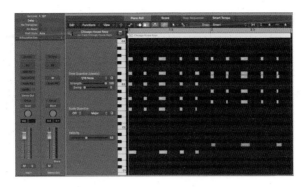

〈그림 4-2-20 코드 이름 알아내기 1〉

코드 이름을 잘 모르겠다면 코드의 구성 음들을 순차적으로 드래그해서 왼쪽 상단 'Functions' 메뉴 하단에 나오는 코드 이름을 확인합니다.

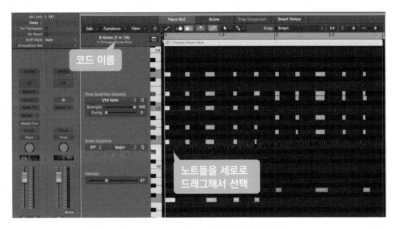

〈그림 4-2-21 코드 이름 알아내기 2〉

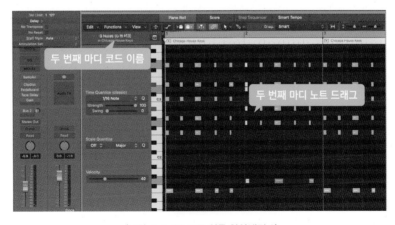

〈그림 4-2-22 코드 이름 알아내기 3〉

위 [그림 4-2-22]에서 보이는 것처럼 첫 번째 마디는 Fm7(9) 코드, 두 번째 마디는 Gm(b13) 코드입니다.

베이스를 입력하기 전에 빌드 업 파트에서는 EP가 지금처럼 리듬을 연주하는 것 대신에 4분음표 간격으로 코드만 연주하는 것으로 바꿔보겠습니다.

노트들을 선택한 후 'T → G'를 눌러서 글루(Glue) 툴로 변경합니다.

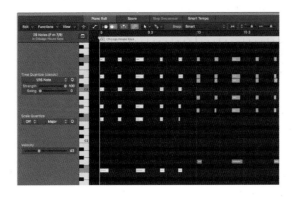
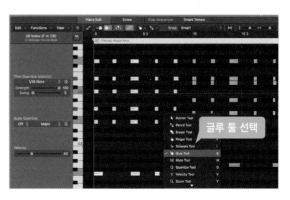

〈그림 4-2-23 코드 리듬 변경 1〉 　　　　　　　　〈그림 4-2-24 코드 리듬 변경 2〉

그리고 노트를 하나로 합쳐줍니다.

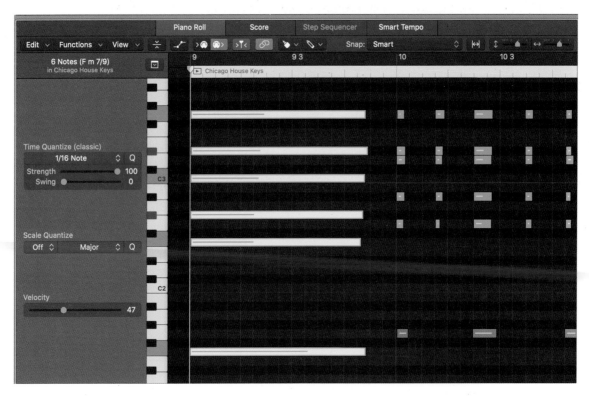

〈그림 4-2-25 코드 리듬 변경 3〉

그런 다음 'MIDI Transform → Fixed Note Length'를 선택해서 노트 길이를 일정하게 바꿔줍니다(노트들 선택 후 Shift + Option 키를 누르면서 노트 길이를 변경해도 동일하게 적용됩니다).

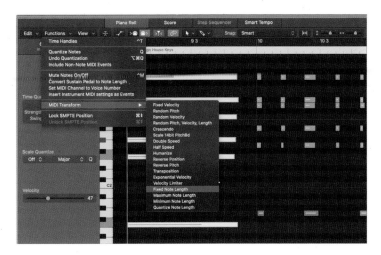

〈그림 4-2-26 코드 리듬 변경 4〉

메뉴가 뜨면 '1 0 0 0'을 입력해 노트 길이를 온음표로 바꿔줍니다.

〈그림 4-2-27 코드 리듬 변경 5〉

〈그림 4-2-28 코드 리듬 변경 6〉

다음 코드도 동일한 방법으로 변경합니다.

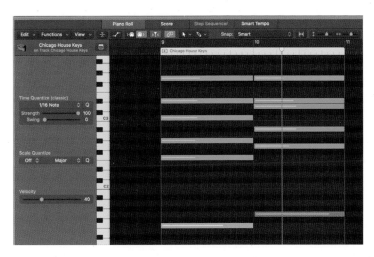

〈그림 4-2-29 코드 리듬 변경 7〉

이번에는 구성의 변화를 위해서 벌스에서 가지고 온 킥을 지우고 곡을 점점 고조시키기 위해서 Snare를 추가해보겠습니다.

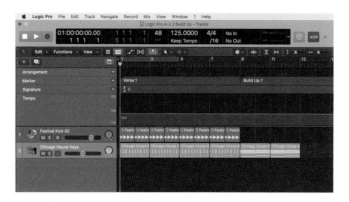

〈그림 4-2-30 코드 리듬 변경 8〉

애플 루프스에서 Snare를 검색한 다음 마음에 드는 루프를 하나 가지고 옵니다.

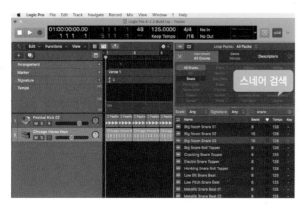

〈그림 4-2-31 스네어 추가 1〉

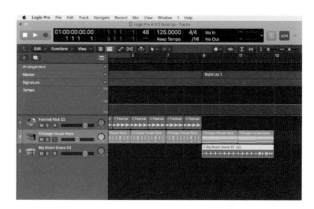

〈그림 4-2-32 스네어 추가 2〉

여기에 부족한 로우를 채우기 위해서 Bass를 하나 추가하겠습니다. 그 전에 트랙을 정리하고 시작하겠습니다. 보통 먼저 트랙을 드럼 → 베이스 → 나머지 악기들순으로 정리합니다.

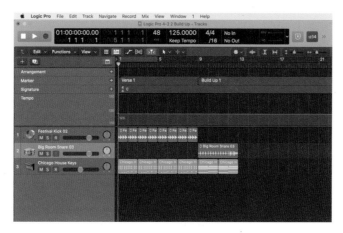

〈그림 4-2-33 트랙 정리〉

이번에는 악기 트랙을 하나 불러서 서브 베이스 스타일의 악기를 하나 가지고 오겠습니다. 라이브러리 창(단축키 'Y') 하단의 'Synthesizer → Bass'에 들어가면 수많은 악기들이 있는데 여기서 Trap Bass를 선택합니다.

〈그림 4-2-34 베이스 시퀀싱 1〉

코드가 Fm7(9) - Gm(b13)으로 진행되기 때문에 미디 리전을 하나 만들어서 직접 F, G를 입력해도 되고 코드가 들어 있는 EP 미디 리전을 가지고 와서 루트를 제외한 나머지 노트들을 지워도 됩니다. 여기서는 두 번째 방법으로 해보겠습니다.

먼저 EP 리전을 복사합니다.

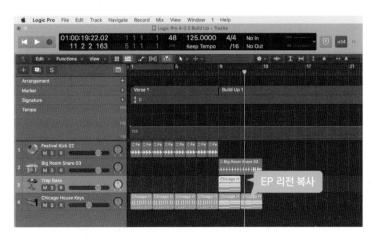

〈그림 4-2-35 베이스 시퀀싱 2〉

루트를 제외한 나머지 노트들을 선택하고 삭제합니다.

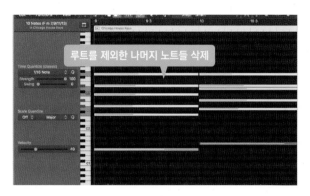

〈그림 4-2-36 베이스 시퀀싱 3〉 〈그림 4-2-37 베이스 시퀀싱 4〉

완성된 리전을 한 번 더 복사합니다.

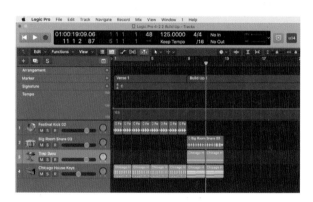

〈그림 4-2-38 베이스 시퀀싱 5〉

지금까지 완성된 걸 들어보니, 드롭이 나오기 전인 12마디에 스테어 필인과 사운드 이펙트가 하나 있으면 더 좋을 것 같습니다. 이번에도 애플 루프스에서 가지고 오겠습니다. 현재 'Genre' 항목에 House로 지정된 것을 체크 해제하고 검색창에 'Rise'라고 입력합니다. 검색되는 이펙트 중에서 이런 음악에 전형적으로 많이 사용되는 '80s Synth FX Riser'를 가지고 옵니다.

〈그림 4-2-39 사운드 이펙트 1〉

가지고 온 다음 곡과 같이 들어봤더니 마지막 박에서는 나오지 않는 게 스네어 필인을 더 살려줄 것 같습니다. Command 키를 눌러 마키 툴을 활성화한 뒤 마지막 박만 지우겠습니다.

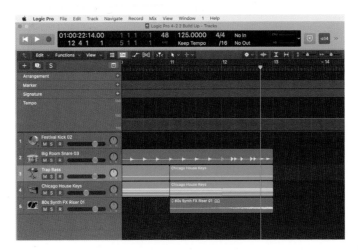

〈그림 4-2-40 사운드 이펙트 2〉

〈그림 4-2-41 사운드 이펙트 3 / 마키 툴로 마지막 박 삭제〉

〈그림 4-2-42 사운드 이펙트 4〉

다 같이 들어보니 사운드 이펙트 소리가 조금 큰 것 같아서 볼륨을 줄여보겠습니다. 이럴 때는 트랙에서 보는 것보다 믹서에서 보면 여러 트랙의 정보가 한눈에 들어오기 때문에 좀 더 직관적인 컨트롤이 가능합니다.

단축키 'X'를 누르면 화면 하단에 믹서 창이 열립니다.

〈그림 4-2-43 사운드 이펙트 5〉

들으면서 너무 튀지 않는 정도로만 나올 수 있게 볼륨 페이더를 이용해서 조절해봅니다.

〈그림 4-2-44 사운드 이펙트 6〉

❸ 드롭

메인 테마가 나오는 곳으로 고조되었던 느낌을 풀어주는 스타일로 하거나 좀 더 강렬하게 진행하는 경우가 있는데, 여기서는 후자로 진행해보겠습니다.

먼저 13마디에 마커를 새로 입력하겠습니다.

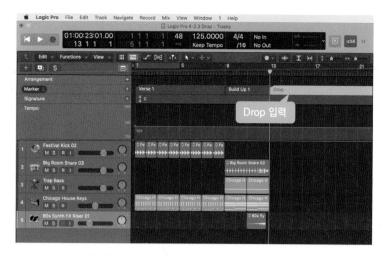

〈그림 4-2-45 드롭 파트 구성 1 / Drop 마커 입력〉

그리고 Verse 1에서 사용된 이피와 킥 패턴들을 복사해서 붙여넣습니다.

〈그림 4-2-46 드롭 파트 구성 2〉

〈그림 4-2-47 드롭 파트 구성 3〉

여기에 스네어와 하이햇을 추가하겠습니다. 킥을 입력할 때와 마찬가지로 직접 입력해도 되지만 이번에는 드럼 루프를 활용해서 넣어보겠습니다.

루프 브라우저를 열어서 Instrument 항목은 All Drums, Genre는 Electronic이나 House를 선택해서 마음에 드는 패턴을 선택합니다. 여기서 팁은 킥은 이미 준비되어 있기 때문에 킥이 빠진 소스를 고르면 됩니다. 루프 이름에 'Top'이라는 단어가 들어가 있는 소스들은 대부분 킥이 빠져 있습니다.

'Auto Factory Topper'를 선택합니다.

〈그림 4-2-48 드롭 파트 구성 4〉

루프를 가지고 온 다음 단축키 'Command + R'을 눌러서 필요한 만큼 복사합니다.

〈그림 4-2-49 드롭 파트 구성 5〉

이번에는 드롭 파트가 들어가는 순간 강조를 위해서 Crash Cymbal을 하나 넣어 보도록 하겠습니다. 애플 루프스에서 찾아도 되지만 이번에는 최근 로직에 새롭게 추가된 Drum Synth를 이용해보겠습니다.

가상 악기 트랙을 하나 만든 다음 Drum Synth를 불러옵니다.

〈그림 4-2-50 드롭 파트 구성 6〉

[그림 4-2-51]과 같은 가상 악기가 열리게 됩니다.

〈그림 4-2-51 드롭 파트 구성 7 / 드럼 신스〉

'Kicks'를 클릭하고 메뉴에서 Hats and Cymbals를 선택합니다.

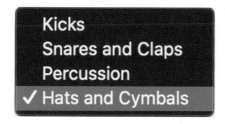

〈그림 4-2-52 드롭 파트 구성 8〉

여기서 오른쪽 하단의 'Key Tracking'이 ON으로 되어 있는데 OFF로 바꿔줍니다(ON을 클릭하면 자동으로 OFF로 바꿉니다).

〈그림 4-2-53 드롭 파트 구성 9〉

〈그림 4-2-54 드롭 파트 구성 10〉

그런 다음 미디 리전을 하나 만들어서 노트를 입력합니다.

〈그림 4-2-55 드롭 파트 구성 11〉

볼륨이 조금 크기 때문에 다시 믹서 뷰를 열어서 들으면서 볼륨을 조절해줍니다.

〈그림 4-2-56 드롭 파트 구성 12〉

〈그림 4-2-57 드롭 파트 구성 13〉

이번에는 저역을 책임지며 조금 더 리듬을 끌어갈 수 있는 베이스를 입력하겠습니다. 가상 악기 트랙을 하나 만들고 하우스 음악에 잘 어울리는 EFM1(FM Synth)을 불러오겠습니다.

〈그림 4-2-58 드롭 파트 베이스 라인 1〉

하우스 음악에서 자주 사용되는 전형적인 베이스 라인을 하나 만들어보겠습니다. 현재 이 곡의 코드 진행이 'Fm7(9) - Gm(b13)'이기 때문에 일단 노트는 코드의 루트인 F와 G를 이용해서 만들겠습니다. 우선 베이스 라인을 간단하게 입력해보겠습니다.

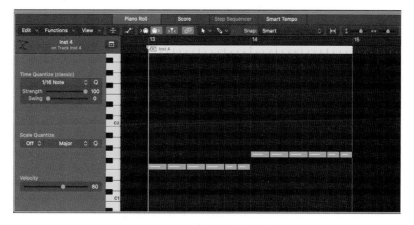

〈그림 4-2-59 드롭 파트 베이스 라인 2〉

그런 다음 노트의 길이를 16분음표로 줄입니다.

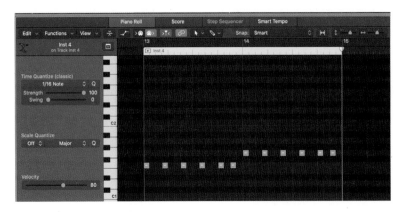

〈그림 4-2-60 드롭 파트 베이스 라인 3〉

이렇게 입력했더니 처음보다 더 리듬이 강조되었습니다. 이번엔 중간중간 음을 바꿔서 조금 더 변화를 주겠습니다.

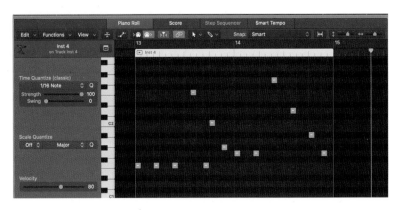

〈그림 4-2-61 드롭 파트 베이스 라인 4〉

처음 입력했던 것보다 조금 더 다채로운 느낌으로 바뀌었습니다. 배운 것을 토대로 여러분들도 다양하게 만들어보세요. 지금까지 만든 베이스 라인이 마음에 든다면 만들었던 미디 리전들을 복사합니다. 그리고 17마디가 시작되는 지점에 Crash Cymbal을 한 번 더 복사해둡니다. 참고로 음악 작업을 할 때는 4마디, 8마디마다 변화를 주는 게 좋습니다.

〈그림 4-2-62 드롭 파트 베이스 라인 5〉

이번에도 믹서를 열어서 베이스 음량을 조절합니다.

〈그림 4-2-63 드롭 파트 베이스 라인 6〉

베이스 음량은 취향대로 조절하면 됩니다.

〈그림 4-2-64 드롭 파트 베이스 라인 7 / 베이스 음량 조절 완성〉

여기까지 만들어서 전체 화면을 보면 어느 정도 곡의 틀이 나오고 있습니다.

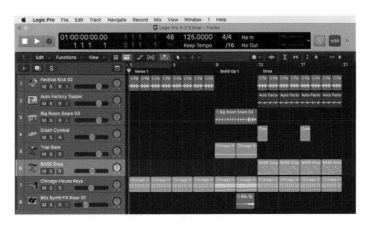

〈그림 4-2-65 드롭 파트 베이스 라인 8 / 지금까지 작업한 모습〉

마지막으로 드롭 파트에서 '보컬 춉(Vocal Chop)'을 넣어보겠습니다. 먼저 애플 루프스에서 보컬 춉에 쓸만한 루프를 찾아보겠습니다.

Tia Lyric 11을 선택합니다.

〈그림 4-2-66 보컬 춉 1〉

루프를 그대로 부르지 않고 Quick Sampler에 넣어서 부르도록 하겠습니다(Quick Sampler(Optimaized) 선택).

〈그림 4-2-67 보컬 춉 2〉

Quck Sampeler를 열어보면 [그림 4-2-68]과 같은 상태가 됩니다.

〈그림 4-2-68 보컬 춉 3〉

우리는 여기서 앞부분만 사용할 것이기 때문에 현재 슬라이스로 체크되어 있는 탭을 클래식으로 변경하고 스타트, 엔드 마커를 이용해서 원하는 부분만 선택합니다.

〈그림 4-2-69 보컬 춉 4 / 클래식 탭으로 변경〉

〈그림 4-2-70 보컬 춉 5 / 스타트, 엔드 마커로 구간 선택〉

확대를 해서 시작점을 정확하게 맞춰보겠습니다.

〈그림 4-2-71 보컬 춉 6 / 화면을 확대해서 시작점 맞추기〉

〈그림 4-2-72 보컬 춉 7 / 완성된 모습〉

건반을 누르고 있을 때만 소리가 나게 하고 싶을 때는 'AMP' 항목 하단에서 R(Release Time)을 0ms로 설정하면 됩니다. 소리가 너무 짧다 싶을 때는 들으면서 원하는 만큼 조절합니다.

〈그림 4-2-73 보컬 춉 8 / Release Time 조절〉

이제 음악을 들으면서 곡에 어울릴 만한 간단한 멜로디를 입력해봅니다.

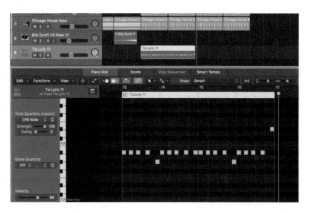

〈그림 4-2-74 보컬 춉 9 / 보컬 춉 멜로디 입력〉

입력한 라인이 마음에 들면 리전을 한 번 더 복사해서 드롭의 초안을 완성합니다.

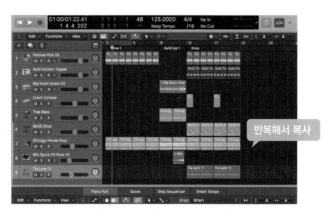

〈그림 4-2-75 보컬 춉 10 / 리전 복사해 드롭 초안 완성〉

지금까지 만들어진 곡을 들어보면서 트랙 정리와 함께 전반적인 악기 볼륨 조절을 해봅니다. 이때 단축키 'X'를 눌러서 믹서에서 조절하면 편리합니다.

〈그림 4-2-76 드롭 파트 전반적인 밸런스 정리〉

4.2.3 전체 송 폼 & 디테일한 부분 추가

지금까지 만들어진 구성을 이용해서 곡에 디테일한 부분을 추가하고 전체적인 송 폼을 만들어보겠습니다 지금까지 완성된 곡을 들어보면 Verse 1에서 Build 1으로 넘어갈 때 너무 갑작스러운 느낌이 들어서 넘어가는 부분을 조금 더 자연스럽게 만들어보겠습니다. 참고로 Build 1에서 Drop 1으로 넘어갈 때처럼 강하게 넘어가기보다는 살짝 변화만 느낄 수 있는 정도면 충분하기 때문에 Build 1에서 Drop으로 넘어갈 때 사용했던 Riser를 사용해도 좋을 것 같습니다. 그리고 Build 1에서 Drop으로 넘어갈 때 마지막 박은 지웠는데, 이번에는 한 마디 전체를 사용하겠습니다.

〈그림 4-2-77 파트 넘어가는 구간 1〉

그리고 드롭 첫 박에서 사용했던 Crash Cym을 Build 1에도 추가해줍니다.

〈그림 4-2-78 파트 넘어가는 구간 2〉

Verse 1에서 Build 1으로 넘어가는 것은 준비가 됐습니다.

Build 1에서 Drop으로 넘어가는 파트를 다시 들어보면 Riser를 이미 앞에서 한 번 사용했기 때문에 넘어가는 느낌이 좀 약하게 들립니다. 여기에 다른 드럼 필인을 추가해보겠습니다. 애플 루프스를 열어서(단축키 'O') 검색칸에 'fill'을 입력하면 수많은 필인들이 나오는데 그중에서 'Midsummer Fills'를 사용해보겠습니다.

〈그림 4-2-79 파트 넘어가는 구간 3 / 드럼 필인 추가 1〉

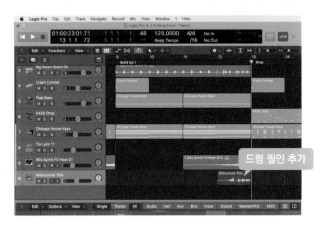

〈그림 4-2-80 파트 넘어가는 구간 4 / 드럼 필인 추가 2〉

드럼 필인을 추가한 다음 믹서 창을 열어서 볼륨을 듣기 좋은 정도로 맞춰봅니다.

〈그림 4-2-81 파트 넘어가는 구간 5 / 드럼 필인 추가 3〉

드롭 파트를 들어보면 같은 파트가 계속 반복됩니다. 곡의 변화를 위해서 16마디에서 17마디 넘어가는 부분에 드럼 필인을 추가해보겠습니다. 곡을 만들 때 같은 파트가 계속 반복되면 약간은 지루하게 느껴질 수 있기 때문에 4마디나 8마디마다 변화를 주는 파트를 넣어주는 것이 좋습니다. 이번에도 애플 루프스에서 마음에 드는 필인을 찾아서 추가합니다. 여기서는 Syncopated Pop Fill 16을 사용해보겠습니다.

〈그림 4-2-82 파트 넘어가는 구간 6 / 드럼 필인 추가 4〉

현재 필인에서 3, 4박만 사용할 것이므로 앞부분은 제거합니다.

〈그림 4-2-83 파트 넘어가는 구간 7 / 드럼 필인 추가 5〉

그리고 킥 드럼이 필인과 겹치는 느낌이 들어서 4박에 있는 킥은 삭제하겠습니다.

〈그림 4-2-84 파트 넘어가는 구간 8 / 드럼 필인 추가 6〉

지금까지 작업한 곡을 들어보니 17마디에서 악기가 하나 더 추가되면 좋을 것 같습니다. 셰이커를 넣어서 조금 더 속도감을 내보겠습니다. 여기서는 Funky Strut Shaker 01을 사용하겠습니다.

〈그림 4-2-85 파트 넘어가는 구간 9 / 드럼 필인 추가 7〉

트랙에 추가한 다음 'Command + R' 을 눌러서 마지막 마디까지 복사하고 너무 튀지 않을 정도로 볼륨을 조절합니다.

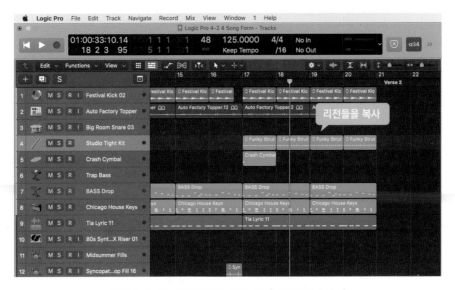

〈그림 4-2-86 파트 넘어가는 구간 10 / 드럼 필인 추가 8〉

마지막으로 1절에서 2절로 넘어가는 부분도 조금 갑작스러운 느낌이 있기 때문에 FX를 추가하고 Verse 2 첫 박에 Crash Cymbal을 추가해보겠습니다.

먼저 연결 구간의 모니터를 위해 Verse 1을 Verse 2 위치에 복사해둡니다.

〈그림 4-2-87 파트 넘어가는 구간 11 / 드럼 필인 추가 9〉

〈그림 4-2-88 파트 넘어가는 구간 12 / 드럼 필인 추가 10〉

이제 곡의 구성을 알 수 있는 초안을 완성했습니다. 나머지 파트들도 복사한 후 마커를 이용해서 해당 파트 이름을 넣어둡니다.

〈그림 4-2-89 전체 구성 초안 완성〉

지금까지 배운 것을 바탕으로 여러분들도 다양한 아이디어를 넣어서 곡을 완성해보세요.

PART

05

실전 노래 녹음

Chapter 1

노래 녹음 준비하기

기본적인 녹음 준비와 녹음 방법에 대해서 알아보겠습니다.

5.1.1 녹음 반주 준비하는 방법

이 책에서는 노래 곡을 만들지 않았지만 노래 곡을 녹음한다는 가정하에 진행하겠습니다. 먼저 작업한 곡의 인스트루먼트(반주)를 바운스해서 하나의 오디오 파일로 변환해둡니다. 경우에 따라 드럼, 베이스, 나머지 악기들을 각각 따로 뽑는 스템으로 준비하기도 합니다.

바운스(Bounce)를 해보겠습니다. 'Stereo Out' 상단의 'Bnce' 버튼을 클릭하거나 단축키 'Command + B'를 누르면 창이 하나 뜹니다.

〈그림 5-1-1 바운스 버튼 클릭 시 나오는 창〉

여기서 'Start' 항목은 바운스 시작점이고 'End' 는 마지막 지점입니다. 기본 설정은 곡의 1마디부터 프로젝트에 설정되어 있는 마지막 지점까지로 되어 있습니다. 참고로 Start, End 항목에서 원하는 지점을 직접 입력해도 되지만 '사이클 레인지(Cycle Range)' 기능을 이용하면(Cycle 항목을 드래그) 자동으로 Start, End 지점이 입력됩니다.

〈그림 5-1-2 사이클 레인지 1 / 바운스 구간 지정〉

---

* 바운스란 작업하고 있는 여러 트랙(오디오, 미디 포함)을 하나의 오디오 파일로 만들어주는 작업입니다.

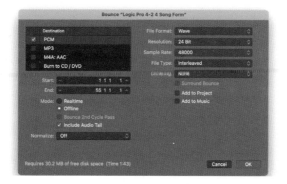

〈그림 5-1-3 사이클 레인지 2 / 구간 지정 후 Start, End 지점 자동 입력됨〉

바운스 창 오른쪽의 'File Format' 항목은 Wave로 지정하고, Resolution, Sample Rate는 기본 설정값 24Bit, 48,000Hz로 사용합니다. 왼쪽 하단의 'Mode' 항목은 Offline으로 설정(Offline으로 설정하지 않으면 Realtime으로 바운스)하고, Include Audio Tail은 반드시 체크합니다.(곡 마지막 부분에 잔향이 있을 때 끊기지 않게 바운스해줍니다). 마지막으로 Normailze는 Off로 설정하고, CLIP이 될 것 같다면 [그림 5-1-4]처럼 Overload Protection Only를 체크합니다.

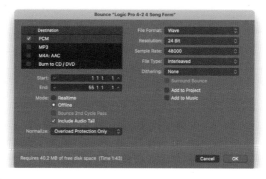

〈그림 5-1-4 바운스 윈도우 셋업 1〉

설정이 끝난 후 OK 버튼을 누르면 파일 저장 위치와 파일명을 묻는 창이 뜹니다. 저장 위치는 기본적으로 작업하고 있는 프로젝트 안에 있는 Bounce 폴더이며, 원하는 다른 폴더에 저장해도 됩니다.

〈그림 5-1-5 바운스 윈도우 셋업 2〉

5.1.2 녹음용 프로젝트 만들기

바운스가 끝났으면 녹음용으로 사용할 새로운 프로젝트를 만들고 방금 바운스한 파일을 가지고 옵니다. 곡을 가지고 올 때 로직에서 바운스를 했다면 작업했던 곡의 템포와 작업 시 설정한 마커를 가지고 올 수 있습니다.

〈그림 5-1-6 녹음용 프로젝트 만들기 1 / 템포 정보 불러오기 창〉

〈그림 5-1-7 녹음용 프로젝트 만들기 2 / 마커 정보 불러오기 창〉

Import를 선택하면 마커와 노래 템포를 가지고 옵니다.

〈그림 5-1-8 녹음용 프로젝트 만들기 3〉

여기까지 준비가 끝났으면 'Logic Pro → Preferences → Audio'에 들어갑니다.

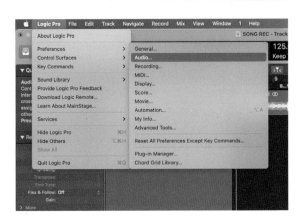

〈그림 5-1-9 녹음용 프로젝트 만들기 4〉

그러면 [그림 5-1-10]과 같은 창이 뜹니다. I/O Buffer Size 항목을 보면 현재 256으로 설정되어 있습니다. 이 항목은 녹음 시 사용하는 오디오 인터페이스에 지원하는 최소값으로 설정합니다. 대부분의 오디오 인터페이스는 32, 64까지 지원합니다.

〈그림 5-1-10 녹음용 프로젝트 만들기 5〉

〈그림 5-1-11 녹음용 프로젝트 만들기 6〉

이렇게 설정하고 녹음하다가 시스템 오버로드가 발생하면 버퍼 사이즈를 높여서 사용하면 됩니다. I/O Buffer Size 256 이상은 레이턴시를 심하게 느끼기 때문에 녹음하기에는 최대 64까지가 좋습니다(사람에 따라 64도 레이턴시를 느끼는 경우가 있습니다).

여기까지 끝났으면 녹음할 오디오 트랙을 만들고 인풋 설정을 해야 하는데, 그전에 먼저 마이크를 오디오 인터페이스에 연결해야 합니다(이 책에서는 외부 마이크 프리앰프를 사용하지 않고 오디오 인터페이스에 있는 마이크 프리앰프를 사용하겠습니다).

Tip. 마이크를 연결하기 전에 꼭 체크해야 할 것

❶ 안전을 위해서 헤드폰과 스피커의 볼륨을 최소로 줄이거나 잠시 꺼두기
❷ 마이크를 오디오 인터페이스에 연결하기 전에 반드시 마이크 프리앰프의 게인이 최소값으로 되어 있는지 확인하고 그렇지 않다면 최소값으로 줄이기
❸ 48V 팬텀 파워 전원이 켜져 있다면 반드시 끄기
　참고로 48V 팬텀 파워는 컨덴서 마이크에 공급되는 전원을 의미합니다(다이내믹 마이크를 사용할 때는 켜지 않아도 되며, 일부 마이크는 팬텀 파워를 사용하지 않고 별도의 마이크 전원이 있는 경우도 있습니다).

마이크를 오디오 인터페이스에 연결한 다음, 다이내믹 마이크라면 오디오 인터페이스에 있는 프리앰프 게인만 올려서 사용이 가능하지만 콘덴서 마이크의 경우에는 48V 팬텀 파워 전원을 켜야만 사용이 가능합니다. 여기서는 마이크를 첫 번째 인풋에 연결했다고 가정하겠습니다.

여기까지 설정이 끝났다면 녹음용 새 트랙을 하나 만들고 트랙 이름을 작성해둡니다.

〈그림 5-1-12 녹음용 프로젝트 만들기 7〉

트랙을 만들고 'Input' 항목을 봤더니 원 두 개가 겹쳐져 있고 In 1-2로 설정되어 있습니다. 마이크를 하나만 사용하는 경우에는 모노 입력을 받기 때문에 원 두 개 아이콘을 클릭해서 스테레오 트랙에서 모노 트랙으로 바꿔줍니다.

〈그림 5-1-13 녹음용 프로젝트 만들기 8 / 스테레오 인풋에서 모노 인풋으로 변경〉

〈그림 5-1-14 녹음용 프로젝트 만들기 8 / 모노 인풋으로 변경됨〉

'In 1' 항목을 클릭하면 여러분이 사용하는 오디오 인터페이스에서 지원하는 인풋들이 나오는데, 현재 여러분이 마이크로 연결해둔 인풋을 지정합니다. 이 책에서는 1번으로 연결하겠습니다.

5.1.3 녹음 준비

여기까지 준비가 끝났으면 오디오 트랙에 있는 I 버튼을 눌러서 신호가 잘 들어오는지 확인합니다. 신호가 잘 들어오면 노래에서 '가장 큰 부분'을 불러서 녹음 시 적정 레벨까지 올라오는지 확인하면서 마이크 프리앰프의 게인을 조절합니다.

레코딩 시 적정 레벨은 오디오 인터페이스에 따라 다르기 때문에 매뉴얼을 봐야 정확히 알 수 있지만 계산하는 방법이 조금 어려울 수 있고, 저가형 모델의 경우엔 적정 레벨이 적혀 있지 않은 경우도 있습니다. 그럴 때는 너무 작지도, 크지도 않은 –18dBFS에서 –20dBFS 정도를 기준으로 잡아서 녹음하면 됩니다(정확한 값은 아니지만 어느 정도 중간값의 세팅입니다). 로직에서는 –20dBFS보다는 –18dBFS가 더 잘 보이기 때문에 –18dBFS로 진행하겠습니다.

적정 레벨은 노래에서 가장 높은 구간의 레벨이 –18dBFS에 오게 하라는 뜻이 아니라 –18dBFS 전후로 왔다 갔다하게 설정하라는 뜻입니다. [그림 5-1-15]의 경우는 레벨이 너무 큰 경우입니다. (피크 레벨이 –7.6dBFS를 왔다 갔다 하는 경우)

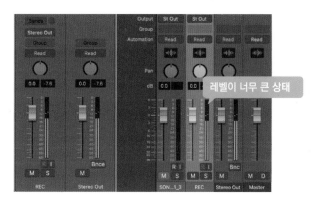

〈그림 5-1-15 녹음 준비 1〉

[그림 5-1-16]과 같이 레벨이 –18dBFS 전후로 올 수 있게 마이크 프리앰프의 게인을 올려서 녹음을 받으면 됩니다. 다시 한번 말씀드리지만 무조건 –18dBFS로 받으라는 뜻이 아니라 녹음 시 적정 레벨 계산이 어렵거나 매뉴얼에 없는 경우에 조금 크거나 작을 수 있는 –18dBFS로 받으라는 뜻입니다.

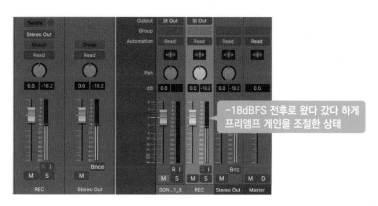

〈그림 5-1-16 녹음 준비 2〉

녹음 레벨 정리가 됐다면 기본적인 녹음 준비는 다 끝났습니다.

Chapter 2

노래 녹음하기

이제 본격적으로 녹음하는 방법에 대해 알아보겠습니다.

5.2.1 녹음용 리버브 거는 방법

노래 녹음

리버브를 들으면서 녹음하고 싶을 때는 Audio FX 하단의 'Sends' 항목을 클릭해 Bus 항목을 확인합니다.

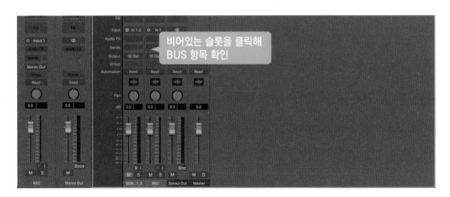

〈그림 5-2-1 녹음용 리버브 걸기 1〉

〈그림 5-2-2 녹음용 리버브 걸기 2〉

여기서 원하는 Bus를 선택합니다. 편의상 Bus 1을 선택하겠습니다.

Bus 1을 선택하면 자동으로 오른쪽에 Aux 1트랙이 생성되는데, 'Input' 항목의 Bus 1 왼쪽에 원이 하나(모노 트랙)라면 클릭해서 두 개(스테레오 트랙)로 바꿔줍니다. 예외적인 경우가 아니라면 리버브는 스테레오로 사용되기 때문에 모노 트랙을 스테레오 트랙으로 변경해야 합니다.

〈그림 5-2-3 녹음용 리버브 걸기 3 / 모노 트랙으로 설정된 상태〉

〈그림 5-2-4 녹음용 리버브 걸기 4 / 모노 트랙에서 스테레오 트랙으로 변경〉

그런 다음 가지고 있는 리버브를 걸면 됩니다. 다른 서드 파티 제품들을 가지고 있나녀 가지고 있는 리버브를 걸어도 됩니다. 이 책에서는 로직 내장 리버브인 'ChromaVerb'를 사용하겠습니다. 위치는 'Reverb → ChromaVerb입니다.

〈그림 5-2-5 녹음용 리버브 걸기 5 / ChromaVerb 위치〉

실행하면 [그림 5-2-6]과 같은 플러그인이 열립니다.

〈그림 5-2-6 녹음용 리버브 걸기 6〉

리버브 프리셋 중에서 마음에 드는 것을 고른 다음 노래를 불러보면서 부르기 적당한 만큼의 Sends 노브를 돌려줍니다.

〈그림 5-2-7 녹음용 리버브 걸기 7 / Bus 1 노브를 돌려서 Sends 양 조절〉

믹서 상단에 있는 'Sends on Faders' 항목을 클릭하면 볼륨 페이더가 샌드 노브로 바뀌어 더 편리하게 사용할 수 있습니다.

〈그림 5-2-8 녹음용 리버브 걸기 8 / Sends on Faders 적용 1〉

볼륨 페이더를 이용해 원하는 만큼 적용합니다.

〈그림 5-2-9 녹음용 리버브 걸기 9 / Sends on Faders 적용 2〉

다시 원래대로 돌아가려면 'Sends on Faders' 항목의 전원 버튼을 클릭해서 끕니다.

〈그림 5-2-10 녹음용 리버브 걸기 10 / Sends on Faders 적용 3〉

5.2.2 실전 녹음 1

녹음하려는 위치에서 단축키 'R'을 누르면 녹음을 시작할 수 있습니다. 참고로 9마디에서 녹음 버튼을 누르면 프리 카운트가 적용되어서 8마디부터 녹음이 되는데, 조금 더 앞에서 녹음하고 싶거나 이 기능이 필요 없을 때는 상단의 'Record → Count-in' 메뉴에 들어가서 원하는 값을 설정하면 됩니다(기본 설정은 1 Bar로 되어 있습니다).

〈그림 5-2-11 실전 녹음 1 / 프리 카운트 설정〉

단축키 'R'을 눌러서 녹음을 해보겠습니다. 원하는 만큼 녹음을 한 후 스페이스 바를 누르면 멈춘 곳까지 녹음됩니다.

〈그림 5-2-12 실전 녹음 2〉

화면상에는 녹음된 리전이 9마디부터인 것으로 나오지만 리전을 늘려보면 프리 카운트가 시작된 곳부터 녹음된 것을 확인할 수 있습니다.

〈그림 5-2-13 실전 녹음 3〉

5.2.3 실전 녹음 2 / 기본적인 녹음 방법

같은 구간을 여러 번 녹음하고 싶을 때는 트랙을 새로 만들 필요 없이 한 트랙에서 계속 녹음해서 녹음된 순서대로 자동으로 테이크 폴더(Take Folder)를 생성해줍니다.

〈그림 5-2-14 실전 녹음 4 / 테이크 폴더 1〉

원하는 테이크만 선택해서 복사하려면 커서를 비활성화된 곳으로 가져가서 커서 모양이 직선으로 바뀌었을 때 원하는 만큼 드래그하면 상단으로 복사됩니다.

〈그림 5-2-15 실전 녹음 5 / 테이크 폴더 2〉

〈그림 5-2-16 실전 녹음 6 / 테이크 폴더 3〉

5.2.4 실전 녹음 3 / 오토펀치(Autopunch) 레코딩

원하는 구간만 반복해서 녹음하는 경우, 매번 녹음 버튼을 누르는 것이 번거롭습니다. 이때 로직에서 사용할 수 있는 기능인 오토펀치 레코딩에 대해서 알아보겠습니다.

'View → Customize Control Bar and Display...' 메뉴에 들어갑니다.

〈그림 5-2-17 실전 녹음 7 / 오토펀치 레코딩 1〉

[그림 5-2-18]과 같은 창에서 오른쪽 상단의 'Autopunch' 항목을 체크합니다.

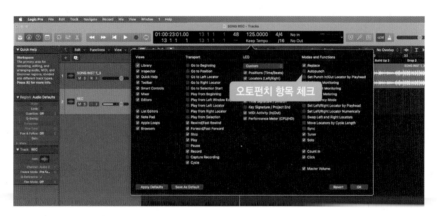

〈그림 5-2-18 실전 녹음 8 / 오토펀치 레코딩 2〉

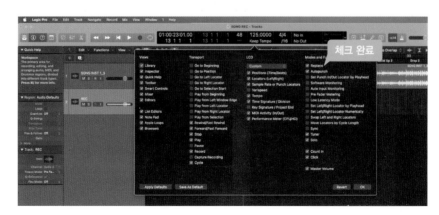

〈그림 5-2-19 실전 녹음 9 / 오토펀치 레코딩 3〉

오토펀치 아이콘을 클릭해서 활성화해줍니다.

〈그림 5-2-20 실전 녹음 10 / 오토펀치 레코딩 4〉

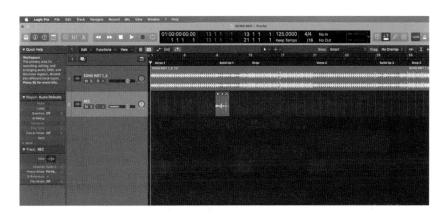

〈그림 5-2-21 실전 녹음 11 / 오토펀치 레코딩 5〉

마디가 적혀 있는 하단에 새로운 바가 하나 더 생성되고, 프로젝트의 Sample Rate가 표시되던 곳이 오토펀치의 시작점과 끝점을 표시해주는 'Punch In/Out Locator Display'로 바뀌게 됩니다. 여기서 오토펀치 구간을 직접 입력해서 지정할 수 있습니다.

〈그림 5-2-22 실전 녹음 12 / 오토펀치 레코딩 6〉

마디 하단에 빨간색으로 되어 있는 오토펀치 구간의 시작점이나 끝점을 드래그해서 조절하는 것도 가능합니다.

〈그림 5-2-23 실전 녹음 13 / 오토펀치 레코딩 7〉

이렇게 구간 설정을 해두고 녹음하면 구간 설정이 되지 않은 곳은 녹음이 안 되고, 구간 설정이 된 곳만 자동으로 시작점부터 녹음이 되어 끝점에서 끝나게 됩니다.

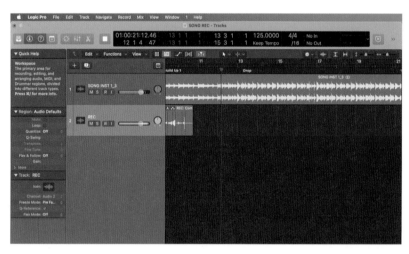

〈그림 5-2-24 실전 녹음 14 / 오토펀치 레코딩 8 / 구간 설정하지 않은 곳은 녹음이 안 됨〉

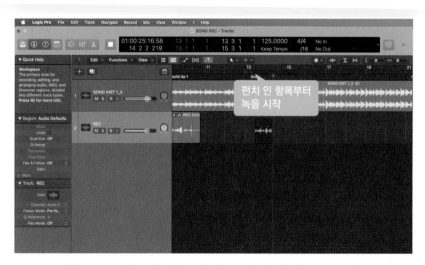

〈그림 5-2-25 실전 녹음 15 / 오토펀치 레코딩 9 / 펀치 인부터 녹음 시작〉

〈그림 5-2-26 실전 녹음 16 / 오토펀치 레코딩 10 / 펀치 아웃에서 자동으로 녹음 종료〉

〈그림 5-2-27 실전 녹음 17 / 오토펀치 레코딩 11〉

PART

06

Flex Time & Pitch

Chapter 1
Flex Time

6.1 플렉스 타임(Flex Time) 소개 및 사용법

녹음 후 박자가 정확히 맞지 않으면 박자를 맞추는 작업을 해야 하는데, 기존 방식대로 하려면 오디오 파일을 전부 잘라서 하나씩 맞춰야 합니다. 하지만 로직에 포함된 플렉스 타임 기능을 사용하면 간편하게 박자를 맞출 수 있습니다. 이번 챕터에서는 플렉스 타임을 이용해서 박자를 맞추는 방법에 대해 알아보겠습니다.

6.1.1 플렉스 타임 불러오기

오토메이션 활성화 버튼 오른쪽에 있는 아이콘을 누르거나 단축키 'Command + F'를 누르면 플렉스 타임이 활성화됩니다.

〈그림 6-1-1 플렉스 타임 불러오기 1〉

〈그림 6-1-2 플렉스 타임 불러오기 2〉

참고로 지금 상태는 플렉스 타임을 사용할 준비가 됐다는 뜻이지 플렉스 타임이 실행된 것은 아닙니다. 플렉스 타임 기능은 작업하려는 트랙의 R, I 오른쪽에 있는 'Enable Flex' 버튼을 누르면 활성화됩니다.

〈그림 6-1-3 플렉스 타임 불러오기 3 / Enable Flex 버튼〉

〈그림 6-1-4 플렉스 타임 불러오기 4 / 활성화된 플렉스 타임〉

M / S / R / I 버튼 하단에 자동으로 'Polyphonic(Auto)'이 활성화되어 있는데, 클릭해보면 다양한 플렉스 타임 메뉴들이 나옵니다.

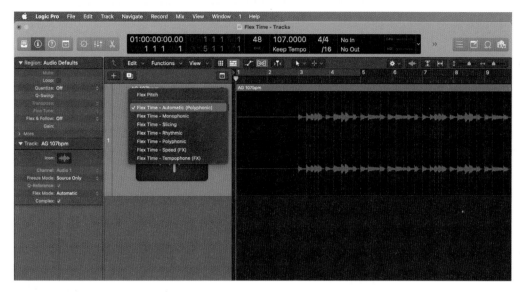

〈그림 6-1-5 플렉스 타임 불러오기 5 / 플렉스 타임 메뉴〉

각 모드에 대해서 간단하게 알아보겠습니다. 베이스나 리드 같은 악기는 'Monophonic'을, 기타나 피아노 등 화성 악기는 'Polyphonic'을 선택하는 것이 좋습니다. 또한 드럼 같은 리듬 악기들은 'Slicing' 또는 'Rhythmic'을, 특수한 이펙트성 효과를 줄 때는 'Speed (FX)', 'Tempophone(FX)'을 선택하면 됩니다. 본서에서는 어쿠스틱 기타를 사용할 예정이므로 'Polyphonic'을 선택하겠습니다.

6.1.2 플렉스 마커(Flex Marker) 만들기

플렉스 타임을 적용하려면 플렉스 마커를 만들어야 합니다. 우선 플렉스 타임을 활성화한 뒤 오디오 리전을 보면 세로로 되어 있는 점선들이 보입니다. 이 점선들은 로직에서 자동으로 감지한 트랜지언트 마커로, 이 마커는 오디오 파일 에디터에 있는 트랜지언트 마커와 동일한 마커입니다.

〈그림 6-1-6 플렉스 마커 만들기 1〉

〈그림 6-1-7 플렉스 마커 만들기 2〉

플렉스 마커를 만들려면 해당하는 워크스페이스에 있는 오디오 리전에 가서 마커를 입력합니다. 트랜지언트 마커에 커서를 댔을 때와 아닐 때의 아이콘 모양이 다릅니다.

〈그림 6-1-8 플렉스 마커 만들기 3
/ 트랜지언트 마커에 커서를 댔을 때 커서 모양〉

〈그림 6-1-9 플렉스 마커 만들기 4
/ 다른 곳에 커서를 댔을 때 커서 모양〉

보통 박자를 맞출 때는 아주 특별한 경우가 아니라면 로직에서 자동으로 잡아주는 트랜지언트 마커를 기준으로 시작하면 편리하기 때문에 개별적으로 만들기보다는 트랜지언트 마커를 기반으로 만드는 것을 권장합니다. 트랜지언트 마커에 마우스를 클릭하면 실선이 하나 생기는데, 이것이 플렉스 마커입니다.

〈그림 6-1-10 플렉스 마커 만들기 5 / 플렉스 마커〉

6.1.3 플렉스 마커 적용하기

오디오 리전을 확대해서 보면 두 번째 노트의 위치가 약간 뒤로 밀려 있는 것을 볼 수 있습니다. 이렇게 되면 음악의 박자가 살짝 밀려서 들리기 때문에 노트를 정확한 위치에 맞춰야 합니다. 플렉스 타임을 이용해서 박자를 맞춰보겠습니다.

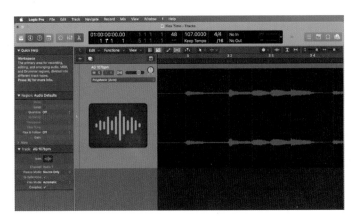

〈그림 6-1-11 플렉스 타임 적용하기 1〉

〈그림 6-1-12 플렉스 타임 적용하기 2〉

적용하고자 하는 곳에 가서 플렉스 마커를 만듭니다.

〈그림 6-1-13 플렉스 타임 적용하기 3 / 플렉스 마커 생성 1〉

앞에서 설명했듯, 트랜지언트 마커를 기준으로 해서 만들면 편리합니다. 트랜지언트 마커에 커서를 대고 클릭하면 [그림 6-1-13]과 같이 플렉스 마커가 만들어집니다.

〈그림 6-1-14 플렉스 타임 적용하기 4 / 플렉스 마커 생성 2〉

플렉스 마커에 커서를 대면 커서 모양이 [그림 6-1-14]처럼 바뀌고 선을 클릭한 상태로 드래그하면 플렉스 마커가 이동합니다.

〈그림 6-1-15 플렉스 타임 적용하기 5 / 플렉스 마커 생성 3〉

지금은 박자가 뒤로 밀렸기 때문에 앞으로 드래그해서 당겨줍니다.

앞으로 드래그해서 당겨줬더니 모든 노트가 앞으로 당겨졌습니다. 이런 경우를 대비해 플렉스 마커를 이동시켰을 때 다른 노트들이 움직이지 않도록 앞뒤로 가드를 만들어야 합니다. [그림 6-1-19]와 같이 3개의 플렉스 마커를 만들어서 사용하면 됩니다.

먼저 이동시키려는 플렉스 마커를 입력합니다.

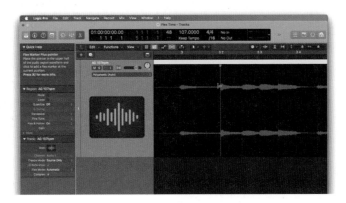

〈그림 6-1-16 플렉스 타임 적용하기 6 / 플렉스 마커 생성 4〉

그런 다음 이동시키려는 플렉스 마커를 제외한 다른 곳은 움직이지 않도록 앞뒤에 플렉스 마커를 추가합니다. 이때도 마찬가지로 트랜지언트 마커가 있는 곳을 클릭해서 플렉스 마커를 만들면 간편합니다.

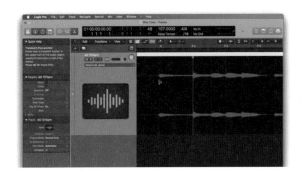

〈그림 6-1-17 플렉스 타임 적용하기 7 / 플렉스 마커 생성 5〉

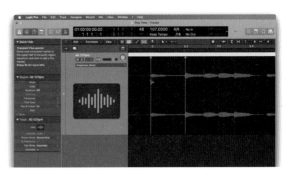

〈그림 6-1-18 플렉스 타임 적용하기 8 / 플렉스 마커 생성 6〉

뒤쪽도 동일한 방법으로 추가합니다.

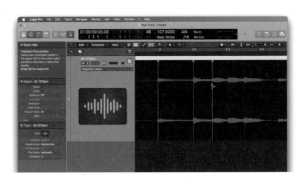

〈그림 6-1-19 플렉스 타임 적용하기 9 / 플렉스 마커 생성 7〉

앞뒤로 가드를 만든 다음 이동시키려는 플렉스 마커를 움직이면 아까와 다르게 해당 플렉스 마커만 움직이게 됩니다.

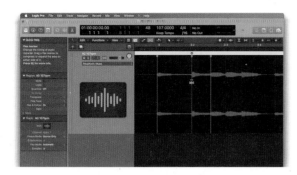 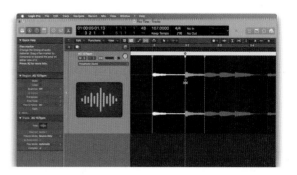

〈그림 6-1-20 플렉스 타임 적용하기 10 / 플렉스 마커 생성 8〉　　〈그림 6-1-21 플렉스 타임 적용하기 11 / 플렉스 마커 생성 9〉

플렉스 마커를 매번 세 번씩 클릭해서 만드는 것이 번거로울 때는 플렉스 마커를 만들 때 마우스 포인터를 하단으로 내리면 아까와 다른 아이콘이 나오는데, 이걸 이용해서 플렉스 마커를 입력하면 자동으로 기준점 앞, 뒤쪽에 플렉스 마커를 만들어줍니다.

〈그림 6-1-22 플렉스 타임 적용하기 12 / 플렉스 마커 생성 10〉

그런 다음 아까와 동일한 방법으로 플렉스 마커를 이동해서 박자를 맞추면 됩니다.

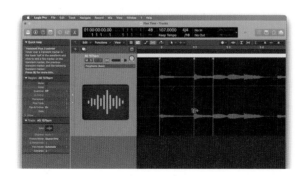 

〈그림 6-1-23 플렉스 타임 적용하기 13 / 플렉스 마커 생성 11〉　　〈그림 6-1-24 플렉스 타임 적용하기 14 / 플렉스 마커 생성 12〉

계속해서 동일한 방법으로 진행해서 박자를 맞추면 됩니다. 플렉스 마커를 잘못 만들었을 경우에는 플렉스 마커 상단에 커서를 두면 상단에 × 모양 아이콘이 뜨는데, 그 아이콘을 클릭하여 삭제합니다.

<그림 6-1-25 플렉스 타임 적용하기 15 / 플렉스 마커 제거 1>

<그림 6-1-26 플렉스 타임 적용하기 16 / 플렉스 마커 제거 2>

작업하는 트랙의 모든 플렉스 마커를 삭제하려면 '마우스 우클릭 → Reset All Flex Edits'를 선택하면 됩니다.

<그림 6-1-27 플렉스 타임 적용하기 17 / 플렉스 마커 제거 3>

<그림 6-1-28 플렉스 타임 적용하기 18 / 플렉스 마커 제거 4>

6.1.4 플렉스 마커 수정하기

로직에서 자동으로 트랜지언트 마커를 잡아주기 때문에 편리하게 사용할 수 있지만 가끔은 정확히 맞지 않아서 수정을 해야 할 때가 있는데, 이번에는 수정 방법을 알아보겠습니다. 먼저 수정하고 싶은 플렉스 마커로 이동한 다음 오디오 리전을 더블클릭하면 하단에 오디오 파일 에디터가 열립니다. 이 책에서는 3번째 마디 2번째 박에 있는 노트를 수정해보겠습니다.

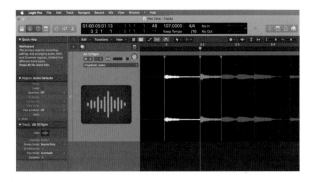

<그림 6-1-29 플렉스 타임 적용하기 19 / 플렉스 마커 수정 1>

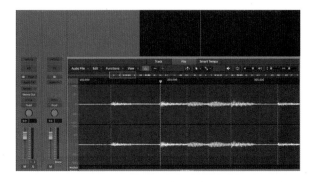

<그림 6-1-30 플렉스 타임 적용하기 20 / 플렉스 마커 수정 2>

지금은 파형이 정확하게 보이지 않기 때문에 조금 확대해서 보겠습니다. 오른쪽 상단에 있는 'Vertical Zoom, Horizontal Zoom'을 이용하거나 단축키 'Command + 방향키 상/하'를 이용해 확대/축소를 해서 원하는 만큼 화면을 키워봅니다.

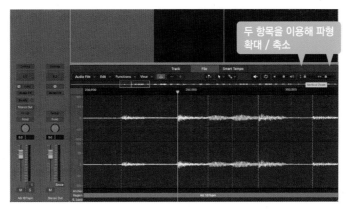

〈그림 6-1-31 플렉스 타임 적용하기 21 / 플렉스 마커 수정 3〉

참고로 오디오 파일 에디터의 그리드 값은 'Samples' 단위로 되어 있는데 'Bars/Beats'로 바꾸려면 'View → Bars/Beats'를 클릭합니다.

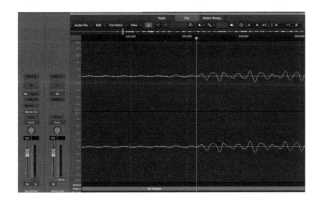

〈그림 6-1-32 플렉스 타임 적용하기 22 / 플렉스 마커 수정 4〉

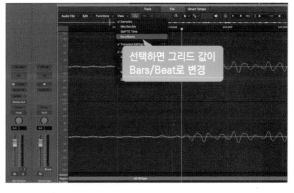

〈그림 6-1-33 플렉스 타임 적용하기 23 / 플렉스 마커 수정 5〉

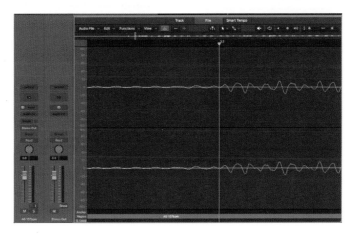

〈그림 6-1-34 플렉스 타임 적용하기 24 / 플렉스 마커 수정 6〉

자동으로 생성된 트랜지언트 마커의 위치가 맞지 않다면 트랜지언트 마커를 드래그해서 원하는 위치로 이동합니다.

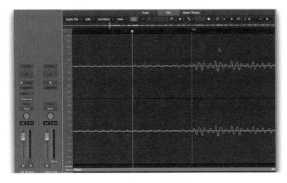

〈그림 6-1-35 플렉스 타임 적용하기 25 / 플렉스 마커 수정 7〉

〈그림 6-1-36 플렉스 타임 적용하기 26 / 플렉스 마커 수정 8〉

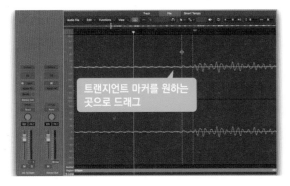

〈 그림 6-1-37 플렉스 타임 적용하기 27 / 플렉스 마커 수정 9 〉

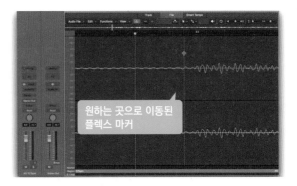

〈그림 6-1-38 플렉스 타임 적용하기 28 / 플렉스 마커 수정 10〉

오디오 파일 에디터에서 수정된 트랜지언트 마커는 워크스페이스에서도 동일하게 적용되기 때문에 만들었던 플렉스 마커를 삭제하고 새롭게 생성된 트랜지언트 마커를 기반으로 다시 플렉스 마커를 만들면 됩니다.

〈그림 6-1-39 플렉스 타임 적용하기 29 / 플렉스 마커 수정 11 / 수정 전〉

〈그림 6-1-40 플렉스 타임 적용하기 30 / 플렉스 마커 수정 12 / 수정 후〉

자세히 보면 점선으로 되어 있는 트랜지언트 마커가 앞으로 이동됐습니다.

기존에 만든 플렉스 마커는 삭제합니다.

〈그림 6-1-41 플렉스 타임 적용하기 31 / 플렉스 마커 수정 13〉

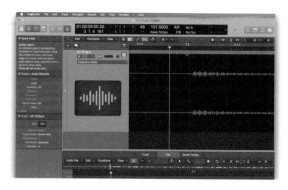

〈그림 6-1-42 플렉스 타임 적용하기 32 / 플렉스 마커 수정 14〉

그리고 [그림 6-1-43]과 같이 다시 플렉스 마커를 만듭니다.

〈그림 6-1-43 플렉스 타임 적용하기 33 / 플렉스 마커 수정 15〉

〈그림 6-1-44 플렉스 타임 적용하기 34 / 플렉스 마커 수정 16〉

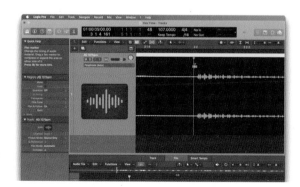

〈그림 6-1-45 플렉스 타임 적용하기 35 / 플렉스 마커 수정 17〉

〈그림 6-1-46 플렉스 타임 적용하기 36 / 플렉스 마커 수정 18〉

6.2 플렉스 피치(Flex Pitch) 소개 및 사용법

녹음 후 음정이 맞지 않을 때 사용하는 기능으로 플렉스 피치를 이용해서 음정을 맞추는 방법을 알아보겠습니다.

6.2.1 플렉스 피치 불러오기

오토메이션 활성화 버튼 오른쪽에 있는 아이콘을 클릭하거나 단축키 'Command + F'를 누르면 플렉스가 활성화됩니다.

〈그림 6-2-1 플렉스 피치 불러오기 1〉

'Enable Flex' 버튼을 클릭해 해당 트랙의 플렉스를 활성화합니다.

〈그림 6-2-2 플렉스 피치 불러오기 2〉

플렉스 팝업 메뉴에서 플렉스 피치를 선택합니다.

〈그림 6-2-3 플렉스 피치 불러오기 3〉

작업하고자 하는 오디오 리전을 더블클릭하면 하단에 오디오 트랙 에디터가 활성화됩니다.

〈그림 6-2-4 플렉스 피치 불러오기 4〉

그런 다음 'Show/Hide Flex' 아이콘을 클릭하면 [그림 6-2-6]과 같은 화면이 나옵니다.

〈그림 6-2-5 플렉스 피치 불러오기 5〉

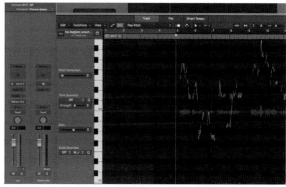

〈그림 6-2-6 플렉스 피치 불러오기 6〉

위와 같은 화면이 나오면 'Command + 방향키 상/하/좌/우'
를 눌러서 작업하기 편하게 화면을 확대합니다.

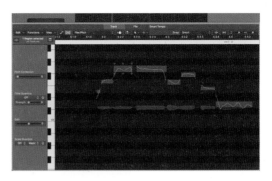

〈그림 6-2-7 플렉스 피치 불러오기 7〉

6.2.2 플렉스 피치 사용하기

로직에서 자동으로 음정을 분석해서 미디 노트처럼 생긴 막대를 만들어줍니다. 이 막대를 위아래로 움직이면 미디 노트
음정이 바뀌는 것처럼 음정이 바뀝니다.

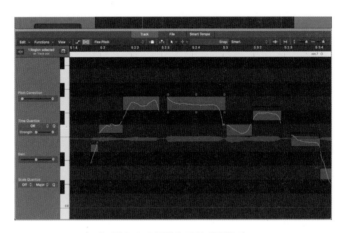

〈그림 6-2-8 플렉스 피치 사용법 1〉

'G3'였던 음정이 'A3'로 바뀌었습니다.

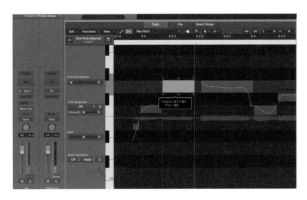

〈그림 6-2-9 플렉스 피치 사용법 2〉

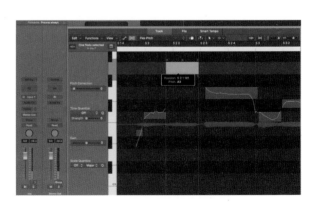

〈그림 6-2-10 플렉스 피치 사용법 3〉

그리고 파란색 막대 모양 위와 아래를 보면 6개의 동그라미가 있는데, 여기서 피치(Pitch), 비브라토(Vibrato), 게인 등 여러 파라미터들을 편집할 수 있습니다.

먼저 왼쪽 상단부터 하나씩 살펴보겠습니다. [그림 6-2-11]과 같이 음이 시작되는 곳이 높거나 낮을 때 피치 드리프트(Pitch Drift) 항목을 이용해서 음의 시작점을 낮추거나 높일 수 있습니다.

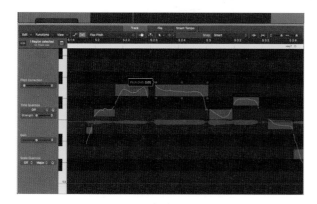

〈그림 6-2-11 플렉스 피치 사용법 4〉

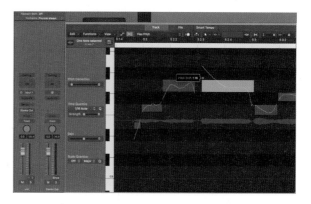

〈그림 6-2-12 플렉스 피치 사용법 5〉

파인 피치(Fine Pitch)는 미세하게 음정을 맞출 때 사용됩니다. 보통 0으로 설정해두면 어느 정도 음정이 맞게 됩니다.

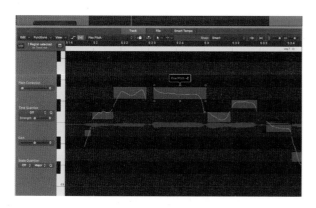

〈그림 6-2-13 플렉스 피치 사용법 6〉

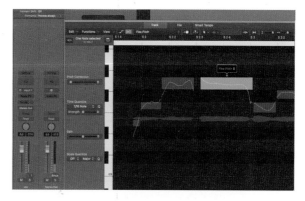

〈그림 6-2-14 플렉스 피치 사용법 7〉

피치 드리프트(Pitch Drift)는 피치 드리프트와 반대로 음이 끝나는 부분을 올리거나 내릴 때 사용합니다.

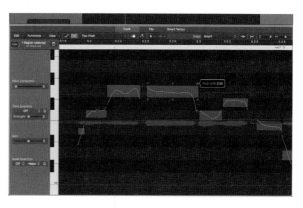

〈그림 6-2-15 플렉스 피치 사용법 8〉

게인은 지정된 노트의 음량을 조절할 때 사용합니다.

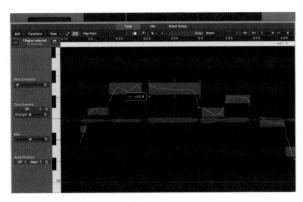

〈그림 6-2-16 플렉스 피치 사용법 9〉

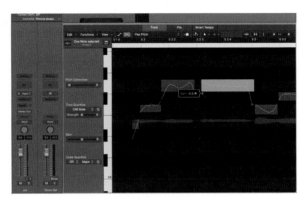

〈그림 6-2-17 플렉스 피치 사용법 10 / 게인 줄이기〉

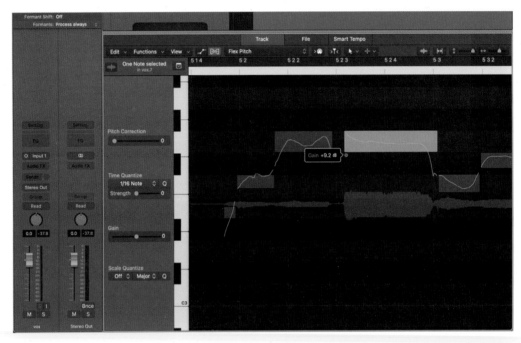

〈그림 6-2-18 플렉스 피치 사용법 11 / 게인 키우기〉

비브라토는 해당 노트의 비브라토 값을 더 주거나 빼면서 컨트롤할 때 사용합니다.

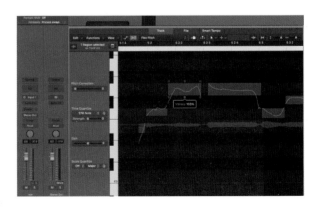

〈그림 6-2-19 플렉스 피치 사용법 12 / 비브라토 컨트롤〉

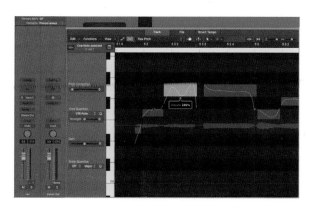
〈그림 6-2-20 플렉스 피치 사용법 13 / 비브라토 더 넣기〉

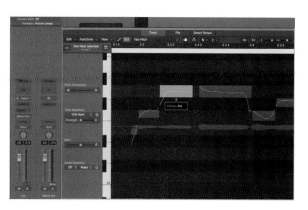
〈그림 6-2-21 플렉스 피치 사용법 14 / 비브라토 빼기〉

포먼트 시프트(Formant Shift)는 값을 올리면 톤이 얇아지면서 소리가 올라가는 것처럼 들리고, 값을 내리면 톤이 두꺼워지면서 소리가 내려가는 것처럼 들립니다.

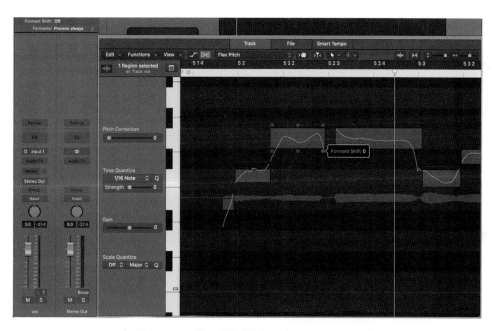
〈그림 6-2-22 플렉스 피치 사용법 15 / 포먼트 시프트 선택〉

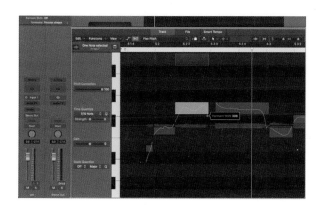
〈그림 6-2-23 플렉스 피치 사용법 16 / 포먼트 시프트 올리기〉

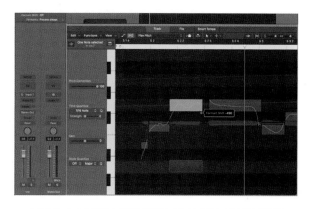
〈그림 6-2-24 플렉스 피치 사용법 17 / 포먼트 시프트 내리기〉

작업 중 전부 초기화하려면 해당 노트를 선택하고 '마우스 우클릭 → Reset All'을 선택하면 됩니다.

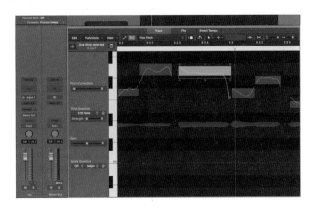

〈그림 6-2-25 플렉스 피치 사용법 18 / 원하는 노트 선택〉

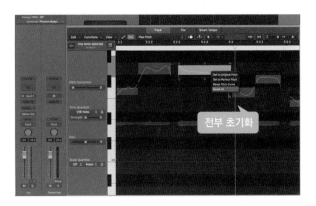

〈그림 6-2-26 플렉스 피치 사용법 19 / 초기화〉

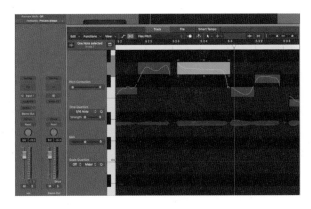

〈그림 6-2-27 플렉스 피치 사용법 20 / 초기화된 음정〉

[그림 6-2-28]처럼 음정이 2개인데 노트가 하나일 때는 노트를 분할해줘야 합니다. 이때는 단축키 'T → I(Scissors Tool)'를 누른 후 원하는 구간을 잘라주면 됩니다.

〈그림 6-2-28 플렉스 피치 사용법 21 / 2개의 음정이 하나의 노트로 되어 있는 경우〉

〈그림 6-2-29 플렉스 피치 사용법 22 / Scissors Tool 선택〉

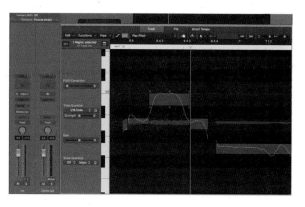

〈그림 6-2-30 플렉스 피치 사용법 23 / 나누어진 노트〉

반대로 노트들을 합치고 싶을 때는 합치려는 노트들을 클릭하고 '단축키 T → Glue Tool'을 누른 후 노트들을 클릭하면 됩니다.

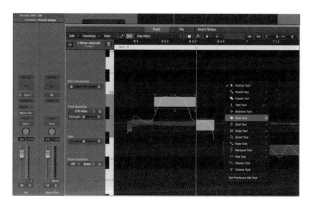

〈그림 6-2-31 플렉스 피치 사용법 24 /
Glue Tool 선택해 노트 합치기〉

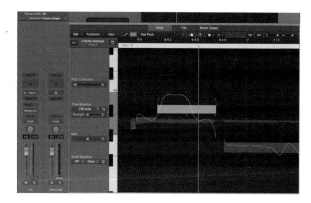

〈그림 6-2-32 플렉스 피치 사용법 25 / 합쳐진 노트〉

6.2.3 플렉스 피치 적용하기

플렉스 피치를 이용해서 기본적인 보컬 튠을 해보겠습니다. 먼저 플렉스 피치를 적용할 노트들을 선택한 후 '마우스 우클릭 → Set to Perfect Pitch' 를 선택합니다.

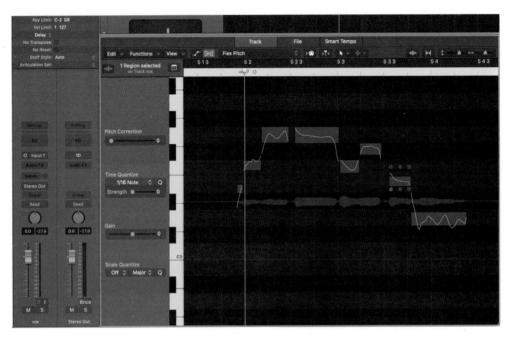

〈그림 6-2-33 플렉스 피치 적용법 1〉

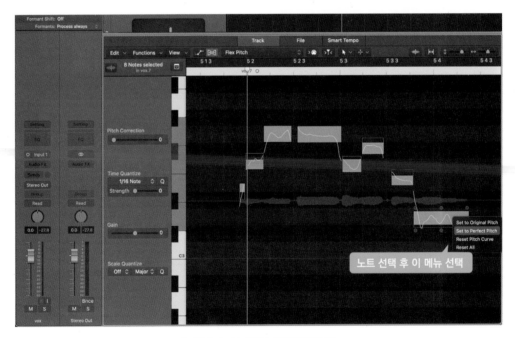

〈그림 6-2-34 플렉스 피치 적용법 2〉

이렇게 세팅을 해두면 어느 정도 음정이 맞게 되기 때문에 조금 더 편리하게 보컬 튠을 할 수 있습니다.

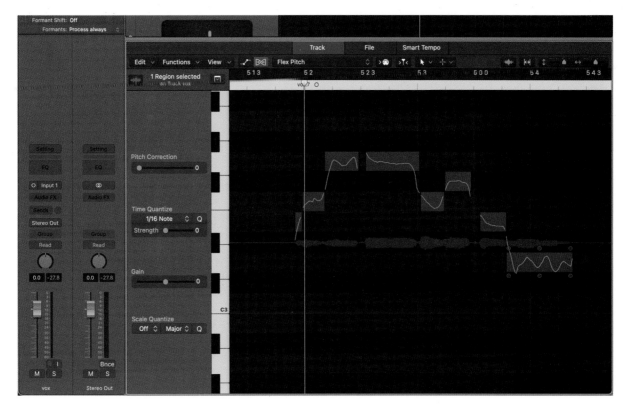

〈그림 6-2-35 플렉스 피치 적용법 3〉

지금까지 배웠던 툴들을 이용해서 보컬 음정을 맞추면 됩니다.

Tip. 보컬 튠 Tip

① 보컬 튠을 할 때 미디 노트처럼 보이는 막대는 어디까지나 가이드 라인이기 때문에 막대를 보기보다는 막대 안에 있는 오디오 파형이 해당하는 노트의 중앙에 오도록 맞춰주는 게 중요합니다.

② 보컬 튠을 할 때는 보컬만 단독으로 들으면서 하기보다는 노래 반주와 같이 들으면서 해야 더 자연스러운 보컬 튠이 가능합니다.

③ 한 구간을 반복해서 듣다 보면 현재 작업하는 음이 맞는지 알 수 없는 경우가 많기 때문에 먼저 러프하게 1절만 끝낸 다음 다시 돌아와서 어색한 곳들을 수정하는 것이 좋습니다.

④ 보컬 튠 경험이 별로 없다면 박자를 먼저 맞춘 다음 음정을 맞추는 것을 추천합니다.

⑤ 악기가 어쿠스틱인 경우에는 너무 정확한 음정을 맞추기보다는 음악과 어우러지는 정도의 튠을 하는 게 좋고 미디로 만들어진 음악인 경우에는 가능하면 정튠(흔히 이야기하는 칼튠)을 하는 것이 좋습니다.

PART

07

실전 믹싱

인서트(Insert)와 샌드(Send)

7.1.1 인서트와 샌드의 개념

간단하게 탕수육을 먹는다고 생각해보면 인서트는 '부먹' 입니다. 고기에 탕수육 소스를 붓게 되면 고기라는 건 알 수 있지만 원래의 형태가 사라지듯 원래 소스에 이펙트가 고정되어서 새로운 사운드로 바뀝니다. 샌드는 '찍먹' 입니다. 탕수육 소스에 고기를 찍어서 먹기 때문에 고기의 형태를 그대로 유지하면서 탕수육 소스의 맛을 추가합니다. 즉, 원래 소스에 사용자가 원하는 만큼의 이펙트를 적용할 수 있습니다.

정리해보자면, 인서트는 이펙트를 거는 순간 사운드에 변화가 생겨서 하나의 새로운 사운드 톤이 생성되며, 샌드는 원래 소스의 색을 그대로 유지하면서 다른 색깔을 입히는 느낌으로 사용합니다.

물론 인서트 이펙트의 경우에도 플러그인 안에 웨트/드라이(WET/DRY) 항목이 있다면 샌드를 사용하는 느낌과 비슷하게 사용할 수 있습니다. 하지만 공간 계열(리버브와 딜레이) 이펙트의 경우엔 웨트/드라이 항목이 있어도 공간의 통일성과 CPU 절약 차원에서 인서트보다는 샌드로 사용하는 경우가 많습니다.

7.1.2 인서트 이펙트 사용 방법

인스펙터(Inspector) 하단이나 화면 하단에 있는 믹서 항목을 보면 오디오 이펙트(Audio FX) 항목이 있습니다. 현재 빈 칸으로 되어 있는 슬롯을 클릭한 후 원하는 오디오 이펙트를 선택하면 됩니다.

〈그림 7-1-1 오디오 이펙트 슬롯〉

〈그림 7-1-2 오디오 이펙트 슬롯 클릭 시 나오는 다양한 이펙트 메뉴〉

참고로 로직 내장 이펙트들은 카테고리별로 정리되어 있고 서드 파티 플러그인(추가로 설치하는 외부 플러그인)들은 'Audio Units' 항목에 회사별로 정리되어 있습니다.

〈그림 7-1-3 로직 기본 플러그인〉

〈그림 7-1-4 서드 파티 플러그인〉

7.1.3 오디오 이펙트가 적용되는 순서

인서트 항목에 적용되어 있는 오디오 이펙트들은 위에서 아래로 순차적으로 적용됩니다.

〈그림 7-1-5 오디오 이펙트 적용 순서〉

[그림 7-1-5]의 경우를 보면 Channel EQ가 적용된 상태에 Compressor가 적용되고, 그다음 Overdrive 이펙트가 적용됩니다.

7.1.4 샌드 이펙트 사용 방법 1

이번에는 샌드를 이용해서 공간계 이펙트를 거는 방법에 대해 알아보겠습니다. 이 책에서는 리버브를 걸어보겠습니다. 리버브를 거는 첫 번째 방법은 억스(Auxiliary, 줄여서 'Aux(억스)'라고 부르겠습니다) 트랙을 먼저 만들고 이펙트를 적용하는 방법입니다. 억스 트랙은 앞에서 설명했던 '찍먹' 방식의 탕수육 소스 그릇을 의미합니다.

우선 억스 트랙을 만들어보겠습니다. 믹서 윈도우를 연 다음 'Options → Create New Auxiliary Channel Strip'을 선택합니다.

〈그림 7-1-6 억스 트랙 생성 1〉

〈그림 7-1-7 억스 트랙 생성 2〉

〈그림 7-1-8 억스 트랙 생성 3〉

위와 같이 억스 트랙이 만들어졌습니다. 이제 그릇이 만들어졌으니 소스를 채워보겠습니다.

억스 트랙 상단을 보면 일반적인 오디오 트랙과 마찬가지로 오디오 이펙트를 걸 수 있는 슬롯이 있습니다. 거기에 원하는 리버브를 적용하면 됩니다. 여기서는 크로마버브(ChromaVerb)를 걸어보겠습니다.

〈그림 7-1-9 리버브 적용 1〉

〈그림 7-1-10 리버브 적용 2〉

여기까지 끝났으면 이제 리버브를 적용할 트랙에 가서 방금 만든 억스 트랙과 연결을 해야 하는데, 이때 필요한 게 바로 샌드 항목입니다.

리버브를 적용할 트랙에 가서 보면 샌드 항목이 있습니다. 이 샌드 항목 오른쪽의 비어있는 슬롯을 클릭하면 버스 항목이 나옵니다.

〈그림 7-1-11 리버브 적용 3〉

〈그림 7-1-12 리버브 적용 4〉

억스 트랙 연결은 이 버스를 이용해야 하는데, 로직에서는 현재 버스가 연결되어 있는 억스 트랙을 자동으로 표시해주기 때문에 편리하게 찾을 수 있습니다. [그림 7-1-13]의 Aux 1 트랙 인풋 항목에 Bus 1이 있는데, 이것은 억스 1번 트랙의 인풋이 버스 1번으로 되어 있다는 뜻입니다.

〈그림 7-1-13 리버브 적용 5 / 연결된 모습〉

음악을 들으면서 Bus 1 오른쪽의 노브를 돌려서 적용하면 됩니다.

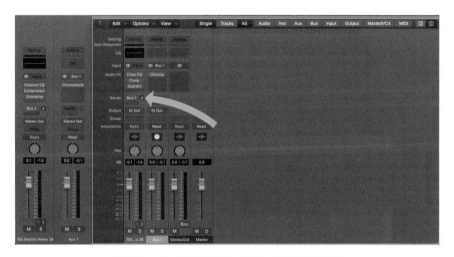

〈그림 7-1-14 리버브 적용 6 / 원하는 만큼 돌려서 적용〉

〈그림 7-1-15 리버브 적용 7 / 리버브가 적용된 모습〉

❶ 억스 트랙은 기본적으로 오디오 트랙과 비슷해 보이지만 다릅니다. 오디오 트랙은 해당 트랙에서 녹음과 재생이 가능하고 억스 트랙은 불가능합니다. 억스 트랙은 인풋을 이용해서 들어온 신호에 오디오 이펙트가 있으면 적용하고 없으면 지정되어 있는 아웃풋으로 보내는 역할을 하는 트랙입니다. 참고로 오디오 트랙과 동일하게 억스 트랙에서도 샌드를 이용해서 다른 버스나 아웃으로 보내는 것이 가능합니다.

〈그림 7-1-16 억스 트랙〉

[그림 7-1-16]을 보면 Bus 1로 들어오는 신호에 리버브를 적용한 후 스테레오 아웃으로 보냅니다.

❷ [그림 7-1-17]의 경우처럼 샌드를 사용하면 소리는 샌드와 스테레오 아웃 두 경로로 나가게 됩니다. 이때 샌드가 신호를 보낼 곳을 연결해야 하는데, 그 연결 고리가 바로 버스입니다. 그래서 [그림 7-1-17]의 경우를 보면 스테레오 아웃과 Bus 1로 신호를 동시에 보냈을 때(신호를 n등분하는 게 아니라 동일하게 보냅니다) Aux 1 트랙 인풋이 Bus 1로 되어 있기 때문에 오디오 트랙에서 보내는 신호를 Aux 1 트랙에서 받게 됩니다.

〈그림 7-1-17 버스의 개념〉

7.1.5 샌드 이펙트 사용 방법 2

두 번째 방법으로, 억스 트랙을 만들지 않고 이전과 동일하게 샌드 항목을 클릭해서 원하는 버스를 선택합니다.

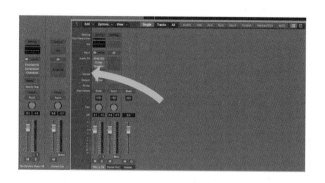

〈그림 7-1-18 샌드 이펙트 2_1〉

〈그림 7-1-19 샌드 이펙트 2_2 / 원하는 버스 선택〉

〈그림 7-1-20 샌드 이펙트 2_3 / 버스 1번으로 연결〉

〈그림 7-1-21 샌드 이펙트 2_4 / 리버브 선택〉

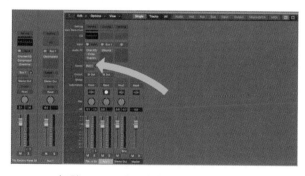

〈그림 7-1-22 샌드 이펙트 2_5 / 샌드 적용 1〉

〈그림 7-1-23 샌드 이펙트 2_6 / 샌드 적용 2〉

샌드를 적용할 때 작은 노브를 돌려서 적용하는 게 불편하다면 믹서 상단의 'Sends on Faders' 항목을 활성화하면 볼륨 페이더였던 항목이 샌드 페이더로 바뀌게 됩니다.

〈그림 7-1-24 샌드 이펙트 2_7 / 샌드 팁 1〉　　　　〈그림 7-1-25 샌드 이펙트 2_8 / 샌드 팁 2〉

볼륨 페이더를 적용하듯 페이더를 올렸다 내렸다 하면서 원하는 만큼 적용하면 됩니다.

〈그림 7-1-26 샌드 이펙트 2_9 / 샌드 팁 3〉

적용이 끝난 후 다시 'Sends on Faders' 버튼을 클릭하면 원래대로 돌아갑니다.

〈그림 7-1-27 샌드 이펙트 2_10 / 샌드 팁 4〉

Chapter 2

믹싱 필수 오디오 이펙트 사용법

7.2.1 이큐(EQ)의 개념

이큐란 이퀄라이저(Equalizer)의 약자로, 실제로 들리는 소리와 녹음된 소리가 다른 것을 보정하기 위해 나왔지만 현대적인 믹싱에서는 보정 용도뿐만 아니라 적극적인 톤 메이킹 용도로도 사용되고 있습니다.

7.2.2 이큐의 종류

이큐는 그래픽 이퀄라이저(Graphic Equalizer)와 파라메트릭 이퀄라이저(Parametric Equalizer)로 나눌 수 있습니다.

❶ 그래픽 이퀄라이저
프리퀀시(Frequency, 주파수)가 정확히 지정되어 있는 이큐로 대표적으로 API사의 560이 있습니다. [그림 7-2-1], [그림 7-2-2]는 그래픽 이퀄라이저의 대명사인 API 560입니다. [그림 7-2-1]은 서드 파티 플러그인 회사 제품이고, [그림 7-2-2]는 로직 내장 플러그인으로 제공되는 API 560을 모델링한 플러그인입니다.

〈그림 7-2-1 Vintage Graphic EQ / 그래픽 이퀄라이저〉

〈그림 7-2-2 API-550 / 그래픽 이퀄라이저〉

플러그인을 자세히 보면 프리퀀시가 1K, 2K, 4K, 8K, 16K로 되어 있는데, 이렇게 프리퀀시가 2배가 되는 관계를 옥타브 관계라고 합니다. 560 이퀄라이저는 10밴드로 구성된 이퀄라이저로, 컨트롤할 수 있는 프리퀀시가 고정되어 있으며 정해진 프리퀀시는 부스트와 커트만 가능합니다. 560 이퀄라이저는 직관적으로 빠르게 사용할 수 있어 믹싱에 자주 사용되지만 일반 가정용 오디오나 PA에도 많이 사용됩니다.

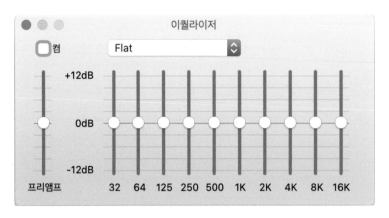

〈그림 7-2-3 음악 앱에 포함된 이퀄라이저〉

Tip. 옥타브 관계란?

440Hz는 A3 음을 나타내는데, 여기서 2배를 하면 880Hz가 되고 이 프리퀀시는 A4 음이 됩니다. 또한 440Hz를 2로 나누면 220Hz가 되고 이는 A2 음이 됩니다. 즉, 주파수가 2배가 되면 옥타브가 올라가고 주파수가 절반이 되면 옥타브가 내려간다는 것을 알 수 있습니다. 따라서 주파수 값이 2배 증가하거나 감소하면 옥타브 관계가 있다고 표현합니다.

Tip. 밴드란?

컨트롤할 수 있는 파라미터를 밴드라고 부릅니다. 560 이퀄라이저의 경우에는 10개의 프리퀀시를 컨트롤할 수 있기 때문에 10밴드 이퀄라이저라고 부릅니다.

❷ **파라메트릭 이퀄라이저**

컨트롤할 수 있는 밴드가 몇 개 없지만 원하는 대역을 움직이면서 정확한 컨트롤이 가능한 이퀄라이저입니다. 믹싱 때 불필요한 프리퀀시를 정리하거나 원하는 톤을 만들 때 주로 사용합니다.

7.2.3 파라메트릭 이퀄라이저의 파라미터

파라메트릭 이퀄라이저는 쉘빙(Shelving) 또는 Shelf(쉘프)라고 부르는 파트와 피크(Peak) 또는 벨(Bell)이라고 부르는 파트, 그리고 필터(Filter) 파트로 구성되어 있습니다. 먼저 필터부터 살펴보겠습니다.

❶ 필터

불필요한 프리퀀시를 제거하기 위해 사용하는 항목으로 로우 패스 필터(Low Pass Filter)와 하이 패스 필터(High Pass Filter)로 나누어집니다. 경우에 따라 로우 패스 필터는 LPF 또는 HC(High Cut)로 부르고 하이 패스 필터는 HPF 또는 LC(Low Cut)라고 부릅니다.

〈그림 7-2-4 하이 패스 필터와 로우 패스 필터〉

각 필터의 'dB/OCT' 항목은 필터의 기울기를 나타내는 것으로 숫자가 높을수록 가파르게 깎아집니다.

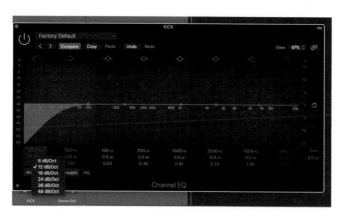

〈그림 7-2-5 필터 dB/OCT〉

로직 내장 이큐의 경우엔 [그림 7-2-5]에서 보는 것처럼 기본값이 12dB/OCT로 설정되어 있고 6dB/OCT부터 최대 48dB/OCT까지 지원됩니다. 기울기를 바꾸려면 dB/OCT 항목을 클릭한 뒤 위아래로 드래그하거나 기울기 상단에 마우스 커서를 두고 우클릭하면 위와 같은 화면이 나오는데, 거기서 원하는 값을 선택하면 됩니다.

❷ 쉘빙

파라메트릭 이퀄라이저에는 반드시 로우 쉘빙과 하이 쉘빙이 포함되어 있습니다. 많은 분들이 필터와 쉘빙의 구분을 어려워하는데 필터는 말 그대로 커트해서 없애는 역할을 하고 쉘빙은 양을 조절하는 역할을 합니다. 즉, 로우 쉘빙의 경우엔 저음의 양을, 하이 쉘빙의 경우엔 고음의 양을 조절합니다. 예를 들어 어떤 소스를 들었을 때 저음이 너무 많아서 줄일 때는 필터가 아니라 로우 쉘빙을 이용해서 저음의 양을 조절하면 됩니다.

〈그림 7-2-6 쉘빙 1 / 로우 쉘빙과 하이 쉘빙〉

〈그림 7-2-7 쉘빙 2 / 로우 쉘빙을 이용해 저음 강조〉

〈그림 7-2-8 쉘빙 3 / 로우 쉘빙을 이용해 저음 감쇄〉

❸ 피크

특정 프리퀀시를 강조하거나 뺄 때, 소스에 문제가 있는 프리퀀시를 제거할 때 사용됩니다.

〈그림 7-2-9 벨 1 / 로직 내장 이큐의 4가지 벨〉

벨 항목에서는 컨트롤하려는 프리퀀시([그림 7-2-10]에서는 250Hz), 증폭이나 감쇄 정도(+ 는 증폭, – 는 감쇄), 넓이 (흔히 큐(Q) 또는 밴드위드스(Bandwidth)라고 부르는 항목)를 선택할 수 있습니다.

〈그림 7-2-10 벨 2 / 기본적인 파라미터〉

〈그림 7-2-11 벨 3 / 증폭한 경우 1 / 기본 큐는 매우 넓게 설정되어 있음〉

〈그림 7-2-12 벨 4 / 증폭한 경우 2 / 큐를 좁게 설정〉

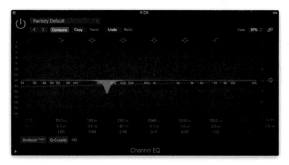

〈그림 7-2-13 벨 5 / 감쇄한 경우 / 큐를 좁게 설정〉

왼쪽 하단의 'Q-Couple' 항목은 활성화되면 부스트 시 자동으로 큐(조절하고 있는 프리퀀시의 넓이)가 점점 좁아지고 비활성화되어 있을 때는 큐의 변동 없이 증폭, 감쇄됩니다.

〈그림 7-2-14, 15 벨 6 / 증폭될수록 큐가 좁아짐 / Q-Couple 활성화〉

〈그림 7-2-16, 17 벨 7 / 증폭되어도 변화 없음 / Q-Couple 비활성화〉

7.2.4 파라메트릭 이큐 사용 예제

이번에는 파라메트릭 이큐를 어떻게 사용하는지 알아보겠습니다.

파라메트릭 이큐는 흔히 서지컬 이큐(Surgical EQ)라고도 부르는데, 이는 녹음한 소스에 문제가 있을 때 찾아서 제거해 주는 기능입니다. 문제를 제거할 때뿐만 아니라 원하는 사운드를 만들 때 사용하기도 합니다.

❶ 이큐 적용하기

첫 번째 방법은 [그림 7-2-18]과 같이 'Audio Fx → EQ → Channel EQ'를 선택하는 것입니다.

〈그림 7-2-18 이큐 적용하기 1〉

두 번째 방법은 Setting 하단의 EQ를 클릭해 자동으로 로직 기본 이큐를 적용하는 것입니다.

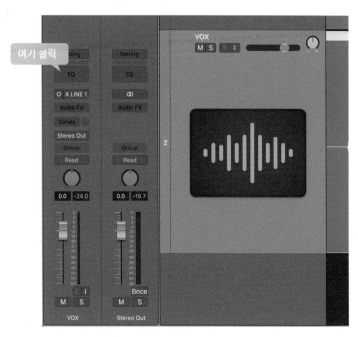

〈그림 7-2-19 이큐 적용하기 2〉

다음과 같이 이큐가 해당하는 트랙에 적용됐습니다.

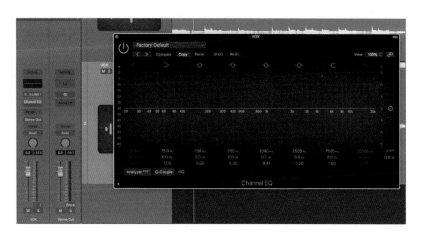

〈그림 7-2-20 이큐가 적용된 상태〉

② 이큐 사용 방법 1

녹음한 소스의 문제를 서지컬 이큐로 제거해보겠습니다. 프리퀀시를 부스트한 다음 프리퀀시를 왔다 갔다 하면서 문제 있는 곳이 발견되면 해당하는 프리퀀시의 게인을 내려서 문제를 제거하면 됩니다.

먼저 [그림 7-2-21]과 같이 특정 프리퀀시를 부스트하면 되는데, 너무 넓은 큐로 찾으면 불필요한 곳 까지 올라오기 때문에 살짝 좁은 큐로 찾는 것이 좋습니다. 우선 간단하게 적용해보겠습니다.

〈그림 7-2-21 서지컬 이큐 1 / 특정 프리퀀시 부스트〉

〈그림 7-2-22 서지컬 이큐 2 / 큐 값 좁히기〉

정확한 것은 아니지만 일단 2.90 정도로 좁혀두고 Hz를 움직이면서 해당 소스에 문제가 있는 곳을 찾아봅니다. 참고로 보통 보컬의 경우 200~300Hz 사이에 문제가 많이 생기는 편입니다. 부스트했을 때 약간 먹먹한 부분이 생기는 포인트를 발견했다면 그 항목의 게인을 낮춰주면 됩니다.

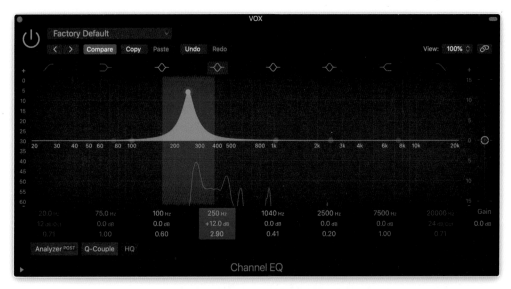

〈그림 7-2-23 서지컬 이큐 3 / 큐 값 2.90으로 좁히기 〉

여기서는 280Hz 정도에 문제가 생겨서 게인 값을 살짝 내렸습니다. 원 소스에 지장을 주지 않고 문제가 해결되는 정도만 삭제하면 됩니다. 해당 프리퀀시에 문제가 있는지 없는지는 플러그인 바이패스 버튼을 눌러서 확인해보면 됩니다.

〈그림 7-2-24 서지컬 이큐 4 / 문제 발견 후 게인 값을 낮춰서 제거〉

〈그림 7-2-25 서지컬 이큐 5 / 바이패스 버튼을 눌러가며 확인〉

400~500Hz도 문제가 많이 생기는 구간이므로 문제 지점 확인 후 넘어갑니다.

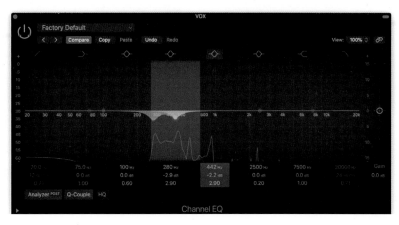

〈그림 7-2-26 서지컬 이큐 6 / 문제를 찾아서 제거 1〉

마지막으로 한 곳만 더 제거해보겠습니다. 일반적으로 2.5~3.5kHz 사이에서 많이 생기는 문제로 귀를 찌르는 듯한 부분이 있을 수 있는데, 마찬가지로 찾아서 문제가 있다면 제거합니다.

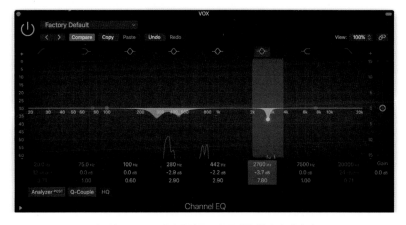

〈그림 7-2-27 서지컬 이큐 7 / 문제를 찾아서 제거 2〉

여기까지 제거를 했다면 바이패스 버튼을 눌러서 불필요한 부분들이 잘 제거됐는지 확인해봅니다. 원 소스가 바뀌지 않는 선에서 문제점들이 제거됐다면 잘 정리가 된 것이지만 그렇지 않고 톤이 조금 바뀐 것 같다면 제거한 부분이 잘못된 것이기 때문에 다시 한번 확인해서 제거하면 됩니다. 다른 악기들도 같은 방식으로 찾아서 문제를 제거합니다.

❸ 이큐 사용 방법 2
이번에는 이큐에 포함되어 있는 필터를 사용해보겠습니다. 필터는 불필요한 프리퀀시나 믹싱 때 서로 마스킹(2개 이상의 악기가 동시에 나올 때 서로 겹치는 경우)되는 구간을 제거할 때 사용되며, 로우 패스 필터와 하이 패스 필터로 나누어져 있습니다. 하이 패스 필터는 이큐 왼쪽 상단의 버튼을 누르면 활성화됩니다.

〈그림 7-2-28 하이 패스 필터 1〉

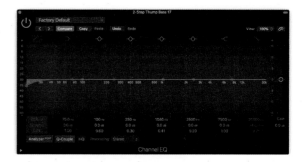

〈그림 7-2-29 하이 패스 필터 2〉

필터 하단에 보면 20.0Hz, 12dB/Oct, 0.71 이렇게 3가지 수치값이 있는데 20.0Hz는 필터가 설정된 프리퀀시 값을 나타냅니다. 12dB/Oct는 필터의 기울기를 나타내는 곳으로, 해당값을 우클릭하면 기울기를 고르는 창이 나오는데 여기서 원하는 기울기를 고르면 됩니다.

〈그림 7-2-30 하이 패스 필터 3〉

참고로 값이 높을수록 기울기가 급하며 소리가 좀 더 과격하게 깎여나가는 인위적인 느낌이 들고 값이 낮을수록 기울기가 완만하며 부드럽게 소리가 깎입니다. 보통 12dB/Oct이나 18dB/Oct로 설정해두면 자연스럽게 깎입니다.

먼저 준비되어 있는 드럼과 베이스를 들어보면 저음쪽이 서로 마스킹되는 것 같습니다. 이럴 때는 베이스쪽에 이큐를 걸어서 하이 패스 필터로 정리해주면 되는데, 간단하게 적용해보겠습니다.

〈그림 7-2-31 하이 패스 필터 4〉

커트하는 포인트는 로직 이큐에 보이는 프리퀀시 애널라이저를 보지 말고 귀로 들으면서 원하는 구간이 정리될 때까지 삭제하면 됩니다. 지금의 경우에는 드럼과 베이스에서 서로 마스킹되는 곳이 킥 드럼과 베이스이기 때문에 킥 드럼이 잘 들리는 포인트까지 하이 패스 필터를 적용하면 됩니다.

〈그림 7-2-32 하이 패스 필터 5〉

여기까지 킥 드럼과 베이스의 저음이 정리되었습니다. 여러분도 동일한 예제를 이용해서 적용해보세요.

---

* 예제 파일 링크에서 1 PART 7-2 EQ.zip 파일을 참고하세요.

7.2.5 컴프레서(Compressor)

❶ 컴프레서의 개념

다이내믹 레인지를 줄여주는 장치로, 소리의 크고 작음을 줄여서 소리의 크기를 일정하게 만들어주는 것입니다. 눈을 감고 소리를 듣고 있다고 상상을 해봅시다. 이때 소리가 크면 거리가 멀리 떨어져 있는 곳에서 소리가 나도 바로 앞에서 소리가 나는 것처럼 느껴집니다. 또한 소리가 작으면 바로 앞에서 소리가 나도 먼 곳에서 소리가 나는 것처럼 느껴집니다. 이처럼 소리의 크기에 따라서 거리감을 느끼게 되는데, 여러 악기가 동시에 나오는 음악의 경우에는 다이내믹 레인지, 즉 소리의 크고 작음을 정리하지 않으면 악기의 음량이 클 때는 앞에 있다고 느껴지고 작을 때는 뒤에 있다고 느껴져서 음악이 전반적으로 산만해집니다. 따라서 믹싱할 때는 꼭 컴프레서를 이용해 다이내믹 레인지를 줄여야 합니다.

❷ 로직 내장 컴프레서 불러오기

먼저 로직에 내장된 컴프레서를 불러오겠습니다. 'Audio FX → Dynamics → Compressor → Mono or Stereo'를 선택합니다.

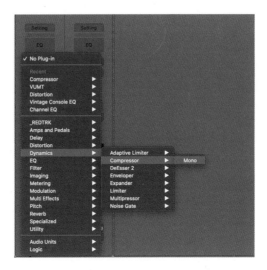

〈그림 7-2-33 로직 내장 컴프레서 1〉

또는 EQ와 Setting 가운데에 가로로 비어있는 공간을 클릭하면 바로 로직 내장 컴프레서가 걸립니다.

〈그림 7-2-34 로직 내장 컴프레서 2〉

〈그림 7-2-35 로직 내장 컴프레서 3〉

컴프레서를 불러오면 다양한 항목들이 있습니다. 가장 기본적인 항목부터 하나씩 살펴보겠습니다.

〈그림 7-2-36 로직 내장 컴프레서 4〉

먼저 오른쪽에 있는 'AUTO GAIN' 항목에서 −12dB로 설정되어 있는 것을 OFF로 바꾸고, 그 아래 AUTO 항목은 비활성화해둡니다.

〈그림 7-2-37 로직 내장 컴프레서 5〉

〈그림 7-2-38 로직 내장 컴프레서 6
/ AUTO GAIN과 AUTO 모두 꺼둔 상태〉

이렇게 설정해두고 플러그인 하단에 있는 컴프레서의 기본적인 파라미터들부터 하나씩 살펴보겠습니다.

● **스레숄드(Threshold)** : 컴프레서가 작동되기 시작하는 구간입니다. 예를 들어 −20으로 설정되어 있으면 −20dBFS를 넘는 순간 컴프레서가 작동된다는 뜻입니다.

● **레이쇼(RATIO)** : 스레숄드를 넘는 순간 압축을 시작하는데, 이때 어느 정도의 비율로 압축하는지 정하는 곳입니다.

● **메이크 업(MAKE UP)** : 스레숄드를 넘는 순간 지정된 레이쇼의 비율로 압축되어서 소리가 작아집니다. 이때 작아진 만큼의 소리를 보상해주는 곳이 메이크 업입니다(오른쪽에 있는 AUTO GAIN 항목이 활성화되어 있으면 자동으로 작아진 소리를 맞춰주는데, 잘 맞지 않는 경우가 많기 때문에 가능하면 OFF로 설정해두고 메이크 업 항목에서 직접 맞추는 게 더 좋습니다).

- **니(KNEE)** : 스레숄드 지점과 레이쇼 구간의 커브를 나타내는 곳입니다. 왼쪽으로 갈수록 경계가 날카로워지면서 타이트하게 압축이 시작되어 조금은 거칠면서 공격적인 성향으로 압축됩니다. 오른쪽으로 갈수록 경계가 점점 부드러워지며 실제로 압축은 스레숄드 앞에서부터 되기 때문에 부드러운 성향으로 압축됩니다.

- **어택(ATTACK)** : 스레숄드를 넘어 압축이 시작될 때 바로 지정된 레이쇼로 압축되는 게 아니라 어택(타임)에서 설정한 시간만큼 시간이 걸려서 지정된 비율로 압축이 됩니다. 즉, 레이쇼가 3:1로 되어 있고 어택 타임이 15ms로 지정되어 있다면 소리가 스레숄드를 넘는 순간 압축을 시작해서 3:1의 비율로 압축되기까지 걸리는 시간이 15ms라는 뜻입니다. 참고로 15ms 동안 대기하고 있다가 압축되는 게 아니라 1.5:1 〉 1.8:1 〉 2:1 〉 2.5:1 〉 3:1 이런 식으로 조금씩 압축이 되는데 3:1로 압축되는 데 걸리는 시간이 15ms라는 뜻입니다.

- **릴리스(RELEASE)** : 압축되었다가 풀리는 데까지 걸리는 시간으로 릴리스 타임이 빠르면 흔히 말하는 펌핑 사운드가 되어서 리듬감을 강조할 수 있고 릴리스 타임이 길어지면 레벨을 정리하는 느낌으로 사용할 수 있습니다. 레벨을 정리하는 느낌으로 사용하고 싶은데 릴리스 타임 컨트롤이 어렵다면 릴리스 타임을 자동으로 조절해주는 AUTO 기능을 활성화해두면 특별한 상황이 아니라면 어느 정도 적용됩니다.

- **게인 리덕션(GAIN REDUCTION) 미터** : 컴프레서가 작동돼서 압축된 양을 보여주는 미터입니다.

④ 컴프레서 적용 방법

컴프레서는 레벨을 일정하게 정리해주는 장치로, 소스의 레벨이 들쑥날쑥해서 소리가 앞뒤로 많이 움직이는 현상을 줄여서 앞뒤 사이의 공간을 일정하게 하기 위해 적용합니다. 컴프레서를 걸기 전에 먼저 소리를 들어보고 소리가 튀는(다른 악기들에 비해서 조금 더 크게 들리는) 곳을 체크합니다.

애플 루프에 있는 드럼 루프를 하나 가지고 와서 간단하게 적용해보겠습니다.

* 〈그림 7-2-39 애플 루프를 가지고 와서 컴프레서 걸기〉

* 예제 파일 링크에서 2 PART 7-2 COMP.zip 파일을 참고하세요.

AUTO GAIN과 AUTO는 꺼둡니다.

〈그림 7-2-40 컴프레서 기본 설정〉

컴프레서를 바이패스 하고 소리를 들어보면서 튀는 곳을 찾아봅니다(컴프레서를 걸기 전에 소리를 체크해도 됩니다). 소리를 들어보니 스네어쪽의 소리가 튀게 들립니다. 소리가 튀는 구간을 체크했으니 이제 컴프레서를 다시 켜고 스레숄드를 일단 0으로 맞춰둡니다.

〈그림 7-2-41 컴프레서 적용 방법 1〉

스레숄드를 조금씩 내리면 처음에는 게인 리덕션 미터에 아무런 변화가 없다가 컴프레션이 되는 순간부터 게인 리덕션 미터가 움직이기 시작하는데 소리가 튀는 곳에서는 스네어가 다른 소리들과 비슷한 음량이 될 때까지 스레숄드를 내립니다.

〈그림 7-2-42 컴프레서 적용 방법 2〉

참고로 스레숄드를 너무 과하게 내리면 스네어뿐만 아니라 다른 소리들도 다 같이 컴프레션되기 때문에 타깃으로 정해둔 스네어만 컴프레션될 때까지 스레숄드를 내립니다. 그런 다음 릴리스 타임을 이용해서 이 소스의 리듬감을 살릴 것인지 아니면 레벨을 정리하는 느낌으로 적용할 것인지 생각해서 걸면 됩니다.

릴리스 타임의 개념이 어렵다면 기본값으로 설정되어 있는 50이나 100 정도부터 시작해서 앞뒤로 조절해보고, 레벨을 정리하는 느낌으로 사용할 때는 AUTO로 설정해두면 어느 정도 맞게 작동됩니다. 참고로 이 설정은 모든 상황에 적용되는 것은 아니니 가이드 라인으로 참고하면 됩니다.

〈그림 7-2-43 컴프레서 적용 방법 3〉

〈그림 7-2-44 컴프레서 적용 방법 4〉

어택은 빨라지면 소리가 닫히는 느낌이 들면서 좀 어둡게 느껴지고, 느려지면 소리가 열리면서 좀 밝은 느낌이 듭니다. 또한 어택이 빨라지면 소리가 뒤로 빠지는 느낌이 들고 느려지면 소리가 앞으로 나오는 느낌이 듭니다. 어택 타임 컨트롤은 단독으로 듣고 판단하기보다는 비교가 되는 소스와 같이 들으면서 하면 조금 더 쉽게 설정할 수 있습니다. 만약 적용하는 것이 어렵다면 처음에는 기본값으로 설정되어 있는 15ms로 사용해도 됩니다.

〈그림 7-2-45 컴프레서 적용 방법 5〉

지금처럼 컴프레서를 걸어두니 레벨이 조금 작아졌습니다. 메이크 업 항목을 이용해서 레벨 매칭(컴프레서를 걸기 전과 후의 음량을 맞춰주는 작업)을 해둡니다. 로직 내장 컴프레서의 경우 왼쪽에 있는 인풋 게인(INPUT GAIN)에서 원 소스의 레벨을, 아웃풋 게인(OUTPUT GAIN)에서 컴프레션되어 나가는 음량을 볼 수 있기 때문에 바이패스를 하면서 비교하지 않아도 편리하게 레벨 매칭이 가능합니다.

〈그림 7-2-46 컴프레서 적용 방법 6〉

[그림 7-2-46]을 보면 입력과 출력 레벨이 약 0.5dB 정도 차이가 나므로 메이크 업(Make Up)에서 0.5dB을 올려줍니다.

〈그림 7-2-47 컴프레서 적용 방법 7〉

레벨 매칭을 하면 컴프레서를 걸기 전과 후의 레벨이 어느 정도 일정해집니다.

〈그림 7-2-48 컴프레서 적용 방법 8〉

❺ 컴프레서 타입

로직 컴프레서의 상단에 있는 탭을 보면 'Platinum Digital'로 기본 설정되어 있고 그 옆에 Studio VCA, Studio FET, Classic VCA, Vintage VCA, Vintage FET, Vintage OPTO 등의 항목들이 있습니다. 크게 VCA, FET, OPTO 이렇게 3가지 타입으로 나눌 수 있는데, 이는 아날로그 컴프레서 타입들을 의미합니다. 해당 모드를 선택하면 동일하진 않지만 어느 정도 비슷한 효과를 나타냅니다.

먼저 Studio VCA는 Focusrite사의 Red 3 compressor입니다.

〈그림 7-2-49 컴프레서 타입 – Studio VCA〉

니(KNEE) 설정 파라미터가 빠지고 기본 컴프레서에서 걸던 소리를 Studio VCA 모드에서 들어보면 사운드가 약간 바뀐 것을 알 수 있습니다.

Studio FET는 1176 Rev.E Compressor입니다. 하드 니의 대명사로 불릴 정도로 굉장히 공격적인 사운드를 내주는 컴프레서입니다. 참고로 로직에 들어가 있는 버전은 오리지널 기기와 어택, 릴리스 타임이 다르기 때문에 동일한 사운드를 내주는 컴프레서라기보다는 비슷한 성향의 컴프레서로 보는 것이 좋습니다.

〈그림 7-2-50 컴프레서 타입 – Studio FET〉

Class VCA는 DBX 160 Compressor입니다. 화면에서 볼 수 있듯 니, 어택, 릴리스 3가지 항목이 생략되어 있습니다.

〈그림 7-2-51 컴프레서 타입 – Classic VCA〉

Vintage VCA는 그 유명한 SSL G Bus Compressor를 모델링한 컴프레서입니다. 오리지널 기기보다 어택과 릴리스, 니를 세밀하게 컨트롤할 수 있다는 장점이 있습니다.

〈그림 7-2-52 컴프레서 타입 - Vintage VCA〉

Vintage FET는 1176 Rev.A Compressor를 모델링한 컴프레서로, Studio FET와 마찬가지로 굉장히 공격적인 소리를 내주는 컴프레서입니다. 참고로, 로직에 내장된 버전은 니 설정 변경도 가능하고(오리지널 기기는 하드 니로 고정되어 있습니다) 오리지널 기기와 어택, 릴리스 타임이 다르기 때문에 동일한 사운드를 내주는 컴프레서라기보다 비슷한 성향의 컴프레서라고 보는 것이 좋습니다.

〈그림 7-2-53 컴프레서 타입 - Vintage FET〉

Vintage Opto는 LA-2A를 모델링한 컴프레서입니다. 컴프레션이 부드럽고 깔끔하게 되며 오리지널 기기에 없는 여러 어택, 릴리스, 니가 추가되어서 좀 더 다양한 컴프레션을 할 수 있게 만들어졌습니다. 동일한 사운드를 내주는 컴프레서라기보다 비슷한 성향의 컴프레서라고 보는 것이 좋습니다.

〈그림 7-2-54 컴프레서 타입 - Vintage Opto〉

로직 컴프레서는 모드를 바꿔도 기본 세팅은 그대로 유지되기 때문에 기본 컴프레서로 소리를 잡은 다음 여러 모드로 전환해보면서 마음에 드는 톤을 골라 작업하는 것도 좋은 방법입니다.

〈그림 7-2-55 기본 컴프레서로 먼저 컴프레션〉

〈그림 7-2-56 여러 타입으로 바꿔보면서 원하는 타입 선택〉

또한 컴프레서의 어택과 릴리스 타임 설정이 어렵다면 어택과 릴리스 타임이 고정되어 있는 Classic VCA 컴프레서 타입을 이용하면 됩니다.

〈그림 7-2-57 어택, 릴리스 타임이 고정되어 있는 Classic VCA 사용〉

Part 7. 실전 믹싱

이번에는 간단하게 Classic VCA 컴프레서를 이용한 컴프레션 방법을 정리해보겠습니다.

ⓐ 먼저 적용하고자 하는 소스를 들어봅니다.

ⓑ 소리가 유난히 크게 튀는 구간을 체크합니다. 드럼의 경우에는 어떤 악기인지 체크해봅니다.

ⓒ 컴프레서를 걸고 오토 게인을 끈 다음 소리가 튀는 구간이 잡힐 때까지 스레숄드를 내립니다.

ⓓ 소리를 조금 더 단단하게 만들고 싶다면 레이쇼를 높입니다.

ⓔ 바이패스 버튼을 이용해서 소리를 들어보거나 인풋 게인, 아웃풋 게인 미터를 보면서 메이크 업을 이용해서 작아진 음량을 보상해줍니다.

7.2.6 리버브

❶ 리버브의 개념
간단히 말하면 공간감을 만들어주는 장치로, 음악이 어떤 공간에서 연주되고 있는지 표현해주는 이펙트입니다.

❷ 리버브 적용 방법
리버브는 특별한 경우가 아니라면 억스 트랙을 이용해서 적용합니다. 경우에 따라 오디오 에프엑스 항목에 바로 적용해서 사용하는 경우도 있습니다.

간단하게 리버브를 거는 방법에 대해 알아보겠습니다. 먼저 리버브를 걸려는 트랙에서 Sends 항목을 클릭하면 연결 가능한 버스 항목이 나옵니다. 원하는 버스를 선택합니다.

〈그림 7-2-58 리버브 걸기 1〉

〈그림 7-2-59 리버브 걸기 2〉

여기서는 Bus 10으로 연결하겠습니다.

〈그림 7-2-60 리버브 걸기 3〉

이렇게 설정하면 자동으로 Bus 10으로 연결된 억스
트랙이 만들어집니다.

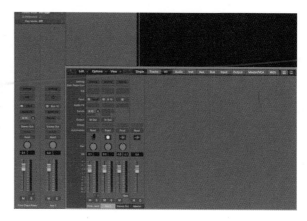
〈그림 7-2-61 리버브 걸기 4〉

그런 다음 억스 트랙에 원하는 리버브를 적용합니다.

〈그림 7-2-62 리버브 걸기 5〉

〈그림 7-2-63 리버브 걸기 6〉

여기서는 ChromaVerb로 진행하겠습니다.

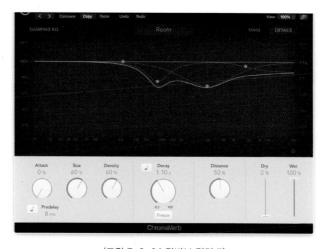
〈그림 7-2-64 리버브 걸기 7〉

디테일하게 리버브를 적용할 때는 세밀하게 설정해서 만드는 것이 좋지만 그게 어렵다면 프리셋을 불러와서 적용해도
됩니다.

〈그림 7-2-65 리버브 걸기 8 〉

원하는 프리셋을 고른 다음 Sends 항목 오른쪽의 작은 페이더를 적당한 만큼 돌려서 리버브를 적용합니다.

〈그림 7-2-66 리버브 걸기 9〉

〈그림 7-2-67 리버브 걸기 10〉

작은 노브를 돌려서 적용하는 것이 번거롭다면 믹서 상단에 있는 'Sends on Faders' 항목을 활성화해줍니다.

〈그림 7-2-68 리버브 걸기 11〉

〈그림 7-2-69 리버브 걸기 12〉

〈그림 7-2-70 리버브 걸기 13〉

원하는 만큼 적용했다면 'Sends on Faders'를 다시 클릭해 비활성화해둡니다.

〈그림 7-2-71 리버브 걸기 14〉

〈그림 7-2-72 리버브 걸기 15〉

❸ 리버브 기본 파라미터

이번에는 로직의 기본 리버브에서 꼭 알아야 하는 파라미터 몇 가지를 알아보겠습니다. 먼저 왼쪽 하단의 어택은 지정된 덴시티(Density)까지 적용되는 데 걸리는 시간입니다. 이 개념이 어렵게 느껴진다면 처음에는 기본 설정대로 사용하는 것을 권장합니다.

〈그림 7-2-73 리버브 파라미터 1〉

사이즈(Size)는 리버브가 울리는 공간의 크기를 결정하는 항목으로 왼쪽으로 갈수록(0%에 가까워질수록) 점점 작은 공간이 되고 오른쪽으로 갈수록(100%에 가까워질수록) 점점 큰 공간이 됩니다. 사이즈는 리버브 설정 시 가장 중요한 항목 중 하나로, 작업하는 공간의 사이즈를 예측하고 그 사이즈에 맞는 값을 선택하면 됩니다.

〈그림 7-2-74 리버브 파라미터 2〉

덴시티는 리버브의 밀도를 정하는 항목으로 왼쪽으로 갈수록 밀도가 낮아지고, 오른쪽으로 갈수록 밀도가 높아집니다. 개념이 어렵게 느껴진다면 처음에는 기본값으로 두고 사용합니다.

〈그림 7-2-75 리버브 파라미터 3〉

어택 하단의 프리딜레이(Predelay)는 원본과 리버브의 시간차를 주는 항목입니다.

〈그림 7-2-76 리버브 파라미터 4〉

디케이(Decay)는 리버브 적용 시 중요한 요소 중 하나로 흔히 리버브(소리의 잔향이 느껴지는 곳)라고 느껴지는 곳으로 리버브의 테일을 조절하는 항목입니다. 노래를 들으면서 리버브 테일이 다음 노트에 겹치지 않게 즉, 다음 노트가 나오기 전에 끝나도록 설정하면 깔끔하게 적용됩니다.

〈그림 7-2-77 리버브 파라미터 5〉

디스턴스(Distance)는 거리감을 조절하는 항목으로 0%에 가까워질수록 리버브가 거의 안 들리고 100%에 가까워질수록 리버브가 잘 들립니다. 이 항목도 처음에는 어려울 수 있기 때문에 기본 설정으로 사용하는 것을 권장합니다.

〈그림 7-2-78 리버브 파라미터 6〉

드라이(Dry)는 원본 소스의 레벨을 조절하고, 웨트(Wet)는 리버브가 적용된 소스의 레벨을 조절하는 항목입니다. 해당 트랙에 직접 걸지 않고 버스를 통해 연결된 억스 트랙에 거는 경우에는 그림과 같이 드라이 0%, 웨트 100%로 설정해서 사용하면 됩니다. 이는 다른 리버브도 동일합니다.

〈그림 7-2-79 리버브 파라미터 7〉

화면 상단의 룸(Room) 항목은 클릭하면 여러 리버브 알고리즘을 볼 수 있는데, 각 항목별로 사운드가 다르기 때문에 곡에 어울리는 것으로 골라서 사용하면 됩니다.

〈그림 7-2-80 리버브 파라미터 8〉

마지막으로 오른쪽 상단의 디테일(DETAILS) 버튼을 누르면 화면에 보이는 항목들이 바뀌게 됩니다.

〈그림 7-2-81 리버브 파라미터 9〉

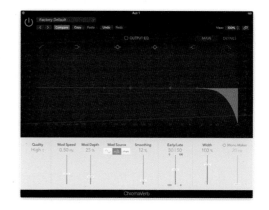

〈그림 7-2-82 리버브 파라미터 10〉

리버브를 좀 더 디테일하게 설정하는 항목으로 리버브를 처음 설정할 때는 어렵게 느껴질 수 있습니다. 이 책에서는 아웃풋 이큐(OUTPUT EQ) 항목만 간단하게 다루겠습니다.

아웃풋 이큐는 리버브를 조금 더 다듬는 항목으로, 기본적으로 로우 패스 필터로 하이 컷이 되어 있는데 경우에 따라서 리버브에서 불필요한 저음을 하이 패스 필터(로우 컷)로 정리할 때도 있습니다. 리버브 톤을 들어보면서 불필요한 저음이 사라질 때까지 하이 패스 필터를 적용하면 되는데 보통 300~400Hz 사이를 정리합니다.

〈그림 7-2-83 리버브 파라미터 11〉

* 예제 파일 링크에서 3 PART 7-2 REVERB.zip 파일을 참고하세요.

7.2.7 딜레이

❶ 딜레이의 개념
딜레이는 특정한 주기에 따라 원 소스가 반복되고 사라지는 현상으로, 반드시 확실한 목적을 가지고 사용해야 합니다. 예를 들어 딜레이를 확실하게 들리게 할 것인지 아니면 공간감을 줄 것인지 또는 특수한 효과를 줄 것인지 등 명확한 사용목적을 선택합니다.

❷ 딜레이 불러오기
딜레이도 리버브와 마찬가지로 특별한 경우가 아니라면 억스 트랙에 걸어서 적용합니다.

Sends 항목을 클릭합니다.

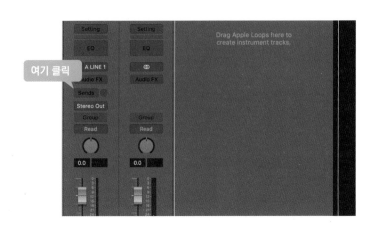

〈그림 7-2-84 딜레이 걸기 1〉

클릭 후 나오는 버스 중에서 원하는 것을 선택합니다. 여기서는 Bus 11을 선택하겠습니다.

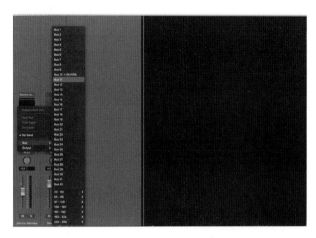

〈그림 7-2-85 딜레이 걸기 2〉

Bus 11을 지정하면 자동으로 억스 트랙이 만들어지는데, 오디오 에프엑스 항목에 적용하고자 하는 딜레이 이펙트를 골라서 적용합니다.

〈그림 7-2-86 딜레이 걸기 3〉

여기서는 손쉽게 사용할 수 있는 테이프 딜레이(Tape Delay)로 진행하겠습니다.

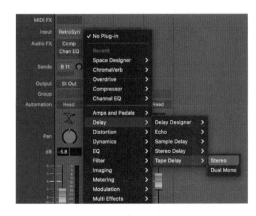

〈그림 7-2-87 딜레이 걸기 4〉

〈그림 7-2-88 딜레이 걸기 5〉

❸ 딜레이 기본 파라미터

이번에는 로직 기본 딜레이에서 꼭 알고 있어야 하는 파라미터 몇 가지를 알아보겠습니다. 먼저 왼쪽 상단의 템포 싱크 (Tempo Sync)는 테이프 딜레이 플러그인에서 딜레이 타임(Delay Time)을 작업하고 있는 프로젝트의 템포와 자동으로 맞춰주는 기능입니다. 오른쪽의 Note 항목에서 원하는 박자를 선택하면 됩니다.

〈그림 7-2-89 딜레이 기본 파라미터 1〉

〈그림 7-2-90 딜레이 기본 파라미터 2〉

템포 싱크가 비활성화되어 있을 때는 딜레이 타임을 직접 입력하거나 하단에 있는 다이얼을 돌려서 수동으로 맞출 수 있습니다.

〈그림 7-2-91 딜레이 기본 파라미터 3〉

〈그림 7-2-92 딜레이 기본 파라미터 4〉

〈그림 7-2-93 딜레이 기본 파라미터 5〉

가장 오른쪽에 피드백(FEEDBACK) 항목이 있습니다.

〈그림 7-2-94 딜레이 기본 파라미터 6〉

피드백이란 출력을 입력으로 되돌린다는 뜻으로, 딜레이 이펙트에서 피드백의 역할을 예를 들어 설명해보겠습니다. 피드백을 50%로 설정하면 처음 원본 소리는 100% 그대로 나오지만 딜레이되어 나오는 소리는 처음 대비 50%가 됩니다. 그리고 다음 소리는 50%의 50% 즉, 원본으로 치면 25%의 출력이 됩니다. 그리고 또 50%의 50%의 50%가 되기 때문에 원본 대비 12.5%가 되고, 이런식으로 반복되어 소리가 완전히 사라질 때까지 반복됩니다.

참고로 피드백을 100%로 설정하면 원본 대비 100%가 무한 반복되기 때문에 소리가 사라지지 않으며 피드백이 100%가 넘어가면 원본 대비 출력이 증가하기 때문에 점점 소리가 커지게 됩니다.

〈그림 7-2-95 딜레이 기본 파라미터 7〉

〈그림 7-2-96 딜레이 기본 파라미터 8〉

피드백을 100% 이상으로 설정하는 것은 테이프 딜레이에서 가능한 특징 중 하나로, 딜레이가 무한 반복되면서 나오는 독특한 사운드를 음악적으로 연출하는 경우가 많습니다. 예) Lydian - Daydream(2분 20초~2분 30초 사이)

❹ 딜레이 적용 방법

리버브와 동일하게 억스 트랙에 적용하는 방법과 해당 트랙에 걸어서 사용하는 방법이 있는데, 이 책에서는 억스 트랙에 적용하는 방법만 알아보겠습니다.

리버브와 동일하게 Sends 오른쪽 항목을 클릭해 연결할 버스를 하나 선택합니다.

〈그림 7-2-97 딜레이 기본 파라미터 9〉

〈그림 7-2-98 딜레이 기본 파라미터 10〉

그런 다음 Audio FX 항목에서 원하는 딜레이 플러그인을 선택합니다.

〈그림 7-2-99 딜레이 기본 파라미터 11〉

〈그림 7-2-100 / 딜레이 기본 파라미터 12〉

아웃풋 항목에 드라이, 웨트 항목이 있는데 억스 트랙에 딜레이를 걸었을 경우에는 웨트를 100%로 설정합니다.

〈그림 7-2-101 딜레이 기본 파라미터 13〉

〈그림 7-2-102 딜레이 기본 파라미터 14〉

그런 다음 왼쪽 상단의 딜레이 노트를 곡에 어울리는 노트로 설정합니다. 정해져 있는 것은 아니지만 보통 1/8, 1/4이 자주 사용됩니다. 피드백은 너무 과하지 않고 곡에 묻어나오면서 빈 공간만 채워준다는 느낌으로 적용하고, 샌드도 마찬가지로 과하지 않게 조금씩 올려보면서 적당한 양을 찾아서 적용합니다.

⑤ 스테레오 딜레이(Stereo Delay)

지금까지 테이프 딜레이만 알아봤는데, 스테레오 딜레이 사용법도 간단하게 살펴보겠습니다.

스테레오 딜레이를 불러오면 [그림 7-2-103]과 같은 플러그인 창이 열립니다.

〈그림 7-2-103 스테레오 딜레이 1〉

테이프 딜레이와 마찬가지로 원하는 딜레이 타임과 피드백을 적용해서 사용합니다.

〈그림 7-2-104 스테레오 딜레이 2〉

스테레오 딜레이는 테이프 딜레이와 다르게 왼쪽과 오른쪽 딜레이 값을 다르게 설정해서 좀 더 넓은 확산감을 얻을 수 있습니다.

〈그림 7-2-105 스테레오 딜레이 3〉

만약 테이프 딜레이처럼 왼쪽과 오른쪽을 동시에 움직이고 싶다면 플러그인 오른쪽에 있는 스테레오 링크(Stereo Link) 버튼을 클릭하면 됩니다.

〈그림 7-2-106 스테레오 딜레이 4〉

스테레오 링크가 활성화되면 왼쪽과 오른쪽의 값이 동일하게 움직이게 됩니다.

〈그림 7-2-107 스테레오 딜레이 5〉

딜레이 이펙트에 자주 사용되는 항목들을 알아봤습니다. 나머지 항목들은 실전 믹싱 때 조금 더 자세하게 알아보겠습니다.

Chapter 3

익스포트 & 바운스 개념 및 방법

7.3.1 익스포트(Export)와 바운스(Bounce)란?

로직에서 작업을 마친 다음 믹싱을 할 때 모든 트랙을 오디오 파일로 바꿔야 하는데, 그때 모든 개별 트랙을 하나씩 따로 추출하는 것을 '익스포트', 따로 추출하지 않고 하나의 오디오 파일로 만들어주는 작업을 '바운스'라고 합니다.

7.3.2 로직에서 익스포트하는 방법

① 모노, 스테레오 구분 방법

익스포트할 때 대부분의 가상 악기들이 모노 파일과 스테레오 파일의 구분 없이 전부 스테레오로 되기 때문에 익스포트를 하기 전에 반드시 가상 악기들의 오디오 파일을 만들어둬야 합니다. 트랙이 모노인지 스테레오인지 구분하기 어려울 때는 로직에 내장되어 있는 기본 플러그인을 이용해 간단하게 구분할 수 있습니다.

'Metering → MultiMeter'를 클릭한 후 상단의 'GONIOMETER' 항목을 선택합니다.

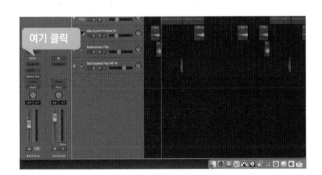
〈그림 7-3-1 모노, 스테레오 구분하기 1〉

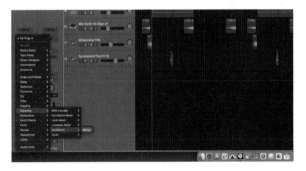
〈그림 7-3-2 모노, 스테레오 구분하기 2〉

---

* 모노는 넓이와 방향성이 없는 소스를 의미합니다.

  스테레오는 넓이와 방향성(왼쪽에서 나오는지 오른쪽에서 나오는지) 둘 중 하나 혹은 둘 다 가지고 있는 소스를 의미합니다.

〈그림 7-3-3 모노, 스테레오 구분하기 3〉

〈그림 7-3-4 모노, 스테레오 구분하기 4〉

해당 소스가 모노일 때는 화면 가운데 선으로 표시됩니다.

〈그림 7-3-5 모노, 스테레오 구분하기 5 / 모노인 경우〉

해당 소스가 스테레오 소스일 때는 다음과 같은 형태로 표시됩니다.

〈그림 7-3-6 모노, 스테레오 구분하기 6 / 스테레오인 경우〉

주의 ┃ 모노 트랙에서는 'GONIOMETER' 항목이 없기 때문에 반드시 스테레오 트랙에서만 확인이 가능합니다.

한 가지 팁을 드린다면 Stereo Out에 플러그인을 걸어서 사용하면 편리하게 확인할 수 있습니다.

❷ 모노 파일 만드는 방법 및 악기 트래킹(Tracking)

미디 파일을 오디오 파일로 만드는 가장 간단한 방법은 바운스 리전 인 플레이스(Bounce Region In Place) 기능을 이용하는 것입니다. 해당 트랙을 선택한 후 단축키 'Control + B'를 누르면 창이 하나 뜨는데, 거기서 원 소스는 뮤트하고 오디오 테일 포함, 그리고 볼륨 오토메이션이 필요하면 마지막 항목을 체크하고 노멀라이즈는 꺼둡니다. 참고로 팬 오토메이션이 들어가는 경우는 모노가 아니라 스테레오 소스입니다.

〈그림 7-3-7 모노 파일 만들기 1〉

이렇게 만들고 나면 스테레오 파일로 만들어집니다. 스테레오 파일이 필요할 때는 여기까지 하면 됩니다.

〈그림 7-3-8 모노 파일 만들기 2〉

여기서 파일을 다시 모노로 바꾸려면 다시 한번 바운스 리전 인 플레이스를 해야 하는데, 먼저 해당하는 트랙의 원 두 개 아이콘을 클릭해서 하나로 바꿉니다.

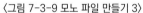

〈그림 7-3-9 모노 파일 만들기 3〉

〈그림 7-3-10 모노 파일 만들기 4〉

그런 다음 바운스 리전 인 플레이스 기능을 이용해서 동일하게 진행합니다. 이때는 절대로 하단에 있는 볼륨/팬 오토메이션 항목을 체크하면 안 됩니다.

〈그림 7-3-11 모노 파일 만들기 5〉

이렇게 설정하면 정상적으로 모노 파일이 만들어집니다.

〈그림 7-3-12 모노 파일 만들기 6〉

가상 악기들도 동일한 방법으로 모노와 스테레오를 전부 구분해서 오디오 파일로 변경하면 됩니다. 오디오 파일의 경우에도 동일한 방법으로 모노와 스테레오를 체크해서 모노인데 스테레오로 되어 있는 경우는 반드시 모노 파일로 변경해야합니다. 예를 들어 [그림 7-3-13]과 킥 드럼이 스테레오 파일로 되어 있는데 체크해보면 모노입니다.

〈그림 7-3-13 모노 파일 만들기 7〉

〈그림 7-3-14 모노 파일 만들기 8 / 그림처럼 선이 하나면 모노 소스〉

이런 경우도 마찬가지로 먼저 해당하는 트랙에서 원 두 개 아이콘을 클릭해 한 개로 바꿔준 다음 바운스 리전 인 플레이스를 적용하면 됩니다.

〈그림 7-3-15 모노 파일 만들기 9〉

〈그림 7-3-16 모노 파일 만들기 10〉

〈그림 7-3-17 모노 파일 만들기 11〉

〈그림 7-3-18 모노 파일 만들기 12〉

같은 방법으로 다른 오디오 트랙도 모노 / 스테레오 정리를 해둡니다.

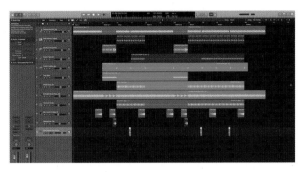

〈그림 7-3-19 오디오 트랙 정리〉

❸ **익스포트하는 방법**

트래킹이 끝났으면 이제 오디오 파일을 익스포트해보겠습니다.

왼쪽 상단에서 'File → Export → All Tracks as Audio Files...' 항목을 선택합니다.

〈그림 7-3-20 익스포트하기 1〉

그러면 바운스 플레이스와 비슷한 모양의 창이 하나 뜹니다.

〈그림 7-3-21 익스포트하기 2〉

위와 같은 창이 나오지 않을 때는 왼쪽 하단의 'Options' 버튼을 클릭합니다.

〈그림 7-3-22 익스포트하기 3 / 메뉴가 보이지 않을 경우〉

여기서 세이브 포맷(Save Format)은 특별한 경우가 아니라면 Wave를 선택하고 비트 뎁스(Bit Depth)는 24Bit를 선택합니다. 그리고 하단에 보면 바이패스 이펙트 플러그인 항목이 있는데, 이펙트 플러그인을 적용하려면 그대로 두고 적용하지 않으려면 체크합니다.

믹싱 스튜디오에 파일을 가지고 갈 때 이펙트를 넣은 것과 넣지 않은 것 둘 다 가져가는 것이 좋습니다. 이때 이펙트가 빠진 파일은 파일명 뒤에 'Dry'라고 쓰고 이펙트가 들어간 파일은 파일명 뒤에 'Wet'라고 써두면 구분하기 편합니다. (예: BASS_WET / BASS_DRY) 그리고 바운스 인 플레이스를 할 때와 마찬가지로 볼륨/팬 오토메이션은 절대로 포함하면 안 됩니다. 따라서 반드시 체크 해제합니다. 만약 체크되어 있다면 모노 파일들을 전부 스테레오로 변경해서 익스포트하게 됩니다.

〈그림 7-3-23 익스포트하기 4〉

노멀라이즈는 Off로 설정합니다. 그리고 Pattern 항목에서 익스포트됐을 때 파일 이름의 형식을 지정할 수 있는데, 대부분 기본값으로 사용해도 크게 문제 없습니다. 여기서는 기본값으로 해두겠습니다. 준비가 끝난 후 오른쪽 하단의 'Export' 버튼을 클릭하면 모든 익스포트가 시작됩니다. 익스포트가 끝나면 새로운 프로젝트를 만들어서 오디오 파일을 가지고 옵니다.

〈그림 7-3-24 익스포트하기 5〉

〈그림 7-3-25 익스포트하기 6〉

〈그림 7-3-26 익스포트하기 7〉

화면에 보이는 것처럼 모노와 스테레오를 구분해서 모든 파일들을 잘 가지고 왔습니다. 여기까지 기본적인 믹싱 준비가 끝났습니다.

---

* 예제 파일 링크에서 5 PART 7-3 EXPORT.zip 파일을 참고하세요.

Chapter 4

실전 믹싱

지금까지 만든 곡을 가지고 와서 어떤 식으로 믹싱을 하는지 알아보겠습니다.

7.4.1 믹싱 준비

먼저 이전에 배운 내용을 토대로 모든 소스들을 모노 / 스테레오로 구분한 다음 익스포트를 해서 가지고 옵니다. 믹싱할 때 편의를 위해 마커도 입력해두면 좋습니다.

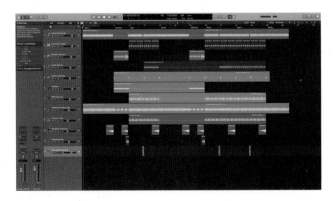

〈그림 7-4-1 믹싱 준비 1 / 악기들을 가지고 온 다음 마커 입력한 모습〉

트랙 이름을 적고 나서 트랙을 순서대로 정리합니다. 트랙 순서는 일반적으로 '드럼, 베이스, 악기(빈도에 따라 정렬), 메인 보컬, 백 보컬' 순으로 정리합니다.

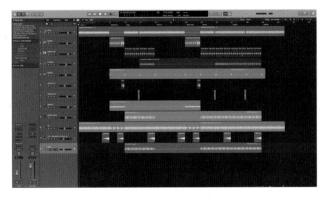

〈그림 7-4-2 믹싱 준비 2〉

볼륨 페이더를 전부 0dBFS로 맞춥니다.

〈그림 7-4-3 믹싱 준비 3〉

오디오 트랙들을 하나씩 체크해서 레벨이 너무 큰 것은 클립 게인을 이용해서 −10dB 정도의 여유 공간이 있을 정도로 줄여줍니다. VU 미터를 이용해서 레퍼런스 레벨로 맞추는 것은 여기서는 생략하겠습니다. 모든 트랙의 레벨을 일정하게 맞추려면 레퍼런스 레벨로 맞춰야 하지만 이 책에서는 초보자들도 편하게 적용해볼 수 있는 방법으로 진행해보겠습니다.

트랙을 전체 선택한 다음 'Functions → Normalize Region Gain…' 을 선택합니다.

〈그림 7-4-4 믹싱 준비 4〉

다음 창이 뜨면 Affect는 Individual Tracks를 선택, Algorithm은 Peak를 선택, Target Level은 −10db을 선택합니다. 이세팅이 정확한 것은 아니지만 어느 정도 편하게 사용할 수 있는 세팅값입니다.

〈그림 7-4-5 믹싱 준비 5〉

전체적으로 들쑥날쑥했던 레벨이 대체로 일정하게 바뀐 것을 확인할 수 있습니다.

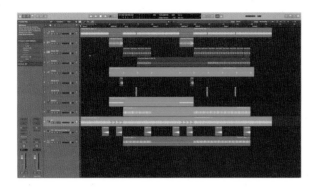

〈그림 7-4-6 믹싱 준비 6 / 노멀라이즈 게인 실행 전〉

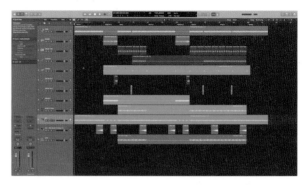

〈그림 7-4-7 믹싱 준비 7 / 노멀라이즈 게인 실행 후〉

서밍 스택을 이용해서 트랙을 묶어두면 더욱 편리하게 믹싱을 할 수 있습니다.

〈그림 7-4-8 믹싱 준비 8 / 서밍 스택 1〉

〈그림 7-4-9 믹싱 준비 9 / 서밍 스택 2 /
하단에 있는 서밍 스택 선택〉

〈그림 7-4-10 믹싱 준비 10 / 서밍 스택으로 묶인 상태〉

〈그림 7-4-11 믹싱 준비 11 /
알아보기 편하게 서밍 스택 이름을 지정〉

다른 트랙들도 동일한 방법으로 서밍 스택으로 묶어둡니다.

〈그림 7-4-12 믹싱 준비 12 / 서밍 스택으로 묶어둔 상태〉

참고로 보컬의 경우에는 보통 따로 '+Vox'라고 만들어두고 사용하는데 여기서는 짧은 보이스가 악기처럼 사용되기 때문에 '+Inst' 안에 포함했습니다(보이스도 2개 이상인 경우에는 따로 구분해서 묶어두는 것이 더 편리합니다).

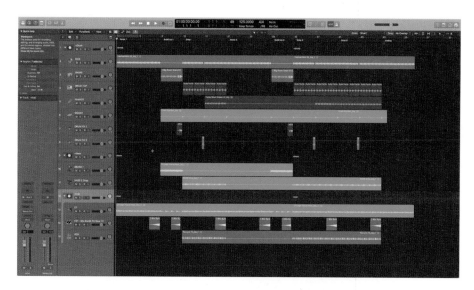

〈그림 7-4-13 믹싱 준비 13 / 서밍 스택으로 묶어둔 것을 푼 상태〉

이제 준비가 끝났으면 본격적인 믹싱에 들어가도록 하겠습니다.

먼저 드럼부터 시작해보겠습니다. 현재 드럼 파트를 보면 킥, 스네어, 드럼 탑, 셰이커 등 여러 가지 악기들로 구성되어 있는데 킥부터 진행해보겠습니다.

〈그림 7-4-14 믹싱 시작 1〉

먼저 이큐를 이용해서 톤을 만들어보겠습니다. 드럼 톤을 만들 때는 지금까지 사용했던 채널 이큐(Channel EQ)를 사용하거나 로직에서 기본적으로 제공하는 빈티지 이큐를 기반으로 만들어진 이큐를 사용하는데, 여기서는 빈티지 이큐를 이용해보겠습니다.

'EQ → Vintage EQ Collection'에 들어가면 3가지 이큐가 있습니다. 첫 번째 Vintage Console EQ는 'NEVE 1073 EQ'를 모델링한 것이고 두 번째 Vintage Graphic EQ는 'API 560'을 모델링, 마지막으로 Vintage Tube EQ는 'Pultec EQ'를 모델링한 것입니다.

〈그림 7-4-15 믹싱 시작 2〉

여기서는 Vintage Console EQ로 진행하도록 하겠습니다.

이큐를 실행하면 다음과 같은 플러그인이 열립니다.

〈그림 7-4-16 빈티지 콘솔 이큐〉

간단하게 사용법을 설명해드리겠습니다. 먼저, 가장 왼쪽에 있는 항목은 로우 컷(Low Cut) 즉, 저음을 깎는 곳으로 오리지널 하드웨어처럼 스텝 방식으로 작동되는 게 아니기 때문에 섬세한 조작이 가능합니다. 오리지널 하드웨어의 느낌으로 사용하려면 해당 프리퀀시 노브를 돌리는게 아니라 클릭하면 됩니다.

〈그림 7-4-17 빈티지 콘솔 이큐 사용법 1 / 로우 컷 1〉

〈그림 7-4-18 빈티지 콘솔 이큐 사용법 2 / 로우 컷 2〉

오리지널 기기들은 파라미터들이 스텝 방식으로 작동되지만 빈티지 콘솔 이큐는 스텝 방식으로 작동되지 않기 때문에 세밀한 컨트롤이 가능합니다.

〈그림 7-4-19 빈티지 콘솔 이큐 사용법 3 / 프리퀀시 노브 1〉

〈그림 7-4-20 빈티지 콘솔 이큐 사용법 4 / 프리퀀시 노브 2〉

그리고 가운데 하단을 보면 로우 프리퀀시(LOW FREQ), 미드 프리퀀시(MID FREQ) 항목이 있는데 거기서 컨트롤할
프리퀀시를 고를 수 있습니다.

〈그림 7-4-21 빈티지 콘솔 이큐 사용법 5 / 프리퀀시 노브 3〉

그리고 그 위에 로우 게인(LOW GAIN), 미드 게인(MID GAIN) 항목에서 원하는 만큼 증폭 및 감쇄를 할 수 있습니다.

〈그림 7-4-22 빈티지 콘솔 이큐 사용법 6 / 증폭 및 감쇄〉

그리고 마지막 하이 게인(HIGH GAIN)은 프리퀀시가 써져 있지는 않지만 NEVE 1073 EQ의 하이는 12kHz입니다.

〈그림 7-4-23 빈티지 콘솔 이큐 사용법 7 / 하이 게인〉

플러그인 가장 오른쪽에 아웃풋 항목이 있는데, 가장 위에 있는 드라이브(DRIVE)는 새츄레이션의 양을 조절할 수 있습
니다. 0부터 11.0까지 조절 가능합니다. 추가적인 배음이 필요 없다면 0으로 설정하고 필요하면 먼저 0으로 설정한 뒤 조
금씩 올리는 것도 좋은 방법입니다. 참고로 드라이브 노브를 올릴수록 점점 많은 배음이 생성됩니다.

〈그림 7-4-24 빈티지 콘솔 이큐 사용법 8 / 드라이브 1〉

〈그림 7-4-25 빈티지 콘솔 이큐 사용법 9 / 드라이브 2〉

조금 더 깊게 들어가보겠습니다. 빈티지 콘솔 이큐를 걸고 드라이브 노브를 0으로 했을 때 2차, 3차 배음만 발생합니다.

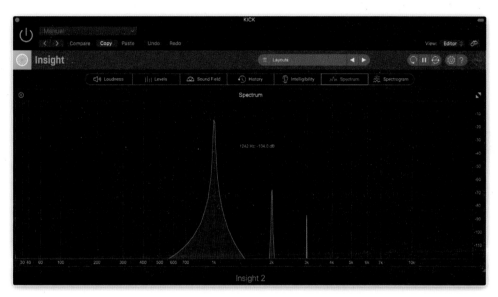

〈그림 7-4-26 빈티지 콘솔 이큐 사용법 10 / 드라이브 3〉

그리고 드라이브 노브를 올리면 점점 많은 차수의 배음이 발생되기 시작합니다.

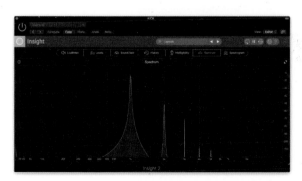

〈그림 7-4-27 빈티지 콘솔 이큐 사용법 11 / 드라이브 4〉

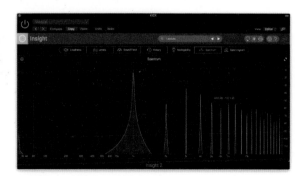

〈그림 7-4-28 빈티지 콘솔 이큐 사용법 12 / 드라이브 5 / 최대값〉

드라이브 노브 하단에 있는 아웃풋 모델(Output Model) 항목에서 다른 빈티지 이큐의 캐릭터를 가지고 오는 것도 가능합니다.

〈그림 7-4-29 빈티지 콘솔 이큐 사용법 13 / 드라이브 6〉　　　　〈그림 7-4-30 빈티지 콘솔 이큐 사용법 14 / 드라이브 7〉

참고로 각 이큐마다 생성되는 배음 구조가 다릅니다.

[그림 7-4-30]을 보면 OUTPUT 하단에 DRIVE 항목이 있습니다. DRIVE를 0으로 하고 아웃풋 모델을 실키(Silky - Tube EQ)로 선택하면 다음과 같은 화면이 나타납니다.

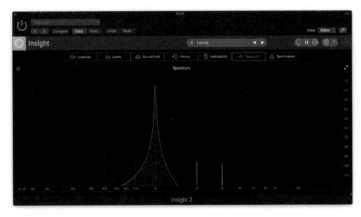

〈그림 7-4-31 빈티지 콘솔 이큐 사용법 15 / 실키〉

드라이브를 0으로 하고 아웃풋 모델을 펀치(Punchy - Graphic EQ)로 선택하면 다음과 같은 화면이 나타납니다.

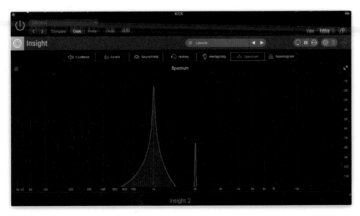

〈그림 7-4-32 빈티지 콘솔 이큐 사용법 16 / 펀치〉

아웃풋 모델 하단에 페이즈(Phase) 항목이 있는데, 기본값인 Natural로 설정하면 이큐를 적용했을 때 생기는 페이즈의 변화를 반영하고 Linear로 설정하면 위상 변화 없이 적용하게 해주는 항목입니다.

〈그림 7-4-33 빈티지 콘솔 이큐 사용법 17 / 페이즈 설정 1〉

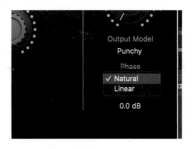

〈그림 7-4-34 빈티지 콘솔 이큐 사용법 18 / 페이즈 설정 2〉

마지막으로 볼륨은 소리의 크기를 조절하는 곳인데 이큐를 이용해서 톤 메이킹을 하게 되면 주로 부스트를 하게 되어서 레벨이 커지게 됩니다. 이때 볼륨 항목에서 커진 만큼 줄여서 레벨 매칭을 할 수 있습니다.

〈그림 7-4-35 빈티지 콘솔 이큐 사용법 19 / 볼륨 조절〉

그럼 이제부터 실제로 어떤식으로 톤 메이킹을 하는지 알아보겠습니다.

① 빈티지 콘솔 이큐를 이용한 킥 사운드 디자인

킥의 경우에는 보통 60Hz 근처가 킥의 저음을 만들어주는 곳으로 킥 드럼의 저음이 부족하거나 저음을 좀 더 넣고 싶을 때는 60Hz를 들으면서 듣기 좋은 만큼 키워줍니다.

〈그림 7-4-36 킥 사운드 디자인 1 / 저음 부스트〉

그리고 킥의 타격감을 조금 더 강조하기 위해서 3.2kHz에서 7.2kHz를 부스트 해줍니다. 찾는 방법은 상단에 있는 게인 노브를 이용해서 조금 부스트한 뒤 3.2에서 7.2를 돌려가면서 '딱' 하는 느낌의 소리가 나는 곳을 찾은 다음 다시 게인 노브를 초기화한 뒤 적당한 양을 올리면 됩니다.

〈그림 7-4-37 킥 사운드 디자인 2 / 타격감 주는 곳〉

이렇게 프로세싱을 하고 나면 소리가 커지기 때문에 플러그인 바이패스를 눌러서 어느 정도 커졌는지 확인하고 오른쪽 하단에 있는 볼륨을 이용해서 커진 만큼 매칭을 해줍니다. 이것을 '레벨 매칭'이라고 합니다.

〈그림 7-4-38 킥 사운드 디자인 3 / 플러그인이 꺼졌을 때 레벨〉

〈그림 7-4-39 킥 사운드 디자인 4 / 플러그인이 켜졌을 때 레벨〉

〈그림 7-4-40 킥 사운드 디자인 5 / 레벨 매칭 1〉

〈그림 7-4-41 킥 사운드 디자인 6 / 레벨 매칭 2〉

〈그림 7-4-42 킥 사운드 디자인 7 / 레벨 매칭 3〉

② 빈티지 콘솔 이큐를 이용한 스네어 믹싱

이번에는 킥과 마찬가지로 동일한 콘솔 이큐를 사용해서 스네어 사운드 디자인을 해보겠습니다.

〈그림 7-4-43 스네어 사운드 디자인 1〉

킥과 동일한 콘솔 이큐를 불러온 다음, 스네어는 일반적으로 저음이 필요 없기 때문에 80Hz 근처를 로우 컷으로 정리해줍니다.

〈그림 7-4-44 스네어 사운드 디자인 2 / 로우 컷〉

그리고 3.2kHz 근처를 살짝 부스트해서 존재감을 만들어줍니다.

〈그림 7-4-45 스네어 사운드 디자인 3 / 하이 부스트〉

플러그인을 껐다 켰다 하면서 오리지널 소스의 레벨과 맞춰줍니다.

〈그림 7-4-46 스네어 사운드 디자인 4 / 레벨 매칭〉

하이햇과 스네어와 스냅으로 이루어진 드럼 탑쪽도 스네어
와 비슷한 프로세싱을 해줍니다.

〈그림 7-4-47 드럼 탑 사운드 디자인 1〉

〈그림 7-4-48 드럼 탑 사운드 디자인 2〉

셰이커는 사운드 메이킹보다는 불필요한 저음만 커트하는 정도로 마무리하면 됩니다. 이럴 때는 빈티지 콘솔 이큐보다
채널 이큐를 사용하면 좀 더 편리하게 정리할 수 있습니다.

〈그림 7-4-49 셰이커에 이큐 적용 1〉

〈그림 7-4-50 셰이커에 이큐 적용 2 / 채널 이큐 불러온 화면〉

[그림 7-4-50]만 보면 저음 쪽에 아무런 정보가 없는 것 같은데 킥 드럼과 같이 들어보면 저음 쪽에 서로 뒤섞인 소리(
마스킹)가 들립니다. 지금 이 상태에선 저음 쪽에 아무것도 없는 것 같지만 확대해서 보면 저음 쪽에서 소리가 나고 있는
것을 확인할 수 있습니다.([그림 7-4-51] 참고)

〈그림 7-4-51 셰이커에 이큐 적용 3 / 확대 1〉

〈그림 7-4-52 셰이커에 이큐 적용 4 / 확대 2 /
레벨이 작아 안 보이던 것이 보임〉

확인이 됐으면 채널 이큐 왼쪽 상단에 있는 로우 컷을 활성화한 다음 킥 드럼과 같이 들으면서 킥 드럼 소리가 깔끔하게
들릴 때까지 로우 컷 합니다.

〈그림 7-4-53 셰이커에 이큐 적용 5 / 로우 컷 활성화〉

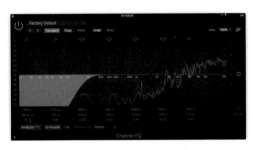

〈 그림 7-4-54 셰이커에 이큐 적용 6 / 킥 드럼과 같이 들으면서 컷〉

확대된 걸 다시 원상태로 되돌리려면 옵션 키를 누르면서
왼쪽에 써 있는 숫자를 클릭하면 됩니다.

〈그림 7-4-55 셰이커에 이큐 적용 7〉

크래시 심벌과 드럼 필인들도 동일한 방법으로 진행하면 됩니다.

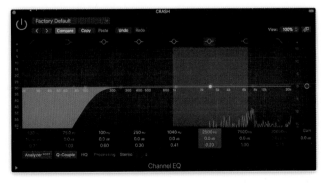

〈그림 7-4-56 크래시 심벌에 이큐 적용 예시〉

이큐를 적용하고 나면 악기들의 전반적인 밸런스가 바뀌는 경우가 있기 때문에 다시 한번 밸런스를 잡아주는 게 좋습니다.

〈그림 7-4-57 톤 메이킹 이후 밸런스 다시 잡기〉

드럼에 이어 베이스를 믹싱해보겠습니다. 현재 곡에는 빌드 업 파트에서 나오는 베이스와 드롭 파트에서 나오는 베이스 2가지가 있습니다. 일반적으로 음악에서 초저역을 책임지는 악기는 킥 드럼이기 때문에 베이스에서 킥 드럼의 자리를 빼 주는 편이지만 첫 번째 베이스가 나오는 파트의 경우는 킥 드 럼이 없기 때문에 굳이 이큐를 이용해서 초저역을 제거할 필 요는 없을 것 같습니다.

베이스 믹싱 팁 1

〈그림 7-4-58 베이스 믹싱 1〉

두 번째 베이스는 킥 드럼과 같이 나오기 때문에 베이스의 저 음을 커트해서 킥 드럼의 자리를 만들어주면 되는데, 먼저 베 이스에 이큐를 적용한 다음 킥 드럼과 베이스만 같이 들으면 서 베이스에 가려져 있는 킥 드럼이 잘 들릴 때까지 로우 컷 을 해줍니다.

베이스 믹싱 팁 2

〈그림 7-4-59 베이스 믹싱 2〉

〈그림 7-4-60 베이스 믹싱 3 / 로우 컷 항목 활성화〉

〈그림 7-4-61 베이스 믹싱 4 / 킥 드럼이 잘 들릴 때까지 로우 컷〉

그다음 베이스에 컴프레서를 걸어서 들쭉날쭉한 다이내믹을 정리해줍니다. 여러 가지 타입의 로직 기본 컴프레서 중 사용하기 편리한 'Classic VCA' 방식을 적용해보겠습니다.

〈그림 7-4-62 베이스 믹싱 5 / 컴프레서 적용 1〉

스레숄드를 내려서 레벨을 일정하게 정리한 다음 메이크 업을 이용해서 레벨 매칭을 해줍니다. 왼쪽 상단의 플러그인 활성화 버튼을 클릭하거나 왼쪽과 오른쪽에 있는 인풋 게인, 아웃풋 게인 미터를 보면서 레벨 매칭이 잘 됐는지 확인합니다.

〈그림 7-4-63 베이스 믹싱 6 / 컴프레서 적용 2〉

드럼과 같이 들어보면 컴프레서를 껐을 때는 다이내믹 정리가 안 되어서 베이스 소리가 들렸다 안 들렸다 하는데, 컴프레서를 이용해서 다이내믹을 정리하면 소리가 일정하게 잘 들립니다. 이렇게 컴프레서를 건 다음 다시 믹서에 가서 드럼과 베이스의 레벨 밸런스를 맞춰줍니다. 레벨은 큰 소리의 음량을 내려서 맞추기보다 작은 소리의 음량을 점점 크게 키우면서 맞추면 좀 더 쉽게 밸런스를 맞출 수 있습니다.

〈그림 7-4-64 베이스 믹싱 7 / 컴프레서 적용 3〉

지금 이대로도 나쁘지 않지만 베이스의 두께감이 약간 아쉬우니 컴프레서 뒤쪽에 빈티지 콘솔 이큐를 이용해서 약간의 두께감을 더해보겠습니다. 플러그인을 불러온 다음 오른쪽에 있는 드라이브 노브를 과하지 않게, 듣기에 적당한 만큼 올려줍니다. 참고로 너무 과하게 올리면 깨지는 듯한 소리가 나오는데 이게 곡에 어울리면 그대로 써도 되지만 그게 아니라면 양을 줄여서 깨지지 않게 해줍니다.

〈그림 7-4-65 베이스 믹싱 8 / 드라이브 적용〉

빈티지 콘솔 이큐의 드라이브를 적용했을 때와 하지 않았을 때를 비교해서 들어보면 베이스의 두께감이 더 살아나는 것을 확인할 수 있습니다. 프로세싱 후 청감상 레벨이 달라질 수 있기 때문에 다시 한번 레벨 체크를 해보고 커졌으면 베이스 트랙의 볼륨을 다시 조절해줍니다.

7.4.3 나머지 악기 믹싱

이제 드럼과 베이스를 제외한 나머지 악기들도 정리해보겠습니다. 음악에서 저역대는 킥 드럼과 베이스가 책임지는 영역이기 때문에 다른 악기들은 저역쪽에 해낭하는 부분을 커트해서 자리를 내주는 것이 중요합니다. 그럼 먼저 이피(EP)부터 정리해보겠습니다.

먼저 이피에 이큐를 걸고 킥이나 베이스와 같이 들으면서 불필요한 저역을 커트합니다. 여기서는 킥과 같이 들으면서 저역을 정리해보겠습니다.

〈그림 7-4-66 악기 믹싱 1 / 이피 정리 1〉

〈그림 7-4-67 악기 믹싱 2 / 이피 정리 2 / 하이 패스 필터 활성화〉

킥 드럼과 같이 들으면서 킥 드럼이 잘 들릴 때까지 커트해줍니다. 여기서는 162Hz(모니터링 환경에 따라 다르기 때문에 정확한 수치는 아닙니다)까지 커트했습니다.

〈그림 7-4-68 악기 믹싱 3 / 이피 정리 3 / 하이 패스 필터 적용〉

Tip. 지정된 프리퀀시가 맞는지 확인하려면?

플러그인 왼쪽 상단의 바이패스 버튼을 클릭했을 때 킥 드럼과 이피의 저역이 뭉친 것처럼 들리고(마스킹 현상) 다시 이큐를 활성화했을 때 뭉쳤던 부분이 해결된 것처럼 들린다면 제대로 정리된 것입니다.

여러 악기가 동시에 나올 때 소리가 뭉쳐서 잘 안 들리는 현상을 말합니다. 음악 믹싱을 할 때 주로 저역쪽과 다른 악기들이 마스킹되는 경우가 많아서 이큐를 이용해서 킥 드럼과 베이스가 잘 들리도록 각 악기들의 저역을 커트하는 경우가 많습니다.

계속해서 VOX 트랙을 보겠습니다. VOX 트랙도 킥 드럼과 같이 들었을 때 저역이 마스킹되고 있기 때문에 이큐를 이용해서 정리해보겠습니다.

〈그림 7-4-69 악기 믹싱 4 / 보이스 트랙 정리 1〉

킥 드럼과 같이 들으면서 킥이 선명하게 들릴 때까지 하이 패스 필터를 적용해서 저역을 커트해줍니다.

〈그림 7-4-70 악기 믹싱 5 - 보이스 트랙 정리 2〉

참고로 지금 눈에 보이지 않는데 왜 커트를 해야 하는지 알아보겠습니다.

〈그림 7-4-71 악기 믹싱 6 / 보이스 트랙 정리 3〉

확대해서 보면 아주 작은 레벨로 저역쪽에 소리가 존재하고 있습니다.

〈그림 7-4-72 악기 믹싱 7 / 보이스 트랙 정리 4〉

〈그림 7-4-73 악기 믹싱 8 / 보이스 트랙 정리 5〉

정리했던 것으로 다시 살펴보면,

〈그림 7-4-74 악기 믹싱 9 / 보이스 트랙 정리 6〉

[그림 7-4-75]와 같이 저역쪽이 정리가 된 것을 확인할 수 있습니다.

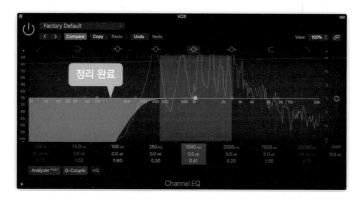
〈그림 7-4-75 악기 믹싱 10 / 보이스 트랙 정리 7〉

이큐를 이용해서 정리가 끝났으면 솔로로 묶었던 것을 풀고 다른 악기들과 들으면서 다시 전반적인 레벨을 정리합니다. 이때 주의점이 있다면 개별 트랙과 스테레오 아웃 레벨이 절대로 0dBFS가 넘으면 안 됩니다. 혹시 넘는 트랙이 있다면 볼륨 페이더를 내려서 0dBFS가 넘지 않게 조절합니다.

디지털에서는 0dBFS를 초과하면 클립 현상 즉, 소리가 깨지는 현상이 나타나므로 반드시 0dBFS 미만이어야 합니다.

〈그림 7-4-76 악기 믹싱 11 / 믹싱 때 주의 1〉

〈그림 7-4-77 악기 믹싱 12 / 믹싱 때 주의 2〉

이 책에서는 악기가 몇 개 없어서 금방 끝났지만, 다른 악기들도 동일한 방식으로 정리하면 됩니다.

이큐 적용 후 레벨을 정리해서 들어봤더니 이피와 보이스의 레벨이 들쭉날쭉해 조금 산만한 느낌이 들어서 컴프레서를
이용해서 정리해보겠습니다.

이피에는 조금은 부드럽고 따뜻한 느낌을 주는 옵토 컴프레서를 사용해보겠습니다. 로직 기본 컴프레서를 불러온 다음 상단에서 'Vintage Opto'를 선택합니다.

〈그림 7-4-78 악기 믹싱 13 / 이피 컴프레서 1〉

Vintage Opto를 선택한 다음 오토 게인은 꺼둡니다.

〈그림 7-4-79 악기 믹싱 13 / 이피 컴프레서 2〉

〈그림 7-4-80 악기 믹싱 14 / 이피 컴프레서 3〉

그런 다음 메이크 업을 이용해서 레벨 매칭합니다.

〈그림 7-4-81 악기 믹싱 15 / 이피 컴프레서 4〉

컴프레서를 걸어서 다이내믹을 정리하면 전반적인 레벨 밸런스가 달라지는 경우가 있는데, 이때 다시 한번 더 레벨을 맞춥니다.

〈그림 7-4-82 악기 믹싱 16 / 이피 컴프레서 5〉

복스(Vox) 트랙도 비슷한 방법으로 적용하면 됩니다. 여기서는 복스가 아날로그적인 느낌보다는 깔끔한 컴프레션 사운드와 어울릴 것 같아서 기본 세팅인 플래티넘 디지털 방식으로 적용했습니다. [그림 7-4-83]에서는 스레숄드만 적용해서 걸었는데 필요에 따라 어택과 릴리스 타임을 조절해보는 것도 좋은 방법입니다.

〈그림 7-4-83 악기 믹싱 17 / 복스 컴프레서〉

복스 트랙도 마찬가지로 컴프레서를 걸고 나면 전반적인 밸런스가 달라질 수 있기 때문에 다시 한번 음악 전체와 같이 들으면서 레벨을 정리합니다.

〈그림 7-4-84 악기 믹싱 18 / 전체 밸런스 정리〉

최종 마무리 때 한 번 더 정리해야겠지만 현 상황에서는 이 정도의 밸런스가 듣기 좋은 것 같습니다.

7.4.4 공간계 이펙트 적용

이번에는 리버브와 딜레이를 적용해서 공간감을 만들어보겠습니다. 먼저 복스 트랙부터 적용하겠습니다. 현재 선택되어 있는 트랙이 너무 많아 작업하고 있는 트랙만 보고 싶을 때는 믹서 상단 가운데의 'Sinlge / Tracks / All' 항목에서 'Single'을 선택합니다.

〈그림 7-4-85 악기 믹싱 19 / 트랙 뷰 1〉

그러면 [그림 7-4-86]과 같이 현재 선택되어 있는 트랙과 선택된 트랙과 관련된 트랙만 보여줍니다.

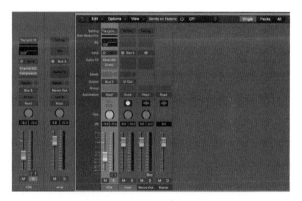

〈그림 7-4-86 악기 믹싱 20 / 트랙 뷰 2〉

그런 다음 Sends 항목 오른쪽을 클릭해서 버스로 연결합니다.

〈그림 7-4-87 악기 믹싱 21 / 리버브 걸기 1〉

여기서는 Bus 20으로 연결해서 진행하겠습니다.

〈그림 7-4-88 악기 믹싱 22 / 리버브 걸기 2 / 원하는 버스 선택〉

지정된 버스로 연결된 억스 트랙이 모노로 되어 있을 때는 원을 클릭해서 스테레오로 변경합니다.

〈그림 7-4-89 악기 믹싱 23 / 리버브 걸기 3〉

그다음 억스 트랙의 이름을 알아보기 쉽게 바꾸고 원하는 리버브 플러그인을 적용합니다.

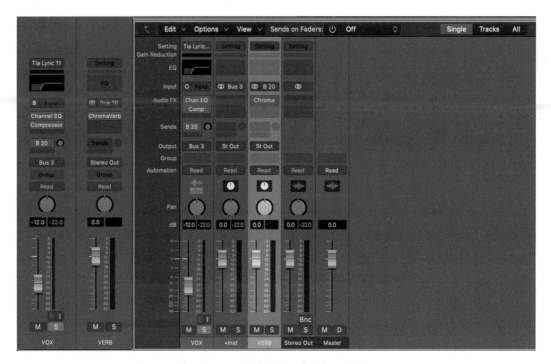

〈그림 7-4-90 악기 믹싱 24 / 리버브 걸기 4〉

그런 다음 샌드 레벨을 0으로 설정합니다(Option 키를 누르
면서 클릭하면 자동으로 설정됩니다).

〈그림 7-4-91 악기 믹싱 25 / 리버브 걸기 5〉

리버브 세팅은 직접하는 것이 가장 좋지만 어렵다면 로직에서 제공되는 프리셋을 사용하는 것도 좋은 방법입니다.
여기서는 'Rooms → Large Room'을 선택하겠습니다.

〈그림 7-4-92 악기 믹싱 26 / 리버브 걸기 6 / 프리셋 선택〉

〈그림 7-4-93 악기 믹싱 27 / 리버브 걸기 7 / 프리셋 적용된 모습〉

그런 다음 곡을 들으면서 디케이를 조절합니다. 디케이 값은 너무 짧거나 긴 것보다 다음 노트가 가려지지 않을 정도의
길이가 가장 좋습니다. 예를 들어 "아~ 오~" 하는 항목이 있다면 첫 번째 "아~"에서 나오는 리버브가 다음에 나오는 "오
~"가 시작되기 전에 끝나게 해주는 것이 좋습니다.

〈그림 7-4-94 악기 믹싱 28 / 리버브 걸기 8 / 디케이 조절〉

디케이 조절이 끝났으면 다시 샌드로 돌아가서 0으로 설정되어 있는 값을 하단으로 내린 다음 곡을 들으면서 듣기 적당한 만큼 올립니다. 이때 믹서 상단의 'Sends on Faders'를 클릭하면 편리하게 적용할 수 있습니다.

〈그림 7-4-95 악기 믹싱 29 / 리버브 걸기 9 / 샌드 조절 1〉

〈그림 7-4-96 악기 믹싱 30 / 리버브 걸기 10 / 샌드 조절 2〉

〈그림 7-4-97 악기 믹싱 31 / 리버브 걸기 11 / 샌드 조절 3〉

〈그림 7-4-98 악기 믹싱 32 / 리버브 걸기 12 / 샌드 조절 4〉

샌드 퍼센트는 특별한 경우(리버브 걸린 소리가 들려야 하는 경우)가 아니라면 걸린 듯 안 걸린 듯 살짝만 걸리게 하는 것이 좋습니다. 적용이 끝났으면 Sends on Faders 기능을 끄고 다시 싱글 모드로 설정되어 있는 창을 트랙스 모드로 변경합니다.

〈그림 7-4-99 악기 믹싱 33 / 리버브 걸기 13〉

이번에는 이피에도 리버브를 적용해보겠습니다.

〈그림 7-4-100 악기 믹싱 34 / 리버브 걸기 14〉

〈그림 7-4-101 악기 믹싱 35 / 리버브 걸기 15〉

설정이 끝났으면 복스와 마찬가지로 곡을 들으면서 샌드 양을 조절하면 됩니다.

〈그림 7-4-102 악기 믹싱 36 / 리버브 걸기 16〉

마지막으로 딜레이를 적용해보겠습니다. 일반적으로 딜레이는 억스 트랙을 이용해서 적용하는데 지금 같은 경우는 복스 트랙에만 나와도 될 것 같아서 억스 트랙에 적용하지 않고 복스 트랙에 바로 적용하겠습니다. 복스 트랙 하단을 클릭해서 딜레이를 불러옵니다. 여기서는 테이프 딜레이를 사용하겠습니다.

'Delay → Tape Delay' 를 클릭합니다.

〈그림 7-4-103 악기 믹싱 37 / 딜레이 걸기 1〉

그러면 [그림 7-4-104]와 같은 플러그인이 뜨는데 오디오 에프엑스에 직접 걸었을 때는 몇 가지 설정들을 변경해야 합니다. 먼저 아웃풋 항목을 보면 드라이가 70%로 설정되어 있는데 100%로 변경하고 웨트는 0%로 변경합니다. 그리고 왼쪽 상단에 있는 딜레이 타임은 1/4 또는 1/8로 변경합니다. 피드백은 필요에 따라 설정하면 됩니다.

〈그림 7-4-104 악기 믹싱 38 / 딜레이 걸기 2〉

〈그림 7-4-105 악기 믹싱 39 / 딜레이 걸기 3 / 설정 변경〉

〈그림 7-4-106 악기 믹싱 40 / 딜레이 걸기 4〉

음악을 처음부터 들으면서 전반적인 볼륨 밸런스와 공간 계열들을 다시 한번 확인합니다.

〈그림 7-4-107 악기 믹싱 41 / 최종 체크〉

7.4.5 최종 마무리

전반적인 정리가 잘 됐으면 서밍 스택으로 묶어둔 드럼 트랙에 컴프레서를 걸어서 깔끔하게 정리해보겠습니다.

〈그림 7-4-108 악기 믹싱 42 / 버스 컴프레서 1〉

〈그림 7-4-109 악기 믹싱 43 / 버스 컴프레서 2〉

모든 드럼 소리가 나오는 드롭 파트에서 컴프레서 설정을 합니다.

〈그림 7-4-110 악기 믹싱 44 / 버스 컴프레서 3〉

버스 컴프레서(일반적으로 억스 트랙으로 묶어둔 트랙에 걸어둔 컴프레서를 말하는데 로직에서 서밍 스택으로 묶어서 사용하는 것도 동일합니다)로 사용할 수 있는 컴프레서는 다양한데 이 책에서는 'SSL G BUSS COMPRESSOR'로 알려져 있는 'Vintage VCA' 컴프레서를 이용하겠습니다. 이 컴프레서는 여러 트랙을 하나처럼 잘 묶어준다고 해서 '글루(GLUE) 컴프레서'라는 별명을 가지고 있습니다.

간단하게 사용 방법을 설명해드리겠습니다. 먼저, 어택은 약 30ms으로 설정합니다. 릴리스 타임은 깔끔하게 레벨을 정리하는 용도로 사용하려면 AUTO로 설정하고 리듬감을 강조하려면 100을 기준으로 설정합니다. 스레숄드는 게인 리덕션이 1~2 정도만 걸리도록 살짝 걸어서 사용합니다. 이렇게 설정한 뒤 메이크 업을 이용해서 레벨 매칭하면 됩니다.

〈그림 7-4-111 악기 믹싱 45 / 버스 컴프레서 4〉

설정이 끝났으면 드롭 파트를 반복시키면서 전반적인 밸런스를 다시 한번 체크합니다.

* 〈그림 7-4-112 악기 믹싱 46 / 버스 컴프레서 5〉

경우에 따라서는 스테레오 아웃 트랙에 컴프레서를 거는 경우도 있는데, 지금은 걸지 않아도 될 것 같습니다.

* 예제 파일 링크에서 6 PART 7-4 MIX.zip 파일을 참고하세요.

PART

08

곡 작업에 유용한
기본 이펙트와 가상 악기 소개

필수 이펙트 소개

8.1.1 인벨로퍼(Enveloper)

간단한 조작으로 소스의 어택과 서스테인(SUSTAIN)을 컨트롤할 수 있는 플러그인입니다.

〈그림 8-1-1 필수 이펙트 1 / 인벨로퍼 1〉

〈그림 8-1-2 필수 이펙트 1 / 인벨로퍼 2〉

컨트롤하는 항목이 많아서 복잡해 보이지만 딱 2곳만 사용해도 됩니다. 먼저 소스에 타격감을 주고 싶다면 어택 왼쪽에 있는 게인을 올리고, 타격감을 줄이고 싶다면 게인을 내리면 됩니다.

〈그림 8-1-3 필수 이펙트 1 / 인벨로퍼 3〉

서스테인을 컨트롤하고 싶을 때는 릴리스 오른쪽에 있는 게인을 올리거나 내리면 됩니다(소스의 길이를 늘리거나 줄일 수 있으며, 특히 드럼에 효과적입니다).

〈그림 8-1-4 필수 이펙트 1 / 인벨로퍼 4〉

〈그림 8-1-5 필수 이펙트 1 / 인벨로퍼 5〉

서스테인이 늘어나면 소리가 길어지는 것처럼 들리고 서스테인이 줄어들면 소리가 짧아지는 것처럼 들립니다.

8.1.2 트레몰로(Tremolo)

트레몰로 이펙트는 음을 떨리게 만들어주는 이펙트입니다. 다양하게 활용할 수 있는 이펙트로 특히 일렉트릭 피아노에 사용하면 좋은 효과를 내줍니다.

〈그림 8-1-6 필수 이펙트 2 / 트레몰로 1〉

트레몰로 이펙트를 적용하면 밋밋했던 일렉트릭 피아노 소리가 음이 떨리면서 좌우로 이동되어 멋진 소리로 바뀝니다.

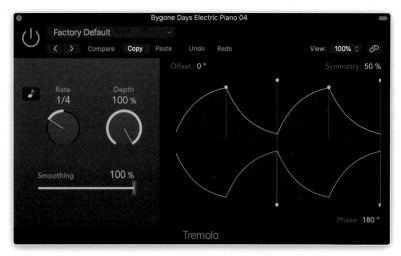

〈그림 8-1-7 필수 이펙트 2 / 트레몰로 2〉

이동 속도는 레이트(Rate)를 이용해서 조절하고 이동 폭은 뎁스(Depth)를 이용해서 조절합니다.

하단에 있는 스무싱을 완전히 왼쪽으로 돌리면 왼쪽과 오른쪽으로 거칠게 소리가 이동하고 오른쪽으로 돌리면 부드럽게 이동됩니다.

〈그림 8-1-8 필수 이펙트 2 / 트레몰로 3 / 소리가 거칠게 이동〉

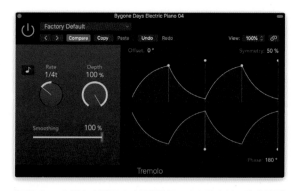

〈그림 8-1-9 필수 이펙트 2 / 트레몰로 4 / 소리가 부드럽게 이동〉

트레몰로 이펙트를 오토 팬(팬이 자동으로 좌우로 움직이는 효과)으로 사용하려면 프리셋에서 하드 패닝을 선택하면 됩니다(소프트 패닝은 기본값과 비슷합니다).

〈그림 8-1-10 필수 이펙트 2 / 트레몰로 5 / 오토 팬 효과 1〉

〈그림 8-1-11 필수 이펙트 2 / 트레몰로 6 / 오토 팬 효과 2〉

좌우로 이동될 때 소리가 튀면 스무싱(smoothing) 값을 조금 높여줍니다.

〈그림 8-1-12 필수 이펙트 2 / 트레몰로 7 / 오토 팬 효과 3〉

8.1.3 비트크루셔(Bitcrusher)

저해상도 디지털 디스토션 이펙트로 다양한 활용이 가능한 플러그인입니다. 샘플 레이트를 떨어뜨려서 로우파이 느낌을 만들 때 사용하면 좋은 효과를 낼 수 있습니다.

〈그림 8-1-13 필수 이펙트 3 / 비트크루셔 1 / 플러그인 위치〉

〈그림 8-1-14 필수 이펙트 3 / 비트크루셔 2 / 플러그인 화면〉

[그림 8-1-15]와 같이 레졸루션(Resolution)을 8Bit나 12Bit로 설정하면 빈티지 샘플러 느낌이 나오게 됩니다.

〈그림 8-1-15 필수 이펙트 3 / 비트크루셔 3 / 로우파이 설정〉

그다음 필요하다면 드라이브를 올려서 좀 더 왜곡시켜 줍니다. 소리를 과격하게 일그러뜨리는게 아니라면 10~20 정도면 충분합니다.

〈그림 8-1-16 필수 이펙트 3 / 비트크루셔 4 / 드라이브 1〉

드라이브를 올리면 레벨이 커져서 0dBFS까지 올라가게 되는데, 오른쪽 하단에 있는 클립 레벨을 조금 내려줍니다. 클립 레벨에 따라 톤이 다르기 때문에 원하는 만큼 줄이면 됩니다.

〈그림 8-1-17 필수 이펙트 3 / 비트크루셔 5 / 드라이브 2〉

8.1.4 피치 시프터(Pitch Shifter)

피치를 바꿔주는 플러그인으로 힙합이나 일렉트로닉 음악에서 자주 사용되는 이펙트 중 하나입니다.

〈그림 8-1-18 필수 이펙트 4 / 피치 시프터 1〉

〈그림 8-1-19 필수 이펙트 4 / 피치 시프터 2 / 플러그인 화면〉

먼저 힙합이나 일렉트로닉에서 많이 사용되는 두꺼운 저음대 목소리를 만들겠습니다. [그림 8-1-21]과 같이 믹스(Mix)를 100%로 설정하고 세미 톤스(Semi Tones)는 -12로 설정합니다(경우에 따라 -12로 설정하지 않아도 괜찮을 때가 있으니 들으면서 판단해보세요).

〈그림 8-1-20 필수 이펙트 4 / 피치 시프터 3〉

〈그림 8-1-21 필수 이펙트 4 / 피치 시프터 4〉

지금처럼 믹스가 100%로 설정되어 있으면 저음 목소리만 나오게 됩니다. 원본과 같이 나오게 하려면 믹스를 원하는 만큼 섞으면 됩니다.

〈그림 8-1-22 필수 이펙트 4 / 피치 시프터 5〉

〈그림 8-1-23 필수 이펙트 4 / 피치 시프터 6〉

반대로 세미 톤스를 올려서 사용하는 경우도 있습니다.

〈그림 8-1-24 필수 이펙트 4 / 피치 시프터 7〉

이 책에서는 다루지 않았지만 오토메이션도 적용해 다양하게 활용해보세요.

8.1.5 팻 에프엑스(Phat FX)

여러 이펙트를 하나의 플러그인 안에서 사용할 수 있게 하는 플러그인으로 다양한 사운드를 만들어볼 때 사용하면 재미있는 사운드를 만들 수 있습니다.

〈그림 8-1-25 필수 이펙트 5 / 팻 에프엑스 1 / 위치〉

〈그림 8-1-26 필수 이펙트 5 / 팻 에프엑스 2 / 플러그인 화면〉

화면에서 보이는 것과 같이 필터, 디스토션, 컴프레서 등 다양한 이펙트들이 포함되어 있고 단독 사용(다른 항목들은 끄면 됩니다)과 멀티 사용이 가능합니다.

〈그림 8-1-27 필수 이펙트 5 / 팻 에프엑스 3〉

플러그인을 드래그해서 순서를 바꿀 수 있습니다.

〈그림 8-1-28 필수 이펙트 5 / 팻 에프엑스 4 /
플러그인 순서 변경〉

〈그림 8-1-29 필수 이펙트 5 / 팻 에프엑스 5 /
변경된 플러그인 순서〉

필수 가상 악기

8.2.1 드럼 신스(Drum Synth)

로직 10.5에서 새롭게 추가된 플러그인으로 아날로그 드럼 머신처럼 사용할 수 있습니다.

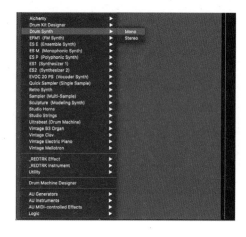

〈그림 8-2-1 필수 가상 악기 1 / 드럼 신스 1〉

〈그림 8-2-2 필수 가상 악기 1 / 드럼 신스 2 / 플러그인 화면〉

기본 화면으로 킥이 나오는데 킥뿐만 아니라 스네어, 퍼커션 등 다양한 악기들이 포함되어 있습니다.

〈그림 8-2-3 필수 가상 악기 1 / 드럼 신스 3〉

하위 메뉴를 클릭해보면 더 많은 악기들이 포함되어 있습니다.

〈 그림 8-2-4 필수 가상 악기 1 / 드럼 신스 4〉

〈그림 8-2-5 필수 가상 악기 1 / 드럼 신스 5〉

하단에 있는 키 트래킹(Key Tracking)이 활성화되어 있으면 건반에 따라 음정이 바뀝니다.

〈그림 8-2-6 필수 가상 악기 1 / 드럼 신스 6 / 키 트래킹〉

이번에는 키 트래킹 오른쪽에 있는 모드 항목을 보겠습니다.

〈그림 8-2-7 필수 가상 악기 1 / 드럼 신스 7 / 모드〉

〈그림 8-2-8 필수 가상 악기 1 / 드럼 신스 8 / 모드〉

모드 탭을 보면 모노(Mono), 폴리(Poly), 게이트(Gate) 3가지 옵션이 있습니다. 기본 설정은 모노로 되어 있습니다. 모노는 드럼 신스를 동시에 눌렀을 때 하나의 소리만 나오게 해줍니다. 모노 모드일 때는 디케이로 나오는 음의 길이를 조절할 수 있습니다. 폴리는 여러 음을 동시에 누르는 것이 가능하고 게이트는 건반을 누른 만큼만 소리가 나오게 해줍니다. 그리고 나머지 피치, 톤, 새츄레이션 등 다양한 파라미터들을 이용해 원하는 톤을 만들어서 사용하면 됩니다.

드럼 신스의 경우 10.5 버전에서 새롭게 추가된 스텝 시퀀서에서 작업하면 더욱 재미있게 음악을 만들 수 있습니다.

드럼 신스에서 음정 변화가 가능하기
때문에 적극적으로 활용

〈그림 8-2-9 필수 가상 악기 1 / 드럼 신스 9〉

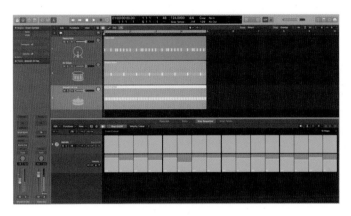

〈그림 8-2-10 필수 가상 악기 1 / 드럼 신스 10〉

8.2.2 EFM1

로직에 내장되어 있는 FM Synth 가상 악기로, 복잡한 FM 신디사이저를 간단하게 만들어서 쉽게 사용할 수 있습니다.

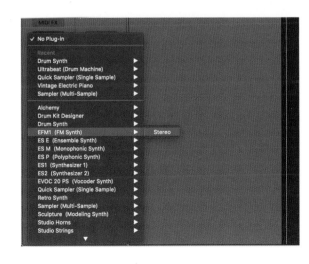

〈그림 8-2-11 필수 가상 악기 2 / EFM 1〉

〈그림 8-2-12 필수 가상 악기 2 / EFM 2 / 플러그인 화면〉

복잡한 FM 신디사이저의 사용법을 알지 못해도 준비되어 있는 프리셋만 잘 사용하면 충분히 작업이 가능합니다.

〈그림 8-2-13 필수 가상 악기 2 / EFM 3 / 다양한 프리셋〉

오래전에 나온 플러그인이라서 플러그인 사이즈가 작으니 오른쪽 상단에 있는 뷰 기능을 이용해 확대해서 사용하면 편리합니다. 이 기능은 모든 로직 내장 플러그인에 적용됩니다.

〈그림 8-2-14 필수 가상 악기 2 / EFM 4 /
플러그인 사이즈 변경 전〉

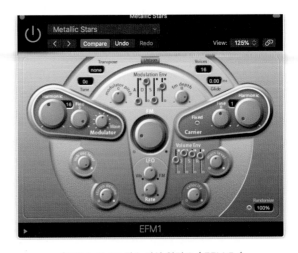

〈그림 8-2-15 필수 가상 악기 2 / EFM 5 /
플러그인 사이즈 변경 후〉

오른쪽 하단에 있는 랜더마이즈(Randomize) 기능을 이용해서 오늘의 사운드를 만들어보는 것도 재밌습니다.

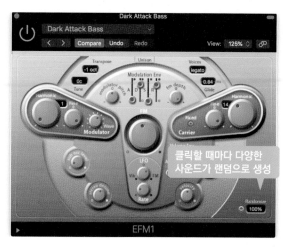

〈그림 8-2-16 필수 가상 악기 2 / EFM 6 / 랜더마이즈〉

8.2.3 레트로 신스(Retro Synth)

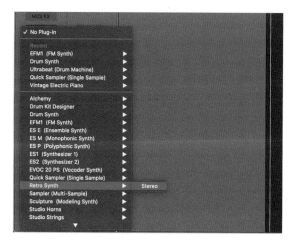

EFM과 더불어 기본으로 내장되어 있는 신디사이저로 여러 신디사이징 방식이 포함되어 있는 가상 악기입니다.

〈그림 8-2-17 필수 가상 악기 3 / 레트로 신스 1〉

〈그림 8-2-18 필수 가상 악기 3 / 레트로 신스 2 / 플러그인 화면〉 〈그림 8-2-19 필수 가상 악기 3 / 레트로 신스 3 / 다양한 신디사이징 방식 지원〉

아날로그 오실레이터 방식은 따뜻하고 풍부한 톤을 갖고 있어 다양한 음색을 만들기 편합니다.

〈그림 8-2-20 필수 가상 악기 3 / 레트로 신스 4 / 아날로그 오실레이터 방식〉

싱크 오실레이터 방식은 공격적인 소리를 내주어 강력한 리드나 베이스에 사용하면 좋습니다.

〈그림 8-2-21 필수 가상 악기 3 / 레트로 신스 5 / 싱크 오실레이터 방식〉

웨이브 테이블 방식은 다른 두 방식에 비해 깔끔한 소리를 냅니다. 패드나 베이스에 사용하면 좋습니다.

〈그림 8-2-22 필수 가상 악기 3 / 레트로 신스 6 / 웨이브 테이블 방식〉

참고로 기본적으로 제공되는 웨이브 테이블 외에 사용자가 웨이브 테이블을 만들 수도 있습니다.

〈그림 8-2-23 필수 가상 악기 3 / 레트로 신스 7〉

〈그림 8-2-24 필수 가상 악기 3 / 레트로 신스 8〉

〈그림 8-2-25 필수 가상 악기 3 / 레트로 신스 9 / FM 신스 방식〉

FM 신스 방식은 다른 신디사이징 방식보다 다소 어려울 수 있는데, 일렉트릭 피아노, 베이스의 음색으로 유명합니다.

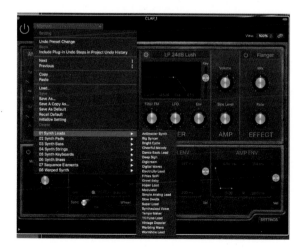

〈그림 8-2-26 필수 가상 악기 3 / 레트로 신스 10 / 프리셋〉

레트로 신스에도 수많은 프리셋이 들어 있기 때문에 신디사이징이 어렵더라도 편리하게 사용할 수 있습니다.

신디사이저를 공부 중이거나 처음부터 원하는 사운드를 만드는 것이 어렵다면 생각했던 소리와 가장 비슷한 것을 가지고 와서 수정해보는 것도 좋은 방법입니다.

8.2.4 빈티지 이피(Vintage EP)

로직에 내장되어 있는 일렉트릭 피아노(이하 이피) 가상 악기입니다. 웬만한 상용 플러그인 못지 않게 좋은 퀄리티를 내주는 플러그인으로 하나의 플러그인 안에 다양한 타입의 이피가 포함되어 있습니다.

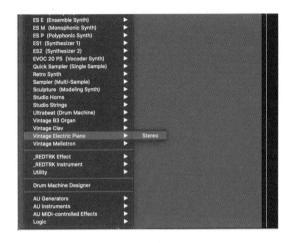

〈그림 8-2-27 필수 가상 악기 4 / 빈티지 이피 1 / 플러그인 위치〉

〈그림 8-2-28 필수 가상 악기 4 / 빈티지 이피 2 / 플러그인 화면〉

〈그림 8-2-29 필수 가상 악기 4 / 빈티지 이피 3 / 이피 변경 1〉

〈그림 8-2-30 필수 가상 악기 4 / 빈티지 이피 4 / 이피 변경 2〉

플러그인 창에서 여러 이펙트 설정과 기타 세부 설정이 가능합니다.

〈그림 8-2-31 필수 가상 악기 4 / 빈티지 이피 5 /
이펙트 설정〉

〈그림 8-2-32 필수 가상 악기 4 / 빈티지 이피 6 /
디테일 설정〉

〈그림 8-2-33 필수 가상 악기 4 / 빈티지 이피 7 / 프리셋 불러오기 1〉

플러그인 설정이 어렵다면 플러그인 안에 준비되어 있는
프리셋을 고른 다음 원하는 느낌의 톤으로 수정하는 것
도 하나의 방법입니다.

〈그림 8-2-34 필수 가상 악기 4 / 빈티지 이피 8 / 프리셋 불러오기 2〉

[그림 8-2-34]와 같이 다양한 프리셋들이 준비되어
있습니다.

8.2.5 알케미(Alchemy)

'Camel Audio'라는 회사를 인수한 후 로직에 기본 내장된 가상 악기입니다. 현존하는 거의 모든 신디사이징 방식을 담았다고 표현할 정도로 다양한 기능이 포함된 가상 악기로 초보자들이 사용하기엔 조금 어려운 감이 있습니다. 처음 사용할 때는 플러그인 안에 제공되는 프리셋들만 잘 활용해도 좋습니다.

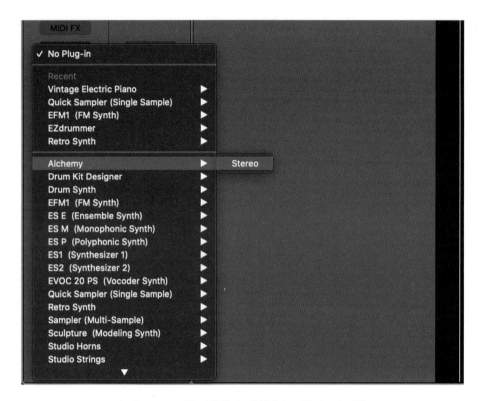

〈그림 8-2-35 필수 가상 악기 5 / 알케미 1 / 플러그인 위치〉

〈그림 8-2-36 필수 가상 악기 5 / 알케미 2 / 플러그인 화면〉

〈그림 8-2-37 필수 가상 악기 5 / 알케미 3 / 플러그인 목록〉

프리셋을 고르고 하단의 퍼폼(PERFORM) 항목에 있는 트랜스폼 패드(Transform pad)를 변경하면 자동으로 설정이 바뀌면서 사운드가 변경됩니다.

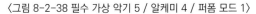

〈그림 8-2-38 필수 가상 악기 5 / 알케미 4 / 퍼폼 모드 1〉

〈그림 8-2-39 필수 가상 악기 5 / 알케미 5 / 퍼폼 모드 2〉

현재 보이는 창이 너무 복잡해서 퍼폼 모드만 보고 싶다면 왼쪽 상단에 있는 심플(SIMPLE) 항목을 클릭하면 됩니다.

〈그림 8-2-40 필수 가상 악기 5 / 알케미 6 / 심플 모드 1〉

〈그림 8-2-41 필수 가상 악기 5 / 알케미 7 / 심플 모드 2〉

심플 모드에서 카테고리 선택은 프리셋 왼쪽에 있는 아이콘을 클릭한 뒤 뜨는 창에서 선택하면 됩니다.

〈그림 8-2-42 필수 가상 악기 5 / 알케미 8 / 심플 모드 3〉

〈그림 8-2-43 필수 가상 악기 5 / 알케미 9 / 심플 모드 4〉

〈그림 8-2-44 필수 가상 악기 5 / 알케미 10 / 심플 모드 5〉

〈그림 8-2-45 필수 가상 악기 5 / 알케미 11 / 심플 모드 6〉

어드밴스드(ADVANCED) 항목을 클릭하면 디테일한 설정을 할 수 있는 항목이 나옵니다.

〈그림 8-2-46 필수 가상 악기 5 / 알케미 12 / 어드밴스드 모드 1〉

〈그림 8-2-47 필수 가상 악기 5 / 알케미 13 / 어드밴스드 모드 2〉

만약 프리셋을 불러오지 않고 직접 신디사이징을 하고 싶을 때는 'FILE → Initialize Preset'을 클릭하면 초기화됩니다.

〈그림 8-2-48 필수 가상 악기 5 / 알케미 14 / 어드밴스드 모드 3 / 초기화 전〉

〈그림 8-2-49 필수 가상 악기 5 / 알케미 15 / 어드밴스드 모드 4 / 초기화 후〉

위와 같이 모든 항목들이 초기화된 상태에서 신디사이징을 시작하면 됩니다.

PART

09

부록

Chapter 1
로직 프로 10.6 필수 단축키 모음

기능	단축키
곡 재생, 정지	스페이스 바
녹음	R
화면 확대, 축소	Command + 커서 상/하/좌/우
프로젝트 맨 앞으로 이동	Return
한 마디씩 이동(플레이 헤드)	〉(오른쪽으로) and 〈 (왼쪽으로)
트랜지언트 이동	Control .(오른쪽으로) ,(왼쪽으로)
플레이헤드로 리전이나 노트 가지고 오기	리전이나 노트 선택 후 ;
리전 & 노트 나누기	Command + T
리전 반복	리전 선택 후 Command + R
구간 반복 / 활성화, 비활성화	C
리전 또는 특정 구간 지정	Command + U
트랙 뮤트	M
트랙 솔로	S
오토 줌	Z
오토메이션 활성화, 비활성화	A
툴바 메뉴	T
가상 키보드	Command + K
프로젝트 세이브	Command + S
피아노 롤	P
믹서	X
이벤트 리스트	D
오디오 브라우저	F
애플 루프 브라우저	O
라이브러리	Y

기능	단축키
커서 툴	T
연필 툴	P
지우개 툴	E
문자 입력 툴	Shift + T
가위 툴	I
풀 툴	G
솔로 툴	S
뮤트 툴	M
줌 툴	Y
페이더 툴	A
오토메이션 선택 툴	U
오토메이션 커서 툴	W
마키 툴	R
플렉스 툴	X

Tip. 툴 빠르게 선택하기

예를 들어 가위 툴을 빠르게 선택하려면 T를 누르고 바로 I를 누르면 됩니다. 그리고 다시 커서 툴로 돌아가려면 T를 두 번 연속으로 누르면 됩니다.

로직 프로 10.5에서 새롭게 추가된 기능들

9.2.1 라이브 루프스

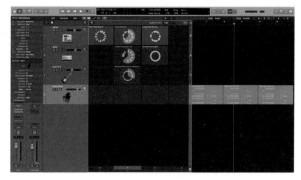

〈그림 9-2-1 라이브 루프스〉

기존 작업 방식에서 벗어나 새로운 작업 방식을 시도해볼 때 재미있게 사용할 수 있는 기능으로 자세한 내용은 본문 Part 2의 3장과 4장을 참고해보세요.

9.2.2 퀵 샘플러 & 샘플러

〈그림 9-2-2 퀵 샘플러 / 오디오 파일이 임포트된 모습〉

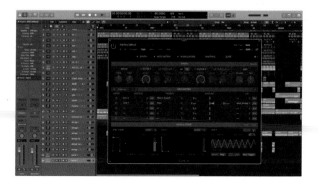

〈그림 9-2-3 샘플러〉

Part 2에서 다룬 플러그인으로 로직 10.5.x 버전에서 새롭게 추가된 기능 중 하나며 추가된 플러그인 중에서 가장 좋다고 생각되는 플러그인입니다. 기존에 들어있던 EXS24 Sampler에 비해 직관적이고 시퀀서와 하나로 돌아가기 때문에 더욱 편리한 작업이 가능해졌습니다. 퀵 샘플러는 기존에 EXS24 Sampler를 완벽하게 대체하는 새로운 샘플러입니다. 그리고 이 책에서는 다루지 않았지만 좀 더 정교한 작업이 가능한 샘플러도 추가되었습니다.

9.2.3 스텝 시퀀서

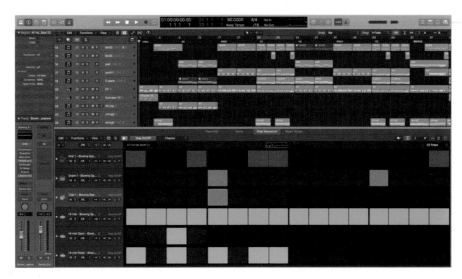

〈그림 9-2-4 스텝 시퀀서〉

로직 10.5.x 버전에서 개선된 기능으로, 기존 방식과 다른 방식으로 작업할 수 있어서 창의적인 시퀀싱이 가능합니다. (Part 1의 Chapter 2 - 1 참고)

9.2.4 드럼 머신 디자이너

〈그림 9-2-5 드럼 머신 디자이너〉

Part 2에서 다룬 기능으로 기존의 드럼 머신 디자이너가 개선되어서 더욱 사용하기 좋아졌습니다. 퀵 샘플러와 연동되어 있어서 편리한 에디팅이 가능합니다. (Part 2의 Chapter 2 - 4 참고)

9.2.5 드럼 신스

〈그림 9-2-6 드럼 신스〉

로직 10.5에서 새롭게 추가된 기능으로, 다양한 용도로 사용할 수 있는 드럼 신스입니다. 특히 음정을 건반에 매칭할 수 있어서 808 베이스를 만들 때도 활용 가능합니다. (Part 4의 Chapter 2 참고)

9.2.6 리믹스 에프엑스

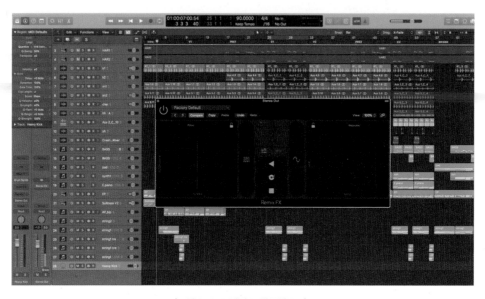

〈그림 9-2-7 리믹스 에프엑스 1〉

로직 10.5에서 추가된 기능으로 이 책에서는 다루지 않았지만 [그림 9-2-8]과 같이 필터, 리피터, 리버브 등 다양한 효과를 실시간으로 적용할 수 있는 플러그인입니다.

〈그림 9-2-8 리믹스 에프엑스 2〉

오토메이션 적용도 가능하니 다양하게 적용해보세요.

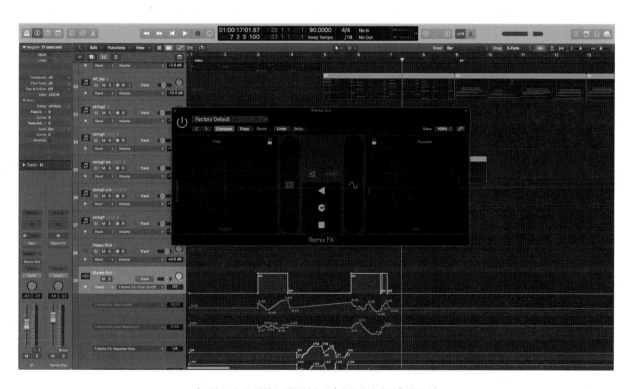

〈그림 9-2-9 리믹스 에프엑스 3 / 오토메이션 적용된 모습〉

Chapter 3

추천하는 무료 이펙트 플러그인

9.3.1 Plugin Alliance (사이트 : https://www.plugin-alliance.com)

다양한 종류의 플러그인을 만들고 있는 회사로 여러 무료 플러그인을 제공하고 있는데 그중에서 한 가지를 소개해드리겠습니다.

● Elysia - niveau filter / 이큐

일종의 틸트 이큐(Tilt EQ)로 하이와 로우의 밸런스를 간단하게 컨트롤할 수 있는 플러그인입니다. 무료치곤 좋은 사운드를 내주고 있어서 추천합니다.

〈그림 9-3-1 elysia niveau filter〉

9.3.2 Softube (사이트 : https://www.softube.com)

높은 퀄리티의 플러그인을 제공하는 회사로 메일링 서비스에 가입하면 매달 플러그인 할인 쿠폰을 보내줍니다.

- **Saturation Knob / 새츄레이션 & 디스토션**

굉장히 멋진 디스토션 사운드를 내주는 플러그인입니다. 단점이 있다면 아웃풋 노브가 없어서 플러그인 뒤에 로직 내장 플러그인 중 하나인 GAIN 플러그인을 이용해서 레벨 매칭을 해야 한다는 것입니다. (Utility → Gain에 위치)

〈그림 9-3-2 Softube – Saturation knob〉　　〈그림 9-3-3 softube – saturation knob / 로직 기본 플러그인으로 레벨 매칭〉

9.3.3 Slate Digital (사이트 : https://slatedigital.com)

다양한 종류의 플러그인을 만드는 회사로 여러 가지 무료 플러그인을 제공하고 있는데 그중에서 한 가지만 소개해드리겠습니다.

- **FRESH AIR / 이큐**

사용상 약간의 제약이 있지만 보컬에 사용하면 깔끔하게 에어감을 줄 수 있어서 추천합니다.
보컬을 앞으로 나오게 하거나 믹스 버스에 걸어서 사용하는 것도 좋은 방법입니다.

〈그림 9-3-4 Slate Digital – Fresh Air〉

9.3.4 Klanghelm (사이트 : https://klanghelm.com/contents/main.html)

잘 알려져 있지는 않지만 많은 엔지니어들이 사용하고 있는 플러그인 회사입니다. 무료 제공하는 여러 플러그인 중에서 하나만 소개해보겠습니다.

- **MJUC jr. / 컴프레서**

무료라는게 믿기지 않을 정도로 좋은 사운드를 내주는 컴프레서로, 사용해보는 것을 추천합니다.

〈그림 9-3-5 Klanghelm – MJUC jr.〉

9.3.5 KLEVGR (사이트 : https://klevgrand.se)

많이 알려져 있지는 않지만 여러 재밌는 플러그인들을 만들고 있는 회사입니다. 무료 제공하는 플러그인들 중 하나만 소개해보겠습니다.

● **FREEAMP / 새츄레이션**

믹스 노브가 포함되어 있어서 새츄레이션 양을 편리하게 컨트롤할 수 있습니다.

〈그림 9-3-6 KLEVGR – FREEAMP〉

9.3.6 Acustica Audio (사이트 : https://www.acustica-audio.com/store)

국내보다는 해외 엔지니어들 사이에서 잘 알려진 회사로 플러그인 하나하나의 퀄리티가 높은 편입니다. 한 가지 단점은 샘플링 방식으로 만들어진 플러그인이라서 용량이 꽤 크고 CPU 점유율도 높은 편입니다. 이 회사에서 무료 제공하는 플러그인들 중 두 가지만 소개해보겠습니다.

● **Coffee The Pun / 이큐**

펄텍(Pultec) 스타일 이큐로 톤 메이킹을 편하게 할 수 있는 이큐입니다.

〈그림 9-3-7 Acustica Audio – Coffe The Pun〉

● TAN / 컴프레서

무료 컴프레서라는게 믿기지 않을 정도로 좋은 소리를 내주는 컴프레서입니다. 조금은 거친 사운드를 내주고 있지만 이런 사운드가 필요하다면 사용해보는 것을 추천합니다.

〈그림 9-3-8 Acustica Audio – TAN〉

위 플러그인들의 사용법은 필자의 유튜브 채널 'REDTRK'에서 볼 수 있습니다.

이미지 출처

〈그림 1-1-1 Apple MacBook〉 이미지 출처: 애플 코리아 홈페이지

〈그림 1-1-2 Apple iMac〉 이미지 출처: 애플 코리아 홈페이지

〈그림 1-1-3 Apple iMac Pro〉 이미지 출처: 애플 코리아 홈페이지

〈그림 1-1-4 Apple Mac Pro〉 이미지 출처: 애플 코리아 홈페이지

〈그림 1-1-5 Apple Mac mini〉 이미지 출처: 애플 코리아 홈페이지

〈그림 1-1-6 Native Instruments – KOMPLETE S 시리즈〉 이미지 출처: Native Instruments 홈페이지

〈그림 7-2-1 그래픽 이퀄라이저〉 이미지 출처 : 로직 내장 플러그인 캡쳐

〈그림 7-2-2 그래픽 이퀄라이저〉이미지 출처 : Waves 플러그인 캡쳐

〈그림 7-2-3 음악 앱에 포함된 이퀄라이저〉 이미지 출처 : 음악 앱 화면 캡쳐

나만 따라와! 같이 음악 만들자 feat. 로직 프로 10.6
책 한 권으로 만드는 나의 첫 번째 음악

출간일 | 2021년 11월 26일 1판 2쇄

지은이 | 김대운
펴낸이 | 김범준
기획 · 책임편집 | 권혜수
교정교열 | 한이슬
편집디자인 | 주현아
표지디자인 | 이윤재

발행처 | 비제이퍼블릭
출판신고 | 2009년 05월 01일 제300-2009-38호
주 소 | 서울시 중구 청계천로 100 시그니처타워 서관 10층 1011호
주문/문의 | 02-739-0739   **팩스** | 02-6442-0739
홈페이지 | http://bjpublic.co.kr   **이메일** | bjpublic@bjpublic.co.kr

가격 28,000원
ISBN 979-11-6592-116-3
한국어판 © 2021 비제이퍼블릭

예제 파일 다운로드 | https://bjpublic.tistory.com/425